lonely planet

phrasebooks
e
Karina Coates e Pietro Iagnocco

I FRASARI
capire e farsi capire in
inglese

I frasari – Capire e farsi capire in inglese
2ª edizione italiana – Aprile 2009
Adattato dall'edizione originale inglese:
Italian phrasebook (3rd edition, March 2008)

Pubblicato da EDT srl
su autorizzazione di Lonely Planet Publications Pty Ltd

Uffici Lonely Planet e EDT
Lonely Planet
Locked Bag 1, Footscray, Victoria 3011, Australia
☎ (61) 03 8379 8000 – fax (61) 03 8379 8111
(altri uffici in Gran Bretagna e U.S.A.)
talk2us@lonelyplanet.com.au – www.lonelyplanet.com

EDT srl
17 via Pianezza, 10149 Torino, Italia
☎ (39) 011 5591 811 – fax (39) 011 2307 034
edt@edt.it – www.lonelyplanetitalia.it

In copertina: Illustrazione di Katrina Marks

ISBN 978-88-6040-426-8
Testo © Lonely Planet Publications Pty Ltd 2008
Illustrazione di copertina © Lonely Planet Publications Pty Ltd 2008

Stampato presso Stargrafica – San Mauro (Torino)

per l'edizione inglese

Per la stesura dell'edizione originale inglese si ringraziano: Jim Jenkin, uno dei brillanti ideatori della collana; Fabrice Rocher, project manager; Yukiyoshi Kamimura, autore del progetto grafico della collana; Patrick Marris per le illustrazioni; Karina Coates, Pietro Iagnocco e Susie Walker che hanno lavorato sui testi.

Grazie anche a Karin Vidstrup Monk e Ben Handicott, Meg Worby, Emma Koch, Adrienne Costanzo e Susie Walker. Un ringraziamento speciale ai grafici Nicholas Stebbing, Belinda Campbell, Katie Cason e Sally Morgan. Un grazie speciale a Mirna per la creazione della sezione viaggio sostenibile, ai cartografi Natasha Velleley, Paolo Piala e Wayne Murphy che hanno prodotto la cartina linguistica.

Susie Walker ringrazia Luciano e Amy Furfaro e Mirna Cicioni Furfaro per il loro prezioso lavoro di traduzione e redazione e Karina ringrazia Pietro Iagnocco e il coro di Lygon Street.

per l'edizione italiana

L'edizione italiana dei frasari è a cura di Cesare Dapino, Luisella Arzani è responsabile della Redazione e ha seguito il coordinamento di questo frasario.

La traduzione del testo inglese e l'adattamento all'edizione italiana sono a cura di Daniela Delfino, che ha scritto il capitolo Strumenti; la consulenza linguistica è di Ian Lister.

L'editing e la correzione delle bozze sono opera di Daniela Delfino, mentre l'impaginazione si deve a Tiziana Vigna, Wayne Murphy ha disegnato la cartina linguistica che Anna Dellacà ha rielaborato insieme alla copertina.

per utilizzare al meglio questo frasario ...

Parlare una lingua straniera non richiede doti straordinarie, per provare a capire e a farsi capire è sufficiente avere davvero voglia di comunicare e non temere di fare brutta figura. Non importa se avete dimenticato quello che sapevate a scuola o se non avete mai studiato una lingua straniera. Poche frasi (quelle che trovate sul lato interno della copertina) sono già sufficienti a rendere diversa l'esperienza del viaggio. Provate, i vostri sforzi saranno apprezzati: non avete niente da perdere e tutto da guadagnare!

> consultazione del frasario

La suddivisione in capitoli vi permetterà di orientarvi senza difficoltà. **Strumenti** contiene le indicazioni relative alla pronuncia e le regole grammaticali di base. **In pratica** comprende un repertorio di frasi utili nelle tipiche situazioni di viaggio. Le frasi riportate in **Società** servono per fare conoscenza, conversare, esprimere opinioni. Alla **Cucina** è dedicato un ampio capitolo, corredato da un glossario gastronomico. **Sicurezza** fornisce le parole e le frasi necessarie in situazioni di emergenza. Mentre **Viaggio sostenibile** propone alcune frasi per viaggiare con rispetto. Tutto è reso più semplice dall'uso di differenti colori e da un dettagliato **Indice analitico** finale, mentre per la ricerca di singoli vocaboli è utile il **Dizionario** bilingue.

> farsi capire

L'inglese è una lingua che presenta molte difficoltà di pronuncia, la voce **Pronuncia** in **Strumenti** e le guide alla pronuncia vi permetteranno di individuare i suoni che differiscono dall'italiano e di pronunciare correttamente le parole.

> suggerimenti

In ogni contesto culturale la comunicazione verbale è inscindibilmente legata a fattori quali il linguaggio del corpo, la mentalità, il senso dell'umorismo e altri aspetti ancora. I riquadri dal titolo 'espressioni tipiche' riportano alcuni dei modi di esprimersi più usati e colloquiali con cui potrete rendere più vivaci i vostri discorsi, mentre in 'vi sentirete dire ...' sono riunite le frasi e le domande che, per la situazione data, avrete maggiore probabilità di udire dal vostro interlocutore.

SOMMARIO

5

società 103

Alaska (USA)

Canada

Regno Unito
Irlanda

OCEANO
ATLANTICO

Stati Uniti d'America

Gibilterra (GB)

Bermuda (GB)

v. ingrandimento

Belize

Isole Hawaii (USA)

Gambia

Guyana

Sierra Leone
Liberia
Ghana

OCEANO
PACIFICO

Samoa
Samoa Americane (USA)

Sant'Elena (GB)

Isola Pitcairn (GB)

OCEANO
ATLANTICO

Bahama

Turks e Caicos (GB)

Isole Cayman (GB)

Isole Vergini (GB)

Portorico (USA)

Anguilla
St Kitts e Nevis

Giamaica

Isole Vergini (USA)

Montserrat (GB)

Dominica
St Lucia

St Vincent e Grenadine

Barbados

Grenada

Trinidad e Tobago

Isole Falkland (GB)

inglese

OCEANO ARTICO

Malta

Pakistan

India

OCEANO PACIFICO

Isole Marianne Settentrionali (USA)

Filippine

Guam (USA)

Kiribati

Nigeria

Camerun

Uganda — Kenya

Brunei

Singapore

Nauru

Tanzania — Seychelles

Malawi

Papua Nuova Guinea

Tuvalu

Zambia — Zimbabwe

OCEANO INDIANO

Fiji

Vanuatu

Namibia

Botswana

Mauritius

Tonga

Australia

Sudafrica — Swaziland

Lesotho

Nuova Zelanda

OCEANO MERIDIONALE

lingua ufficiale ▬

molto parlata ▬

cartina linguistica

Per maggiori dettagli v. **introduzione** 9

Si stima che le lingue nel mondo siano tra 5000 e 6000 ma che il 98% delle persone parli solo il 4% delle lingue disponibili. Se è indiscutibile che la pluralità linguistica è il centro della conservazione della pluralità culturale, è altrettanto vero che il plurilinguismo è una fatica di cui molti fanno sempre più volentieri a meno.

Forse questa è una delle ragioni per le quali, piaccia o no, oggi la dominazione linguistica dell'inglese, paragonabile soltanto alla diffusione che conobbe il latino in tempi più antichi, non ha l'eguale nel mondo. Malgrado le reticenze dei francesi, degli spagnoli e degli arabi ad accettarne la supremazia (è pur vero che la lingua più parlata al mondo è il mandarino) non si può negare che l'inglese sia di gran lunga la lingua di comunicazione più usata mondialmente e che sia diventata di fatto la lingua internazionale non ufficiale. Oggi la lingua dei Beatles è diventata la lingua delle transazioni commerciali, della diplomazia, del mondo informatico e del turismo; è usata nei circuiti sportivi internazionali e nella musica pop internazionale, in oltre il 70% delle lettere commerciali, come anche nei due terzi dei documenti di carattere scientifico. Non bisogna dimenticare che questa egemonia, anche se in parte indotta dall'America, ci giunge da una lingua di cultura europea, che ha accolto una gran quantità di parole latine e francesi, e nella quale ritroviamo anche alcune parole dell'italiano rinascimentale.

Lingua indoeuropea appartenente, insieme all'olandese, al tedesco e al fiammingo, al gruppo occidentale delle lingue germaniche, l'inglese esiste da circa 1500 anni. Durante il V secolo a.C. l'arrivo di popolazioni di origine germanica sulle isole britanniche spinse le popolazioni residenti, i Celti, a emigrare in Galles, in Cornovaglia, in Scozia e sulle coste della attuale Bretagna, in Francia (dove gli abitanti ancora parlano un idioma derivato dal celtico). Il nome 'inglese' deriva da uno di questi popoli, gli Angli. Ma si dovrà aspettare fino al XVI secolo perché il padre dell'inglese moderno, Shakespeare, inventi la lingua che conosciamo oggi. Con la rivoluzione industriale e la nascita dell'impero britannico, che al suo apice governava su un quarto della superficie terrestre, l'inglese, con l'aggiunta di molti termini di origine straniera, conobbe il suo assetto attuale. Fino alla fine del XVIII secolo la grande maggioranza degli anglofoni viveva in

Gran Bretagna, oggi l'inglese è parlato come lingua madre da circa 400 milioni di persone mentre coloro che la usano come seconda lingua o come lingua veicolare sono forse 300 milioni: sono circa 60 i paesi in cui l'inglese è considerato lingua ufficiale o semi-ufficiale. Altri 100 milioni di persone lo usano e lo studiano come lingua straniera. Nella vita culturale, politica ed economica di un numero crescente di paesi l'inglese sta ormai diventando insostituibile: oggi gli indiani del sud e gli indiani del nord, invece dell'hindi imparato a scuola, usano l'inglese. Se un uomo d'affari coreano va in Cina, non parla nessuna lingua asiatica, bensì l'inglese.

Tuttavia… data la necessità odierna di comunicare, l'uso dell'inglese come lingua unica è diventato inevitabile, ma la rescissione lenta e inesorabile del legame che l'inglese ha con la propria 'terra natia' sta producendo una sua neutralizzazione come lingua propria dei paesi anglo-sassoni. Inoltre, uno dei problemi con i quali l'inglese deve ancora oggi fare i conti è l'ortografia: il sistema ortografico inglese è ritenuto uno dei più illogici e dei più difficili del mondo. Durante i secoli, i suoni delle parole si sono progressivamente modificati ma la grafia non ha subito nessuna modernizzazione. Di conseguenza oggi la scrittura non corrisponde più al suo esito fonetico e ogni tentativo di razionalizzare lo 'spelling' inglese, sentito dagli inglesi come un'ingerenza, ha provocato vivaci resistenze ed è quindi finora miseramente fallito.

Le ragioni che hanno reso possibile la diffusione dell'inglese come mezzo di comunicazione mondiale sono molteplici: oltre a una straordinaria flessibilità strutturale, l'inglese possiede una naturale tendenza ad arricchirsi e a modificarsi facilitando la creazione di neologismi per esprimere idee e concetti di recente introduzione. Inoltre, a partire dalla fine della seconda guerra mondiale l'America ha contribuito in modo decisivo alla formazione di un inglese internazionale, con le sue guarnigioni stanziate dal Reno alle Filippine, con la cultura di Hollywood, del rock'n'roll e dei Levi's. La grande diffusione dell'inglese attraverso i mass media su scala mondiale ha comportato una standardizzazione nella pronuncia e oggi, nonostante le differenze di accento e lessico che si riscontrano nei diversi paesi, ci si riesce a capire quasi ovunque.

La lingua del frasario è il 'British English', la forma dell'inglese più diffusa tra i parlanti come seconda lingua, mentre i riferimenti culturali, i capitoli dedicati all'arte e alla cucina e le curiosità presenti nel testo riguardano principalmente la Gran Bretagna.

Daniela Delfino

Gli italiani si trovano sovente in difficoltà nel pronunciare bene l'inglese. Innanzitutto in inglese vi sono molti suoni che non esistono nella lingua italiana, perciò difficili da percepire e riprodurre. In particolare, sebbene la grafia delle vocali inglesi sia identica alla nostra, la loro pronuncia è molto diversa da quella italiana. In secondo luogo, le sillabe non accentate sono pronunciate in modo inarticolato e quasi indistinto. Inoltre le regole per pronunciare i suoni scritti sono quasi inesistenti: se non si conosce una parola è praticamente impossibile pronunciarla correttamente.

suoni inesistenti nella lingua italiana

Alcuni suoni inglesi sono stati in questo frasario rappresentati con simboli fonetici che ci sembra possano meglio indicare la pronuncia corretta. Nella trascrizione fonetica troverete dunque questi simboli speciali :

ə: si pronuncia lasciando rilassati i muscoli delle labbra; è il suono che troviamo nell'inglese *the*, nel francese *je* e nel portoghese *amor,* e che è presente anche nei dialetti italiani del nord. È un suono molto breve e difficile da distinguere.

æ: suono tra *a* ed *e* aperta.

ð: si pronuncia *d* con la lingua tra i denti.

ŋ: nelle finali in 'ng', la *g* non si pronuncia ma si accenna; per ritrovare un suono simile provate a dire '*lingua*' e fermate il suono appena prima di pronunciare la *g*.

th: si pronuncia *t* con la lingua tra i denti.

I suoni **č, ǧ**, esistono in italiano e si trovano alla fine delle parole o sillabe (come sandwich o badge).

Per gli esempi v. le tabelle **suono delle vocali** e **suono delle consonanti** p14 e p16.

suono delle vocali

suono*	equivalente italiano	esempio inglese	pronuncia
a	p**a**ne	*fast* (veloce)	f**a**st
ə	nessun equivalente	*arrive* (arrivare)	**ə**·raiv
æ	vocale pronunciata tra a ed e	*man* (uomo)	m**æ**n
e	l**e**tto	*red* (rosso)	r**e**d
i	**i**sola	*bill* (conto)	b**i**l
o	r**o**tta	*not* (no)	n**o**t
u	t**u**tto	*foot* (piede)	f**u**t
w	**q**ui (semivocale)	*win* (vincere)	**w**in

* lettera o gruppo di lettere utilizzati in questo frasario per esemplificare la pronuncia (v. anche p15 e p16)

- Per facilità d'uso, in questo frasario i suoni chiusi e brevi delle vocali 'a' e 'i' sono stati assimilati ai suoni 'a' e 'i' simili a quelli italiani.
- In inglese i suoni vocalici possono essere lunghi oppure brevi. Nei casi in cui una pronuncia imprecisa potrebbe rischiare di alterare il significato della parola, nel frasario i suoni lunghi sono stati segnalati con una doppia vocale :

sheep	sci·ip	pecora
ship	scip	nave

Attenzione in particolare a questi due suoni:

sheet	sci·it	lenzuolo
shit!	scit	merda!

parla come scrivi!

Uno studio condotto in Italia ha mostrato che i bambini anglofoni sono molto più soggetti alla dislessia dei bambini italiani e sembra che la causa sia proprio la complessità del sistema di pronuncia, che non corrisponde alla scrittura.

dittonghi

Anche in inglese esistono gruppi di vocali che formano dittonghi, i quali non sono dissimili dai dittonghi italiani:

suono*	equivalente italiano	esempio inglese	pronuncia
ai	m**ai**	*five* (cinque)	f**ai**v
au	**au**to	*now* (adesso)	n**au**
ei	d**ei**	*pain* (dolore)	p**ei**n
əu	suono tipico dell'inglese britannico reso celebre da S. Laurel e O. Hardy	*go* (andare)	gh**əu**
iu	a**iu**to	*Europe*	***iu**·rəp*
oi	n**oi**a	*toy* (giocattolo)	t**oi**

il suono r

a) In questo frasario la **r muta** è segnalata foneticamente con i due punti dopo la vocale che si pronuncia più allungata e che nelle parole con una sillaba finisce sovente con una ə leggera: la *r* muta nell'inglese britannico non si pronuncia mai.

suono*	esempio inglese	pronuncia
a:	*you are* (tu sei)	iu a:
e:	*where* (dove)	weə:
ə:	*urgent* (urgente)	ə:·gent
i:	*beer* (birra)	*bi*·i:
o:	*more* (di più)	mo:
u:	*poor* (povero)	puə:

b) Quando è seguita da una vocale la **r** non è arrotata come in italiano. La lingua è situata più indietro sul palato (il suono *tr* inglese è foneticamente identico al suono *tr* siciliano).

pronuncia

15

suono delle consonanti

suono*	equivalente italiano	esempio inglese	pronuncia
b	**b**occa	*big* (grande)	**b**ig
c	**c**iglio	*child* (bambino)	**c**iaild
č	ac**c**iuga	*rich* (ricco)	ri**č**
d	**d**enaro	*day* (giorno)	**d**ei
ð	nessun equivalente	*there* (là)	**ð**e:
dz	me**zz**o	*beds* (letti)	be**dz**
f	**f**are	*fast* (rapido)	**f**ast
g	**g**ioco	*giant* (gigante)	**g**ia·iənt
ǧ	(come bad**g**e)	*charge* (incarico)	cia:**ǧ**
gh	le**ghe**	*game* (gioco)	**gh**eim
h	**h** aspirata	*home* (casa)	**h**əum
j	(francese **je**)	*pleasure* (piacere)	ple·**j**ə:
k	**c**asa	*car* (auto)	**k**a:
l	**l**inea	*line* (linea)	**l**ain
m	**m**adre	*man* (uomo)	**m**æn
n	**n**uovo	*new* (nuovo)	**n**iu
ŋ	li**ng**ua	*evening* (sera)	i·vni**ŋ**
p	**p**adre	*pen* (penna)	**p**en
qu	**qu**arto	*quarter* (quarto)	**quo**·tə:
r	**r**osso	*red* (rosso)	**r**ed
s	**s**era	*sound* (suono)	**s**aund
sc	**sc**iroppo	*shampoo*	**sci**am·*puu*
sh	(come Bu**sh**)	*flash*	flæ**sh**
t	**t**etto	*tea* (tè)	**t**ii
th	nessun equivalente	*theatre* (teatro)	**th**iə·tə:
tz	ma**zz**o	*cats* (gatti)	kæ**tz**
v	**v**ero	*very* (molto)	**ve**·ry
z	ro**s**a	*rose*	rəu**z**

intonazione e articolazione

L'intonazione inglese è molto lineare, più monotona di quella italiana. Il tono resta invariato lungo tutta la frase e sale o scende solo alla fine, a seconda se è una affermazione o una domanda. Nella frase, le parole accentate sono più articolate delle altre, ma in generale gli inglesi hanno una pronuncia molto poco articolata e quando parlano il labbro superiore resta immobile.

americano

Nella pronuncia dell'americano le differenze sono rilevanti ma non fondamentali: gli americani e gli inglesi si capiscono senza problemi, almeno per il momento. Non è escluso che in un lontano futuro le due varianti non diventino due lingue veramente diverse, per ora differiscono soprattutto a livello lessicale e fonetico, e in misura minore ortografico e morfologico. Segnaliamo qui alcune tra le più importanti diversità fonetiche:

a: la pronuncia æ è più aperta (*fast* veloce fæst)

o: è sovente pronunciata a (*water* acqua wa·dər)

o lunga: resta o non eu (*moment* momento mo·mənt)

r: è sempre pronunciata anche in finale di parola (*car* auto kar)

u: è sovente pronunciata u e non iu (*new* nuovo nu)

t: tra due vocali tende a diventare d (*little* piccolo li·dl) e nel gruppo **nt** tende a sparire (*winter* inverno wi·nər)

ora tocca a voi!

Pronunciare bene una lingua è importante ma molto difficile. L'intento di questa guida, che riporta per ogni frase i suoni corretti, è quello di condurvi ad avere una pronuncia che vi consenta di capire e di essere capiti. Ascoltate la gente intorno a voi: ogni volta che potete, prestate attenzione anche al suono della lingua e cercate di riprodurlo. E soprattutto non datevi mai per vinti!

ortografia

In inglese esistono circa 40 suoni ma le forme ortografiche per rappresentarli sono più di 500 e circa il 10% delle parole inglesi sfugge a qualunque regola ortografica. Partendo dal presupposto che a un segno ortografico possono corrispondere più suoni (un esempio in italiano può essere il segno c che ha due suoni: k, dura e c, dolce) e che un suono può essere rappresentato con più segni ortografici (per esempio *meet*, incontrare e *meat*, carne si dicono esattamente nello stesso modo: *mi*·it) non è difficile immaginare la grande irregolarità dell'ortografia inglese. La corrispondenza tra suono e segno varia particolarmente nelle vocali. Eccone alcuni esempi:

suono	segno ortografico	esempio inglese	pronuncia
a	a u	*park* *russian*	pa:k *ra*·sciən
e	e a ea	*bell* *bay* *bear*	bel bei beə:
i	i e ee ea ei u y	*lift* *before* *seen* *meat* *weird* *business* *day*	lift bi·fo: *si*·in *mi*·it *wi*·ird *bis*·nəs dei
o	o a oo	*not* *saw* *door*	not soo *do*·o:
u	u oo	*pull* *moon*	pul *mu*·un

aggettivi v. descrivere

articoli

> determinativi (il - lo - la - i - gli - le)

La forma inglese dell'articolo determinativo è *the*, invariato:

il treno	*the train*	ð trein
la ricevuta	*the receipt*	ð ri·*sit*
gli zaini	*the backpacks*	ð bæk·pæks
le auto	*the cars*	ð karz

> Indeterminativi (un - uno - una)

L'articolo indeterminativo è *a/an* per cose, persone o concetti maschili e femminili singolari che si possono contare (v. anche **genere**); *a* è usato con parole che iniziano con consonante, *an* con parole che iniziano con vocale:

una camera	*a room*	ə ru·um
un biglietto	*a ticket*	ə ti·ket
una mela	*an apple*	ən æpl

Il treno arriva alle 18.
The train arrives at 6. ð trein ə·*raivz* æt six

Vorrei un panino e una mela.
I'd like a sandwich aid laik ə *sæn*·dwič
and an apple. ænd ən æpl

È un bel ristorante.
It's a nice restaurant. its ə nais *res*·tə·rənt

avere

In inglese, come in italiano, il verbo *have* (avere) indica il possesso ed è spesso rafforzato con *got*. In questo caso, essendo un rafforzativo, *got* non significa nulla. Tra parentesi si trovano le forme abbreviate di *have got*, usate nell'orale:

Ho	un biglietto	*I have (I've got)*	*a ticket*
Hai	un orologio	*You have (You've got)*	*a watch*
(Lei/lui) Ha	un problema	*He/she has (He/she's got)*	*a problem*
(L'auto) Ha	l'airbag	*(the car) It has (It's got)*	*the airbag*
(Lei formale) Ha	un'auto nuova!	*You have (You've got)*	*a new car!*
Abbiamo	le chiavi	*We have (We've got)*	*the keys*
Avete	l'orario	*You have (You've got)*	*the timetable*
Hanno	un bambino	*They have (They've got)*	*a child*

c'è/ci sono

'C'è' e 'ci sono' in inglese sono resi con *there is* e *there are*:

C'è Martin?
Is Martin there?   iz *ma:*·tin ðeə:

Ci sono molti studenti, qui.
There are many
students, here.   ðeə: a: *me*·ni
                                   stiu·dnts hiə:

Ci sono camere?
Are there any rooms?   a: ðeə: æ·ni *ru*·umz

chiedere/parole per chiedere

La domanda si costruisce cambiando l'ordine delle parole, cioè spostando l'ausiliare (o modale) prima del soggetto. La preposizione, quando c'è, si sposta alla fine della frase:

Hai fame?
Are you hungry?   a: iu *han*·gri

Di dove sei?
Where are you from?   weə: a: iu from

Sai guidare?
Can you drive?   kæn iu draiv

Quando nella frase sono presenti verbi che non sono né ausiliari né modali, prima del soggetto si usa il verbo 'do'.

Do	I/you	know him?
Does	he/she/it	have a key?
Do	we/you/they	eat bread?

Parli italiano?
Do you speak Italian?   du iu *spi*·ik i·*tæ*·liən

Quando il soggetto della frase è alla terza persona singolare, concorda con l'ausiliare e non con il verbo:

Quando comincia il film?
When does the film start?   wen daz ð film sta:t

parole per chiedere		
chi	*who*	hu
Chi è?	*Who is it?*	hu iz it
che/che cosa	*what*	wot
Che cosa studi?	*What do you study?*	wot du iu *sta*·di
quale/i	*which/what*	wič/wot
Quale autobus va in centro?	*Which bus goes to the town centre?*	wič bas ghəuz tu ð taun *sen*·tə:
Quali scarpe preferisci?	*Which shoes do you prefer?*	wič *sciu*·uz du iu pri·*fə*:
quando	*when*	wen
Quando parti?	*When do you leave?*	wen du iu *li*·iv
a che ora	*what time*	wot taim
A che ora parte il treno?	*What time does the train leave?*	wot taim daz ð trein *li*·iv
dove	*where*	weə:
Dov'è la stazione?	*Where is the station?*	weə: iz ð *stei*·sciən
come	*how*	hau
Come stai?	*How are you?*	hau a: iu
quanto	*how much*	hau mač
Quanto costa?	*How much does it cost?*	hau mač daz it kost
quanti/e	*how many*	hau *me*·ni
Quanti biglietti hai comprato?	*How many tickets have you bought?*	hau *me*·ni *ti*·kets hæv iu bot
(da) quanto tempo	*how long*	hau loŋ
Quanto tempo dura il film?	*How long will the film last?*	hau loŋ wil ð film last
perché?	*why*	wai
Perché è chiuso?	*Why is it closed?*	wai iz it kləuzd

descrivere

Gli aggettivi in inglese precedono sempre il nome a cui si riferiscono:

un gatto nero
a black cat   ə blæk kæt

In cucina c'è una grande tavola rotonda.
In the kitchen there is   in ð kit·ciən ðeə: iz
a big round table.   ə big raund tei·bl

In inglese gli aggettivi sono invariabili, non occorre quindi concordare aggettivo e nome.

Ha molti vecchi dischi.
He has many   hi hæz me·ni
old records.   old re·ko:dz

Ha una nuova auto.
He has a new car.   hi hæz a niu ka:

dovere

Must e *have to* esprimono entrambi l'idea di dovere. *Must* è invariabile (e più perentorio), *have to* segue la coniugazione del verbo *have*:

Devo andare.
I must go.   ai mast ghəu
I have to go.   ai hæv tu ghəu

Al negativo le due forme hanno significati diversi:

Non devi farlo (non è necessario).
You don't have to do it.   iu dəunt hæv tu du it

Non devi farlo (è proibito).
You mustn't do it.   iu masnt du it

essere

Il verbo essere, in inglese *be*, funziona sia da verbo principale sia da ausiliare. Per descrivere le caratteristiche personali si usa questo verbo. Tra parentesi si trovano le forme abbreviate, usate nell'orale. V. anche **verbi**.

Sono	contento	*I am (I'm)*	*happy*
Sei	italiano	*You are (You're)*	*Italian*
(Lui) è	un artista	*He is (He's)*	*an artist*
(Lei) è	un'artista	*She is (She's)*	*an artist*
È	interessante	*It is (It's)*	*interesting*
Siamo	tristi	*We are (We're)*	*sad*
Siete	giovani	*You are (You're)*	*young*
Sono	studenti	*They are (They're)*	*students*

- *be* traduce l'espressione italiana stare (bene/male)

Sto	bene	*I'm*	*well*
Stai	meglio	*You're*	*better*
Sta	male	*He/she's*	*ill*
Stiamo	peggio	*We're*	*worse*

- *be* si usa anche per tradurre stare+gerundio

Sto Stai Sta	lavorando	*I am* *You are* *He/she is*	*working*
Stiamo State Stanno	dormendo	*We are* *You are* *They are*	*sleeping*

fare progetti

Il futuro si esprime in più modi:

• La forma più usata è il verbo *be* con l'espressione *going to* (letteralmente *stare andando a*). È usato con azioni che stanno per avvenire o per esprimere l'intenzione di fare qualcosa:

Domani andiamo a Roma.
Tomorrow we are going to Rome.
tə·mo·rəu wi a: ghəu·iŋ tu rəum

Domenica darò una festa.
On Sunday I'm going to give a party.
on san·dei aim ghəu·iŋ tu ghiv ə pa:·ti

Sta per piovere.
It's going to rain.
its ghəu·iŋ tu rein

• Un'altra forma di futuro è espressa con *will* (forma contratta *'ll*). Serve per esprimere un'azione che si decide di compiere sul momento, e con i verbi *think*, *hope*:

Vado io!
I'll go!
ail ghəu

Torniamo tra un minuto.
We'll be back in a minute.
wil bi bæk in ə mi·nit

Penso/spero che verrà.
I think/hope he'll come.
ai think/həup hil kam

forma di cortesia

In inglese la forma di cortesia non esiste: il pronome *you* è usato anche per la forma formale.

genere

I nomi di cosa in inglese non hanno genere (non sono né maschili né femminili).

impersonale

Per indicare qualcosa che ha un soggetto impersonale in inglese si usa *It's …* (È …):

È pericoloso!
It's dangerous!   its *dein·gə·rəz*

Oggi è lunedì.
Today it's Monday.   tu·*dei* its *man·*dei

V. anche **questo/quello**.

mio/tuo

In inglese i possessivi sono invariabili. Non sono mai preceduti dall'articolo. *His* e *her* concordano con la persona che possiede la cosa e non con la cosa: la sua (di lui) camera diventa *his room*, mentre la sua (di lei) camera diventa *her room*:

il mio libro	my book
i tuoi biglietti	your tickets
la sua camera (di lui)	his room
i suoi libri (di lei)	her books
il suo colore (di una cosa)	its colour
le nostre scarpe	our shoes
la vostra auto	your car
i loro soldi	their money

È la mia valigia. *It's my suitcase.* its mai *sut*·keis

Per i pronomi si aggiunge una *s* all'aggettivo (se non è già presente) tranne per *my* che diventa *mine*:

È mio!	*It's mine!*	its main
È tuo!/È vostro!	*It's yours!*	its ioə:z
È suo!	*It's his/hers!*	its hiz/hə:z
È nostro!	*It's ours!*	its auə:z

negativo

Per formare la frase negativa si aggiunge *do not* (forma contratta *don't*). Il negativo di *be* (essere) e *have* (avere), e dei verbi modali *can* (potere), *will* (volere) e *must* (dovere) si forma aggiungendo a questi verbi *not*. Normalmente nell'orale si usano le forme contratte. V. anche **potere**, **dovere**, **avere**, **essere**:

Parlo inglese.
  I speak English.   ai *spi*·ik *in*·glish

Non parlo inglese.
  I don't speak   ai dəunt *spi*·ik
  English.   *in*·glish

non sono un	(turista)	*I'm not a (tourist)*
non sei un		*you're not a*
non è un		*he's not a*

non siamo	(turisti)	*we're not (tourists)*
non siete		*you're not*
non sono		*they're not*

non ho	(l'automobile)	*I haven't got (a car)*
non hai		*you haven't got*
non ha		*he/she hasn't got*

non abbiamo	(l'automobile)	*we haven't got (a car)*
non avete		*you haven't got*
non hanno		*they haven't got*

non capisco	*I don't understand*
non capisci	*you don't understand*
non capisce	*he/she doesn't understand*

non capiamo	*we don't understand*
non capite	*you don't understand*
non capiscono	*they don't understand*

nomi v. genere

ordine delle parole

Generalmente l'ordine delle parole nella frase inglese non è molto diverso da quello italiano. Le frasi semplici affermative sono composte da soggetto (sempre espresso) + verbo + complemento:

Il treno arriva alle 10.
The train arrives at 10.   ð trein ə·*raivz* æt ten

John abita a Liverpool.
John lives in Liverpool.   gion livz in *li·*və·:pul

paragonare

Per paragonare una cosa a un'altra si usano *more* (più) e *less* (meno) nei modi seguenti:

più/meno ... di	*more/less ... than*	mo:/les ... ðæn
più/meno ... che	*more/less ... than*	mo:/les ... ðæn

Sei meno stanco di me.
You are less tired than me.   iu a: les tai:d ðæn mi

Mangiamo più carne che verdura.
We eat more meat   wi iit mo: *mi*·it ðæn
than vegetables.   ve·gə·tə·blz

More non è usato con gli aggettivi di una sola sillaba. In questo caso si aggiunge invece *er*:

Sei più vecchio di me.
You are older than me.   iu a: *əul*·də: ðæn mi

Il più ... la più ... si rendono con *most*:

L'inglese non è la lingua più usata del mondo.
English isn't the most   *in·*glish iznt ð most
used language   iuzd *læn*·guiğ
in the world.   in ð wəld

Meglio/peggio si traducono *better/worse*:

Nuoto meglio di te.
I swim better than you.   ai swim be·tə: ðæn iu

Migliore/peggiore si traducono *best/worst*:

È il miglior cuoco della città.
He is the best cook in the city.   hi iz ðə best *ku*·uk in ð *si*·ti

più di uno

In genere, il plurale dei nomi si forma aggiungendo *s* o *es* al nome singolare:

due camere	*two rooms*	tu *ru*·umz
tre biglietti	*three tickets*	thrii *ti*·kets
cinque autobus	*five buses*	faiv *ba*·siz

Alcuni plurali sono irregolari:

un uomo	*a man*	ə mæn
due uomini	*two men*	tu men
una donna	*a woman*	ə *wo*·mən
tre donne	*three women*	thrii *wi*·min
un bambino	*a child*	ə ciaild
quattro bambini	*four children*	fo: *cil*·drən

plurale v. più di uno

possesso

In inglese il possesso si esprime con una costruzione particolare chiamata 'genitivo sassone', in cui il nome del possessore è seguito da 's al singolare e dall'apostrofo ' al plurale:

È lo zaino di John.
It's John's backpack.   its gionz *bæk·pæk*

È la casa delle sue sorelle.
It's his/her sisters' house.   its hiz/hə: *sis·tə·z* haus

Per sapere a chi appartiene una cosa si usa *whose* (di chi), invariato:

Di chi è questa borsa?
Whose bag is this?   huz bæg iz ðiz

Di chi sono questi guanti?
Whose gloves are these?   huz gləvz a: ði·iz

V. anche **avere** e **mio/tuo**.

potere

Il verbo 'potere', in inglese *can*, serve a esprimere l'idea di potere o di saper fare. È invariabile.

Posso uscire?
Can I go out?   kæn ai ghəu aut

Sa giocare a tennis.
He can play tennis.   hi kæn plei *te·nis*

Il negativo, *cannot* si usa generalmente in forma abbreviata *can't*, invariabile:

Non posso venire.
I can't come.   ai kant kam

Non sanno guidare.
They can't drive.   ðei kant draiv

pronomi

I pronomi soggetto devono sempre essere pronunciati perché le forme verbali non consentono di riconoscere la persona alla quale si riferiscono:

singolare		plurale	
Io	*I*	noi	*we*
tu	*you*	voi	*you*
lui/lei	*he/she/it (cosa)*	loro	*they*

Non esiste in inglese la forma formale Lei.

Lei vive a Londra?
Do you live in London?   du iu liv in *lan*·dn

quantità indefinite

Un po', qualche, del/dei/dello/degli/della/delle sono resi in inglese con *some*:

Vuoi del caffè?
Would you like some coffee?   wud iu laik sam *ko*·fi

Ho qualche amico qui.
I have some friends, here.   ai hæv sam frendz hiə:

Vorrei un po' d'acqua.
I would like some water.   ai wud laik sam *wo*·tə:

questo/quello

I dimostrativi in inglese hanno quattro forme:

singolare		plurale	
questo/a	*this*	questi/e	*these*
quello/a	*that*	quelli/e	*those*

Che cos'è questo?
What's this?   wots ðis

Quello zaino è mio.
This is my rucksack.   ðis iz mai *rak*·sæk

È libero quel posto?
Is that seat free?   iz ðæt *si*·it frii

Queste scarpe sono più care di quelle.

These shoes are more   ði·iz *shu*·uz a: mo:
expensive than those.   eks·*pen*·siv ðæn ðəuz

risposte brevi

Per dare enfasi a una risposta gli inglesi spesso aggiungono al 'sì' e al 'no' un'altra frase, dove compaiono il soggetto, il verbo e l'eventuale negazione:

Sei americano? No.
Are you American?   a: iu ə·*me*·ri·kæn
No, I'm not.   nəu aim not

Hai una sorella? Sì.
Have you got a sister?   hæv iu got ə *sis*·tə:
Yes, I have.   ies ai hæv

Parli inglese? Sì./No.
Do you speak English?   du iu *spi*·ik *in*·glish
Yes, I do. No, I don't.   ies ai du/nəu ai dəunt

Sai guidare? Sì.
Can you drive?   kæn iu draiv
Yes, I can.   ies ai kæn

verbi

In inglese i verbi non hanno una vera e propria coniugazione. Al presente tutte le persone sono uguali tranne la terza singolare, che prende sempre una *s:*

io	parlo	I	speak
tu	parli	you	speak
lui/lei	parla	he/she/it	speaks
noi	parliamo	we	speak
voi	parliate	you	speak
loro	parlano	they	speak

(Lei) parla, legge e capisce l'inglese.
She speaks, reads and understands English.

sci *spi·*iks, *ri·*ids ænd an·də·:*stends in·*glish

V. anche **essere**, **avere**, **dovere**, **potere**.

alfabeto								
A	a	ei	B	b	bi	C	c	si
D	d	di	E	e	i	F	f	ef
G	g	gi	H	h	eič	I	i	ai
J	j	gei	K	k	kei	L	l	el
M	m	em	N	n	en	O	o	əu
P	p	pi	Q	q	kiu	R	r	a:
S	s	es	T	t	ti	U	u	iu
V	v	vi	W	w	dabl·*iu*	X	x	eks
Y	y	wai	Z	z	zed			

Parla/Parli (italiano)?
Do you speak (Italian)?   du iu *spi*·ik i·*tæ*·liən

C'è qualcuno che parla (italiano)?
Does anyone speak (Italian)?   daz *æni*·uan *spi*·ik i·*tæ*·liən

Capisci/e?
Do you understand?   du iu an·də:·*stend*

Capisco.
Yes, I understand.   ies ai an·də·*stend*

Non capisco.
I don't understand.   ai dəunt an·də:·*stend*

Parlo (italiano).
I speak (Italian).   ai *spi*·ik I·*tæ*·liən

Non parlo (inglese).
No, I don't speak (English).   nəu, ai dəunt *spì*·ik (*in*·glish)

Parlo un po'di inglese.
I speak a little English.   ai *spi*·ik ə litl *in*·glish

Come si ...?   *How do you ....?*   hau du iu ...
  pronuncia questo   *pronounce this*   prə·*nauns* ðis
  dice ...   *say ...*   sei ...
  scrive (insurance)   *write (insurance)*   rait (in·*sciu*·rəns)

Che cosa vuol dire (forbidden)?
What does   wot daz
(forbidden) mean?   (fo:·*bi*·dn) *mi*·in

Può/Puoi ... per favore?
Could you please ...?   kud iu *pli*·iz ...

parlare più
  lentamente   *speak more slowly*   *spi*·ik mo: *sləu*·li
ripeterlo   *repeat that*   ri·*pi*·it ðæt
scriverlo   *write it down*   rait it daun

---

scioglilingua

Ecco alcuni scioglilingua per fare un po' di pratica con la pronuncia. Potrete sempre usarli per impressionare gli amici con i quali comunicate in inglese!

She sells sea shells on the sea shore, she sells sea shells no more.
sci selz sii scelz on ð sii scioə: sci selz sii scelz nəu moə:
('Lei vende conchiglie marine sul lungomare, lei non vende più conchiglie marine'.)

Betty bought butter but the butter was bitter, so Betty bought better butter to make the bitter butter better.
be·ti *bo*·ot *ba*·tə; bat *ba*·tə: woz *bi*·tə: səu *be*·ti *bo*·ot *be*·tə: *ba*·tə: tu meik ð *bi*·tə: *ba*·tə: *be*·tə:
('Betty ha comprato del burro ma il burro era amaro, quindi Betty ha comprato del burro migliore per rendere migliore il burro amaro'.)

The thirty-three thieves thought that they'd threat the throne throughout Thursday.
ð thə:·ti·*thrii* thivz *tho*·ot ðæt ðei thret ð thrəun *thru*·aut *thə:z*·dei
('I trentatre ladri pensarono che avrebbero minacciato il trono per tutto il giovedì'.)

numeri cardinali

		cardinal numbers
0	*zero / o*	zi·rəu / əu
1	*one*	uan
2	*two*	tuu
3	*three*	thrii
4	*four*	fo:
5	*five*	faiv
6	*six*	siks
7	*seven*	se·vən
8	*eight*	eit
9	*nine*	nain
10	*ten*	ten
11	*eleven*	i·le·vn
12	*twelve*	tuelv
13	*thirteen*	thə:·ti·in
14	*fourteen*	fo:·ti·in
15	*fifteen*	fif·ti·in
16	*sixteen*	siks·ti·in
17	*seventeen*	sevn·ti·in
18	*eighteen*	ei·ti·in
19	*nineteen*	nain·ti·in
20	*twenty*	tuen·ti
21	*twenty-one*	tuen·ti·uan
22	*twenty-two*	tuen·ti·tuu
30	*thirty*	thə:·ti
40	*forty*	fo:·ti
50	*fifty*	fif·ti
60	*sixty*	siks·ti
70	*seventy*	sevn·ti
80	*eighty*	el·ti
90	*ninety*	nain·ti
100	*one hundred*	uan·han·drəd

200	two hundred	tu *han*·drəd
1000	one thousand	uan *thau*·zənd
2000	two thousand	tu *thau*·zənd
un milione	one million	uan *mi*·liən

numeri ordinali

ordinal numbers

primo	*first*	fə:st
secondo	*second*	*se*·knd
terzo	*third*	thə:d
quarto	*forth*	fo:th
quinto	*fifth*	fifth

Tutti gli ordinali successivi si formano con *th*.

frazioni

fractions

un quarto	*a quarter*	ə *quo*·tə:
mezzo	*a half*	ə haf
un terzo	*a third*	ə thə:d
tre quarti	*three-quarters*	thrii·*quo*·tə:z

quantità

| **Quanto?** | How much? | hau mač |
| **Quanti?** | How many? | hau me·ni |

Può darmi ..., per favore.
Please give me ...   *pli·iz ghiv mi ...*

(di) meno	less	les
(di) più	more	mo:
(solo) un po'	(just) a little	(giast) ə litl
alcuni/e	some	sam
molti/e	many	me·ni
molto/a	much	mač
niente	none	nəun
tutto/a	all	ol

un barattolo	a jar	ə gia:
un chilo	a kilo	ə ki·ləu
un etto	100 grams	ə han·drəd græmz
un pacchetto	a packet	ə pæ·kət
una bottiglia	a bottle	ə botl
una dozzina	a dozen	ə dazn
un pezzo	a piece	ə pi·is
una fetta	a slice	ə slais
una scatola	a tin	ə tin
un sacchetto	a bag	ə bæg

libbra

Il mondo delle unità di misura inglesi e americane, ancora oggi molto diffuse, è una vera e propria giungla: misure di lunghezza terrestri e marine, di capacità per liquidi e così via. Ma forse non tutti sanno che la tradizionale unità di peso inglese, il pound, ha avuto origine come unità romana ed è stata usata per secoli in tutto l'Impero Romano.

pesi e misure	
lunghezze e distanze	
un pollice	*one inch* (2,54 cm)
un piede	*one foot* (0,30 m)
una iarda	*one yard* (0,91 m)
un miglio	*one mile* (1,61 km)
un acro	*one acre* (0,40 ha)
un centimetro	*one centimetre* (0,39 inches)
un metro	*one metre* (3,28 feet)
un chilometro	*one kilometre* (0,62 miles)
un ettaro	*one hectare* (2,47 acres)

peso	
un'oncia	*one once* (28,35 g)
una libbra	*one pound* (0,45 kg)
una 'stone'	*one stone* (6,350 kg)
un grammo	*one gram(me)* (0,035 onces)
un chilogrammo	*one kilogram(me)* (2,20 pounds)

volume	
una pinta britannica	*one pint* (0,56 l)
una pinta americana	*one pint* (0,47 l)
un gallone britannico	*one gallon* (4,54 l)
un gallone americano	*one gallon* (3,78 l)
un litro	*one litre* (0,22 Br. gallons) *one litre* (0,26 US gallons)

È alto sei piedi.
He is six feet tall. hiz six fi·it tol

Pesa 76 kg.
He weighs 12 stones. hi weiz tuelv stəunz

leggere l'ora

In inglese "Sono le …" diventa *It is* seguito dal numero. Se si tratta di un'ora piena, dopo il numero si può aggiungere *o'clock*. "È l'una" diventa dunque *It's one o'clock*, "Sono le nove" si traduce *It's nine o'clock*. Poiché l'ora si esprime sempre sulla base di 12 ore e mai di 24, per specificare le ore del mattino si aggiunge *am* (ante meridiem) e per quelle del pomeriggio si aggiunge *pm* (post meridiem) se non è chiaro dal contesto. Si esprimono in 24 ore esclusivamente gli orari ufficiali (stazioni, aeroporti, ecc.).

Che ora è?	*What time is it?*	wot taim iz it
È l'una.	*It's (one) o'clock.*	its (uan) o·*klok*
Sono le (dieci).	*It's (ten) o'clock.*	its (ten) o·*klok*
(L'una) e cinque.	*Five past (one).*	faiv past (uan)
(L'una) e un quarto.	*Quarter past (one).*	*quo·*tə: past (uan)
(L'una) e venti.	*Twenty past (one).*	*tuen·*ti past (uan)
(L'una) e mezza.	*Half past (one).*	haf past (uan)
(Le otto) meno cinque.	*Five to (eight).*	faiv tu (eit)
(Le otto) meno un quarto.	*Quarter to (eight).*	*quo·*tə: tu (eit)
(Le otto) meno venti.	*Twenty to (eight).*	*tuen·*ti tu (eit)

di mattina	*am*	ei em
	(in the morning)	(in ð *mo:*·nin)
di pomeriggio	*pm*	pi em
	(in the afternoon)	(in ði af·tə:·*nu*·un)
di sera	*in the evening*	in ði *i*·vnin
di notte	*at night*	æt nait
mezzogiorno	*midday/noon*	mid·*dei/nu*·un
mezzanotte	*midnight*	mid·*nait*
A che ora	*At what time*	æt wot taim
(è la festa?)	*(is the party?)*	(iz ð *pa:*·ti)
All'una.	*At (one).*	æt (uan)
Alle (sei).	*At (six).*	æt (siks)
Alle (19.52).	*At (seven fifty-two).*	æt (sevn fif·ti·*tu*)

giorni

days

lunedì	*Monday*	*man*·dei
martedì	*Tuesday*	*ciuz*·dei
mercoledì	*Wednesday*	*wenz*·dei
giovedì	*Thursday*	*thə:z*·dei
venerdì	*Friday*	*frai*·dei
sabato	*Saturday*	*sæ*·tə:·dei
domenica	*Sunday*	*san*·dei

date

In inglese la data si formula utilizzando il numero ordinale e può essere espressa in due modi:

7th July, 2005 si legge
the seventh of July two thousand and five
ð sevnth ov giu·*lai* tu *thau*·zənd æn faiv

July 7th, 2005 si legge
July the seventh two o o five
giu·*lai* ð *se*·vnth tu əu əu faiv

calendario

> mesi

gennaio	*January*	*giæ*·niuə·ri
febbraio	*February*	*fe*·bruə·ri
marzo	*March*	ma:č
aprile	*April*	*ei*·prəl
maggio	*May*	mei
giugno	*June*	*giu*·un
luglio	*July*	giu·*lai*
agosto	*August*	*o*·ghəst
settembre	*Septembre*	sep·*tem*·bə:
ottobre	*Octobre*	ok·*to*·bə:
novembre	*Novembre*	no·*vem*·bə:
dicembre	*Decembre*	di·*sem*·bə:

> stagioni

estate	*summer*	*sa*·mə:
autunno	*autumn*	*o*·təm
inverno	*winter*	*win*·tə:
primavera	*spring*	spriŋ

> date

Che data?	*What date?*	wot deit
Che giorno	*What day*	wot dei
è oggi?	*is it today?*	iz it tu·*dei*
È il primo	*It's the first*	its ð fə:st ov
(di) febbraio.	*of February.*	*fe*·bruə·ri
È il diciotto	*It's Octobre*	its ok·*to*·bə:
ottobre.	*the eighteenth.*	ði ei·*ti*·inth

giorni e mesi

In inglese le iniziali dei giorni e dei mesi vogliono sempre il maiuscolo.

presente

adesso/ora	*now*	nau
in questo momento	*right now*	rait nau
oggi	*today*	tu·*dei*
oggi pomeriggio	*this afternoon*	ðis af·tə:·*nu*·un
quest'anno	*this year*	ðis *i*·ə:
questa settimana	*this week*	ðis *wi*·ik
questo mese	*this month*	ðis manth
stamattina	*this morning*	ðis *mo*:·niŋ
stasera	*tonight*	tu·*nait*

passato

ieri	*yesterday*	*ies*·tə:·dei
ieri mattina	*yesterday morning*	*ies*·tə:·dei *mo*:·niŋ
ieri pomeriggio	*yesterday afternoon*	*ies*·tə:·dei af·tə:·*nu*·un
ieri sera	*yesterday evening*	*ies*·tə:·dei *i*·vniŋ
ieri notte	*last night*	last nait
l'altro ieri	*the day before yesterday*	ð dei bi·*fo*: *ies*·tə:·dei
la settimana scorsa	*last week*	last *wi*·ik
il mese scorso	*last month*	last manth
l'anno scorso	*last year*	last *i*·ə:
(mezz'ora) fa	*(half an hour) ago*	(haf ən auə:) ə·*ghəu*
(tre) giorni fa	*(three) days ago*	(thrii) deiz ə·*gheu*
(cinque) anni fa	*(five) years ago*	(faiv) deiz ə·*gheu*
tempo fa	*a while ago*	ə wail ə·*gheu*

futuro

domani	*tomorrow*	tə·*mo*·rəu
domani mattina	*tomorrow morning*	tə·*mo*·rəu *mo*:·niŋ
domani	*tomorrow*	tə·*mo*·rəu
pomeriggio	*afternoon*	af·tə:·*nu*·un
domani sera	*tomorrow evening*	tə·*mo*·rəu *i*·vniŋ
dopodomani	*the day after*	ð dei *af*·tə:
	tomorrow	tə·*mo*·reu
la settimana		
prossima	*next week*	nekst *wi*·ik
il mese prossimo	*next month*	nekst manth
l'anno prossimo	*next year*	nekst *i*·ə:
fra (cinque)		
minuti	*in (five) minutes*	in (faiv) *mi*·nits
fra (sei) giorni	*in (six) days*	in (siks) deiz
fra un'ora	*within an hour*	wi·*ðin* æn auə:
fra un mese	*within a month*	wi·*ðin* ə manth
fino a (giugno)	*until (June)*	an·*til* (giun)

UNDERGROUND

durante il giorno

È presto.	*It's early.*	its ə:·li
È tardi.	*It's late.*	its leit
alba	*sunrise*	*san*·raiz
aurora	*dawn*	*do*·on
giorno	*day*	dei

mattina	*morning*	*mo:·niŋ*
mezzanotte	*midnight*	mid·*nait*
mezzogiorno	*midday/noon*	mid·*dei/nu·*un
notte	*night*	*nait*
ora di pranzo	*lunchtime*	*lanč·*taim
pomeriggio	*afternoon*	af·tə:·*nu·*un
sera	*evening*	*i·*vniŋ
tramonto	*sunset*	*san·*set

please, can I ...

In inglese non esiste la forma di cortesia Lei. Per rivolgersi a uno sconosciuto o a un superiore gerarchico si usano diffusamente le espressioni *please*, (per favore), *Can I ...?* (Posso ...?), *In your opinion* ... (Secondo Lei ...) e altre che troverete nel frasario.

Quant'è?
How much is it? — hau mač iz

Quanto costa questo?
How much does it cost? — hau mač daz it kost

Qual è il costo?
What's the
charge for that? — wots ð
ciarǧ fo: ðæt

È gratuito.
It's free. — its frii

Costa ... sterline.
It's ... pounds. — its ... paundz

Può scrivere il prezzo?
Can you write down
the price? — kæn iu rait daun
ð prais

Italiano	English	Pronuncia
Accettate ...?	Do you accept ...?	du iu æk·*sept* ...
la carta di credito	credit cards	*kre*·dit ka:dz
un assegno	a cheque	ə cek
i traveller's cheque	traveller's cheques	*træ*·və·lə:z ceks

Si cambiano i soldi qui?
Do you change
money here? — du iu ceinǧ
ma·ni hiə:

Italiano	English	Pronuncia
Vorrei ...	I'd like to ...	aid laik tu ...
cambiare i soldi	change money/ cash	ceinǧ *ma*·ni/ kæsh
riscuotere/	cash/	kæsh/
cambiare un traveller's cheque	change a traveller's cheque	ceinǧ ə *træ*·və·lə:z cek
fare un prelievo	withdraw money	wið·*droo ma*·ni

... la commissione?
What's the commission? wots ð ko·*mi*·sciən

Quant'è il cambio?
What's the exchange rate? wots ð iks·*ceinğ* reit

Vorrei ..., per favore.
I'd like ..., please. aid laik *pli*·iz
il resto *my change* mai ceinğ
un rimborso *my money back* mai *ma*·ni bæk
una ricevuta *a receipt* ə ri·*si*·it

C'è un errore nel conto.
There's a mistake ðeə:z ə mis·*teik*
in the bill. in ð bil

Non voglio pagare il prezzo intero.
I don't want to pay ai dont wont tu pei
the full price. ð ful prais

Devo pagare in anticipo?
Do I need to pay du ai *ni*·id tu pei
in advance? in əd·*vans*

Dov'è il bancomat più vicino?
Where's the nearest weə:z ð *ni*·rest
cash point (machine)? *kæsh*·point (mə·*scin*)

one penny/pence	un centesimo
one pound	una sterlina

mezzi di trasporto

transport vehicles

A che ora parte/arriva ...
What time does the ... wot taim daz ð ...
leave/arrive? *li·iv/a·raiv*

l'aereo	plane	plein
l'aliscafo	hydrofoil	*hai·*drəu·foil
l'autobus	bus	bas
la nave	boat	bəut
il traghetto	ferry	*fe·*ri
il treno	train	trein

A che ora passa ...?
What time's the ...? wot taimz ð ...

il primo autobus	first bus	fə:st bas
il prossimo		
traghetto	next ferry	nekst *fe·*ri
l'ultimo treno	last train	last trein

Mi può avvisare quando arriviamo a (Leeds)?
Can you tell me kæn iu tel mi
when we get to (Leeds)? wen wi ghet tu (*li·*idz)

iu hæv tu ceinǧ æt (*mæn·cəs·tə:*)
You have to change **Deve cambiare**
at (Manchester). **a (Manchester).**

ð trein iz *kæn·*səld
The train is cancelled. **Il treno è annullato.**

ð plein iz *di·*leid
The plane is delayed. **L'aereo arriverà in ritardo.**

ð trein *li·*ivz from *plæt·*fo:m (*nam·*bə: tu)
The train leaves from **Il treno parte**
platform (no. 2). **dal binario (n. 2).**

acquisto biglietti

buying tickets

Dove si compra il biglietto (per l'autobus)?
Where can I buy weə: kæn ai bai
a (bus) ticket? ə (bas) *ti·*kət

Quanto costa un biglietto ... per (Newcastle), per favore?
How much does a ... ticket to hau mač daz ə ... *ti·*kət tu
(Newcastle) cost, please? (*niu·*ka·səl) kost *pli·*iz

di prima classe	*first class*	*fə:st klas
di seconda classe	*second class*	*se·*knd klas
di sola andata	*single*	singl
di andata e ritorno	*return*	ri·*ta:*n
per un bambino	*child's*	*cia·*ilds
per studenti	*student's*	*stiu·*dənts
tariffa ridotta	*discounted*	dis·*kaun·*tid

È necessario prenotare?
Do I have to book? du ai hæv tu *bu·*uk

Due biglietti per ..., per favore.
Two tickets for ..., please. tu *ti·*kəts fo: ... *pli·*iz

Vorrei ... la prenotazione, per favore.
I would like to ...   ai wud laik tu ...
my reservation, please.   mai re·zə:·vei·sciən, pli·iz

annullare	*cancel*	kæn·səl
cambiare	*change*	ceinğ
confermare	*confirm*	con·fə:m

Vorrei un posto ... per favore.
I would like a/an ...   ai wud laik ə/æn ...
seat, please.   si·it, pli·iz

lato corridoio	*aisle*	ail
non fumatori	*non-smoking*	non sməu·kiŋ
vicino al finestrino	*window*	win·dəu

UNDERGROUND

C'è ...?   *Is there ...?*   iz ðeə: ...

l'aria condizionata	*air conditioning*	eə: con·di·sciə·niŋ
una coperta	*a blanket*	ə blæn·kət
un videoregistratore	*a video*	ə vi·di·o

Ci sono tariffe speciali per il fine settimana?
Are there special weekend rates?   a: ðeə: spe·sciəl wik·end reits

Devo pagare un supplemento?
Do I have to pay a supplement?   du ai hæv tu pei ə sa·plə·mənt

Quanto dura il viaggio?
How long does the journey take?   hau loŋ daz ð giə:·nei teik

trasporti

51

bagagli

luggage

Il mio bagaglio non è arrivato.
My luggage didn't arrive.   mai *la*·ghiğ didnt ə·*raiv*

Il mio bagaglio è stato ...
My luggage has been ...   mai *la*·ghiğ hæz *bi*·in ...

danneggiato	damaged	dæ·miğd
perso	lost	lost
rubato	stolen	stəu·lən

Dov'è il deposito bagagli?
Where are the   weə: a: ð
luggage lockers?   *la*·ghiğ *lo*·kə:z

Gli armadietti funzionano a gettone/moneta?
The lockers   ð *lo*·kə:z
take coins?   teik koinz

Dove trovo i bagagli del volo (n. 2051) in arrivo da (Milano)?
Where can I find   weə: kæn ai faind
the luggage from flight   ð *la*·ghiğ from flait
(no. 2051)   *nam*·bə: (tu əu faiv uan)
from (Milan)?   from (mi·*læn*)

autobus, tram, metro

bus, tram, metro

Mi può dare gli orari dell'autobus per (Oxford)?
Can you give me the times   kæn iu ghiv mi ð taimz
of the buses to (Oxford)?   ov ð *ba*·siz tu (*oks*·fə:d)

Qual è l'autobus che va a (Chichester)?
Which is the bus for   wič iz ð bas fo:
(Chichester)?   (*ci*·cə·stə:)

Dove si compra il biglietto?
Where do I buy the ticket?   weə: du ai bai ð *ti*·kət

Esiste un tesserino settimanale/mensile?
Is there a weekly/ monthly pass? iz ðeə: ə *wi*·ikli/ *man*·thli pæs

Ci sono autobus notturni?
Is there a night bus? iz ðeə: ə *nait*·bas

Potrei avere una cartina della metropolitana?
Could I have an underground map? kud ai hæv æn an·də·:*graund* mæp

Quante fermate mancano per (il museo)?
How many stops to (the museum)? hau *me*·ni stops to (ð miu·*zi*·əm)

Qual è la linea che va a …
What line goes to … wot lain ghəuz tu …

Scusi, dovrei scendere qui.
Excuse me, I have to get off here. eks·*kiuz*·mi ai hæv tu ghet of hiə:

Bus Stop	*bas*·stop	**Fermata dell'autobus**
Tram Stop	*træm* stop	**Fermata del tram**
Underground	an·də·*graund*	**Stazione della**
Station	*stei*·sciən	**metropolitana**
Exit/Way out	*ek*·sit/wei aut	**Uscita**

aereo

plane

A che ora devo presentarmi?
What time do I have   wot taim du ai hæv
to check in?   tu cek in

Dov'è il check-in per il volo per (Roma)?
Where is the check-in   weə: iz ð cek·in fo:
for the flight to (Rome)?   ð flait tu (rəum)

Dove sono le partenze nazionali/internazionali?
Where are the domestic/   weə: a: ð dəu·*mes*·tik/
international departures?   in·tə:·*næ*·sciə·nəl
    di·*pa:*·ciə:z

C'è una coincidenza per (Glasgow)?
Is there a connecting flight   iz ðeə· ə ko·*nek*·tiŋ
to (Glasgow)?   flait tu (*glæs*·gheu)

C'è un volo diretto (Londra-Napoli)?
Is there a direct flight   iz ðeə· ə dai·*rekt* flait
(London-Naples)?   (*lan*·dn - *nei*·plz)

treno

Questo treno ferma a (Coventry)?
Does this train stop   daz ðiz trein stop æt
at (Coventry)?   (*ko*·vən·tri)

Devo cambiare?
Do I have   tu ceinǧ
to change?   du ai hæv

Dov'è il vagone ristorante?
Where is the   *dai*·niŋ ka:
dining car?   weə: iz ð

Qual è la carrozza di prima classe?
Which carriage   iz fə:st klas
is first class?   wič *kæ*·riǧ

Che stazione è questa?
What station is this?   wot *stei*·sciən is ðis

È libero questo posto?
Is this seat free?   Iz ðis *si*·it frii

Scusi, questo posto è prenotato.
I am sorry, this seat   ai æm *so*·ri ðis *si*·it
is reserved.   iz ri·*za*:vd

È diretto?
Is it direct?   iz it dai·*rekt*?

---

rete ferroviaria

Con la privatizzazione del sistema ferroviario inglese, questo servizio è ora gestito in Gran Bretagna da Railtrack, che opera con 25 diverse compagnie le quali, per le leggi della concorrenza, praticano tariffe abbastanza convenienti. Le tariffe più economiche sono in genere legate a condizioni più restrittive e a un servizio più lento e meno efficiente. Ma la competizione fa sì che spesso siano proposte offerte o speciali riduzioni sui biglietti acquistati con un certo anticipo. È il bigliettaio che spesso indica la tariffa più conveniente.

nave e traghetto

Da dove partono i traghetti per (Cork)?
Where do the ferries to (Cork) leave from?
weə: du ð *fe*·riz tu (ko:k) *li*·iv from

Quanto dura la traversata?
How long does the crossing last?
hau loŋ daz ð *kro*·siŋ last

A che ora è l'imbarco?
What is the boarding time?
wot iz ð *bo*:·diŋ taim

Vorrei prenotare …
I would like to reserve …
ai wud laik tu ri·*zə*:v …

una cabina	*a cabin*	ə *kæ*·bin
un passaggio	*a (pullman)*	ə (*pul*·man)
ponte	*seat*	*si*·it

Ho il mal di mare.
I feel seasick.
ai *fi*·il *sii*·sik

Com'è il mare oggi?
What's the sea like today?
wots ð sii laik tu·*dei*

Dove sono i giubbotti di salvataggio?
Where are the life jackets?
weə: a: ð laif *giæ*·kits

taxi

Vorrei un taxi …
I would like a taxi …
ai wud laik ə *tæk*·si …

alle (9.00)	*at (9 am)*	æt (nain ei em)
domani mattina	*tomorrow morning*	tə·*mo*·rəu *mo*:·niŋ
subito	*now*	nau

È libero questo taxi?
Is this taxi free? · iz ðis *tæk*·si frii

Quanto costa una corsa per ...
How much · hau mač
is it to ... · iz it tu ...

Mi porti a (questo indirizzo), per favore.
Take me to (this address), · teik mi tu ðiz ə·*dres*
please. · pli·iz

Per favore, ...
Please, ... · pli·iz ...
  ho fretta! · *I'm in a hurry!* · aim in ə *ha*·ri
  mí aspetti qui · *wait here* · weit hiə:
  rallenti · *slow down* · sləu daun
  si fermi · *stop at* · stop æt
    all'angolo · *the corner* · ð *ko*:·nə:

indirizzi

alley/lane	æ·li/lein	**vicolo**
avenue	æ·və·niu	**viale**
bridge	briǧ	**ponte**
drive	draiv	**vialetto**
gardens	*ga*:·dns	**giardini**
lane	lein	**corsia (di strada)**
road	rəud	**strada**
square/place	squeə:/pleis	**piazza**
street	*stri*·it	**via**
wharf	wo:f	**banchina/molo**

auto/moto

> noleggio auto/moto

Vorrei noleggiare ...
I would like to hire ... ai wud laik tu haiə: ...

una moto	*a motorbike*	ə mo·tə·baik
un fuoristrada	*a 4 weels drive*	ə fo: wi·ilz draiv
un'auto con		
cambio manuale	*a manual car*	ə mæ·niuəl ka:
un'auto con cambio	*an automatic*	æn o·tə·mæ·tik
automatico	*car*	ka:

con/senza ...	*with/without ...*	wið/wi·ðaut ...
aria	*air*	eə:
condizionata	*conditioning*	kon·di·sciə·nin
catene		
per la neve	*snow chains*	snəu ceinz
un autista	*a driver*	ə drai·və:

Quanto costa il noleggio ...?
How much is ... for hire? hau mač iz ... fo: haiə:

al giorno	*daily*	dei·li
all'ora	*hourly*	auə:·li
alla settimana	*weekly*	wi·ik·li

> per strada

Qual è il limite di velocità in città/fuori città?
What's the city/ wots ð si·ti/kan·tri
country speed limit? spi·id li·mit

È questa la strada per ...?
Is this the road to ...? is ðis ð rəud tu ...

Dove posso trovare una stazione di servizio?
Where's a weə:z ə
service station? sə:·vis stei·sciən

Il pieno, per favore.
Fill it up, please.   fil it ap *pli·*iz

Vorrei (5 gallonI).
I would like (5 gallons).   ai wud laik (faiv *ghæ·*ləns)

benzina
senza piombo *unleaded petrol*   an·*le·*dəd *pe·*trəl
gasauto/GPL   *LPG*   el·pi·*gi*
gasolio   *diesel*   *di·*zl

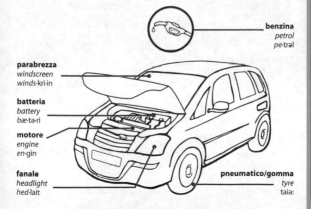

benzina
petrol
pe·trəl

parabrezza
windscreen
winds·kri·in

batteria
battery
bæ·tə·ri

motore
engine
en·gin

fanale
headlight
hed·lait

pneumatico/gomma
tyre
taiə:

trasporti

59

24-Hours Access	tuen·ti·fo:·auə:z æk·ses	**Accesso permanente**
Caution	ko·sciən	**Attenzione**
Danger	dæn·gə:	**pericolo**
Detour	di·tu·ə:	**Deviazione**
Entrance	en·trəns	**Entrata**
Exit	ek·sit	**Uscita**
Give Way	ghiv wei	**Dare la precedenza**
Keep Clear	ki·ip kli·iə:	**Passo carrabile**
Motorway	mo·tə:·wei	**Autostrada**
No Entry	nəu en·tri	**Divieto di accesso**
No Overtaking	nəu əu·və:·tei·kiŋ	**Divieto di sorpasso**
No Parking	nəu pa:·kiŋ	**Divieto di sosta**
One-Way	uan uei	**Senso unico**
Roadworks	rəud·wə:ks	**Lavori in corso**
Slow Down	sləu daun	**Rallentare**
Toll	tol	**Pedaggio**
Tow-Away Zone	təu·ə·wei zəun	**Rimozione forzata**
Warning	wo:·niŋ	**Pericolo**

Può controllare …
Please check …		*pli·iz cek …*
l'acqua	*the water*	ð wo·tə:
l'olio	*the oil*	ði oil
la pressione delle gomme	*the tyre pressure*	ð taiə: pre·sciə:

(Per quanto tempo) Posso parcheggiare qui?
(How long) (hau loŋ)
Can I park here? kæn ai pa:k hiə:

Dove si paga?
Where do I pay? weə: du ai pei

> problemi

Mi serve un meccanico.
I need a mechanic. — ai *ni*·id ə me·*kæ*·nik

L'auto/la moto si è rotta.
My car/motorbike — mai ka:/*mo*·tə·:baik
has broken down. — hæz *bro*·kən daun

Ho avuto un incidente.
I have had an accident. — ai hæv hæd æn æk·si·dənt

L'auto/la moto non parte.
The car/bike won't start. — ð ka:/baik wont sta:t

Ho perso le chiavi dell'auto.
I've lost the car keys. — aiv lost ð ka: kiz

Ho chiuso l'auto con le chiavi dentro.
I've locked the keys — aiv lokd ð kiz in·*said*
inside the car. — ð ka:

Sono rimasto senza benzina.
I've run out of petrol. — aiv ran aut ov *pe*·trəl

La può riparare oggi?
Can you fix it today? — kæn iu fiks it tu·*dei*

Quanto tempo ci vuole?
How long will it take? — hau loŋ wil it teik

bicicletta

bicycle

Dove posso ...?
Where can I ...? weə: kæn ai ...
noleggiare
  una bicicletta *hire a bicycle* haiə: ə *bai*·si·kl
comprare una bici *buy a second-* bai ə *se*·knd
  di seconda mano *hand bicycle* hænd *bai*·si·kl

Quanto costa al/alla ...
How much is it per ... hau mač iz it pə: ...
  giorno *day* dei
  mezza giornata *half day* *haf*·dei
  ora *hour* auə:
  settimana *week* *wi*·ik

Ho una gomma bucata.
I have got a puncture. ai hæv got ə *pank*·ciə:

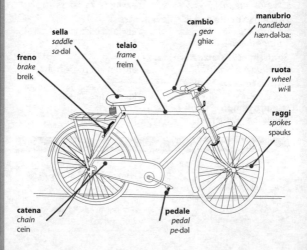

cambio *gear* ghiə:

manubrio *handlebar* hæn·dəl·ba:

sella *saddle* sa·dəl

telaio *frame* freim

freno *brake* breik

ruota *wheel* *wi*·il

raggi *spokes* spəuks

catena *chain* cein

pedale *pedal* pe·dəl

Sono qui ...	I'm here ...	aim hiə: ...
in transito	in transit	in *træn*·zit
in vacanza	on holiday	on *ho*·li·dei
in visita	to visit	tu *vi*·zit
alla famiglia	relatives	*re*·lə·tivz
per affari	on business	on *biz*·nəs

Sono qui per ...	I'm here for ...	aim hiə: fo: ...
(dieci) giorni	(ten) days	(ten) deiz
(due) settimane	(two) weeks	(tu) *wi*·iks
(tre) mesi	(three) months	(thrii) manths

Ho un permesso di ...

I have a ... permit		ai hæv ə ... *pə*·mit
lavoro	work	wə·k
soggiorno	residency	*re*·si·dən·si
studio	study	*sta*·di

Non ho niente da dichiarare.

I have nothing to declare.	ai hæv *na*·thiŋ tu di·*kleə*:

---

vi sentirete dire ...

io: *pas*·po:t/*vi*·sə *pli*·iz
Your passport/visa, please.
Il suo passaporto/visto, per favore.

a: iu *træ*·və·liŋ ...
Are you travelling ...?
Viaggia ...?

on io: əun	*on your own*	**da solo/a**
in ə *gru*·up	*in a group*	**in gruppo**
wið ə *fæ*·mə·li	*with a family*	**con famiglia**

Ho delle cose da dichiarare.

I have something to
declare.

ai hæv *sam*·thiŋ tu
di·*kleə:*

Non sapevo di doverlo dichiarare.

I didn't know I had
to declare it.

ai didnt nəu ai hæd tu
di·*kleə:* it

cartelli		
Passport	*pas*·po:t	**Controllo**
Control	kon·*trəul*	**passaporti**
Customs	*kas*·tmz	**Dogana**
Immigration	i·mi·*grei*·sciən	**Immigrazione**

compilare moduli

paperwork

Avete questo modulo in italiano?

Do you have this
form in Italian?

du iu hæv ðis
fo:m in i·*tæ*·liən

cognome	surname	*sə*:·neim
nome	name	neim
indirizzo	address	ə·*dres*
età	age	eiğ
sesso	sex	seks
data di nascita	date of birth	deit ov bə:th
luogo di nascita	place of birth	pleis ov bə:th
nazionalità	nationality	næ·sciə·*nae*·lə·ti
numero		
di passaporto	passport number	*pas*·po:t *nam*·bə:
professione	profession	prə·*fe*·sciən
motivo		
del viaggio	purpose of visit	*pə*:·pəz ov *vi*·sit

trovare alloggio

finding accommodation

Dove posso trovare un/una ...?
Where can I find a/an ...? weə: kæn ai faind ə/æn ...

albergo	*hotel*	*həu*·tel
bed & breakfast	*bed & breakfast*	bed en *brek*·fəst
camera	*room*	*ru*·um
campeggio	*camp site*	kæmp sait
motel	*travel inn*	*tra*·vəl in
ostello della gioventù	*youth hostel*	luth *hos*·təl
pensione	*guesthouse*	*ghest*·hauz

Può consigliare un posto ...?
Can you recommend kæn iu re·kə·*mend*
somewhere ...? *sam*·weə: ...

buono	*good*	*gu*·ud
di lusso	*luxurious*	lag·*zu*·riəz
economico	*cheap*	*ci*·ip
romantico	*romantic*	rau·*mæn*·tik
vicino	*nearby*	*ni*·ir·bai

Qual è l'indirizzo?
What's the address? wots ði ə·*dres*

Per formulare altre domande, v. **orientamento**, p75.

espressioni tipiche

bettola	*dive*	daiv
infestato da topi	*rat-infested*	*ræt*·in·*fes*·tid
scarafaggi	*beatles*	*bi*·itlz
luogo molto frequentato	*top spot*	top spot

prenotazione e check-in

Avete una camera …?
Do you have a … room?   du iu hæv ə … *ru*·um
singola   *single*   singl
doppia con letto
  matrimoniale   *double*   *da*·bl
doppia a due letti   *twin*   tuin

Quanto costa per …?
How much is it per …?   hau mač iz it pə: …
persona   *person*   *pə:*·sn
una notte   *night*   nait
una notte in più   *an extra night*   æn *eks*·trə nait
una settimana   *week*   *wi*·ik

Vorrei prenotare una camera, per favore.
I'd like to book   aid laik tu *bu*·uk
a room, please.   ə *ru*·um *pli*·iz
Ho una prenotazione.
I have a reservation.   ai hæv ə re·zə:·*vei*·sciən
Mi chiamo …
My name's …   mai neimz …
Per (tre) notti/settimane.
For (three) nights/weeks.   fə: (thrii) naits/*wi*·iks
Dal (2 luglio) al (6 luglio).
From (July 2)   from (giu·*lai* ð seknd)
to (July 6).   tu (giu·*lai* ð siksth)
Posso vederla?
Can I see it?   kæn ai sii it

Va bene. La prendo.
  It's fine. I'll take it.   its fain ail teik it

Devo pagare in anticipo?
  Do I need to pay   du ai *ni*·id tu pei
  in advance?   in ad·*væns*

Posso pagare con …?
  Can I pay by …?   kæn ai pei bai …
  la carta di credito   *credit card*   *kre*·dit ka:d
  traveller's   *traveller's*   *træ*·və·lə:z
   cheque   *cheques*   ceks

V. anche in **banca**, p93.

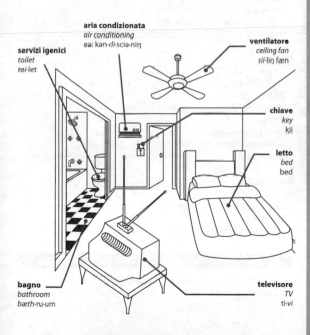

aria condizionata
air conditioning
eə: kən·*di*·scia·niŋ

servizi igenici
toilet
tɔi·let

ventilatore
ceiling fan
sii·liŋ fæn

chiave
key
kii

letto
bed
bed

bagno
bathroom
bæth·ru·um

televisore
TV
ti·*vi*

richieste

A che ora è la prima colazione?
When's breakfast served?   wenz brek·fəst sə:vd

Dove si serve la prima colazione?
Where's breakfast served?   weə:z brek·fəst sə:vd

Mi svegli alle (sette), per favore.
Please wake me at (seven).   pli·iz weik mi æt (sevn)

Posso usare ...?
Can I use the ...?   kæn ai iuz ð ...

la cucina	kitchen	ki·cin
la lavanderia	laundry	lon·dri
il telefono	telephone	te·lə·fəun

C'è ...?
Do you have a ...?   du iu hæv ə ...

un ascensore	lift	lift
il servizio lavanderia	laundry service	lon·dri sə:·vis
una bacheca per i messaggi	message board	me·siǧ bo:d
una cassaforte	safe	seif
una piscina	swimming pool	sui·min pu·ul

Qui si ...?
Do you ... here?   du iu ... hiə:

organizzano gite	arrange tours	ə·reinǧ tuə:z
cambia la valuta estera	change money	ceinǧ ma·ni

---

pronuncia

Ricordate: nella colonna della pronuncia i simboli č e ǧ corrispondono ai suoni ci e gi e si trovano solo in finale di parola.

Posso lasciare un messaggio per qualcuno?
*Can I leave a message
for someone?*   kæn ai *li·*iv ə *me·*siğ fo:
sa·muan

C'è un messaggio per me?
Is there a message for me?   iz ðeə: ə *me·*siğ fo: mi

Mi sono chiuso fuori dalla camera.
I'm locked out of my room.   aim lokd aut ov mai *ru·*um

La porta (del bagno) è chiusa a chiave.
*The (bathroom)
door is locked.*   ð *bæth·*ru·um
do: iz lokd

alloggio

reclami

La camera è troppo ...
The room is too ...   ð *ru*·um iz tuu ...

buia	*dark*	da:k
cara	*expensive*	əks·*pen*·siv
fredda	*cold*	kold
piccola	*small*	smol
rumorosa	*noisy*	*noi*·zi

... non funziona.
The ... doesn't work.   ð ... daznt wə:k

L'aria	*air*	eə:
condizionata	*conditioning*	kon·*di*·sciə·niŋ
Il ventilatore	*fan*	fæn
L'acqua calda	*hot water*	hot *wo*·tə:

Può darmi un altro (asciugamano), per favore?
Can I have another   kæn ai hæv ə·*na*·ðə:
(towel) please?   (*ta*·uəl) *pli*·iz

Questo (lenzuolo) non è pulito.
This (sheet) isn't clean.   ðiz (*sci*·it) iznt *kli*·in

Vorrei avere la prima colazione in camera.
I would like breakfast   ai wud laik *brek*·fəst
in my room.   in mai *ru*·um

Se vi occorrono altri termini sulla camera v. il **dizionario**.

alla partenza

A che ora si deve lasciar libera la camera?
What time is checkout?   wot taim iz *cek*·aut

Posso liberare la camera più tardi?
Can I have a   kæn ai hæv
late checkout?   ə leit *cek*·aut

Posso lasciare il mio bagaglio qui?
*Can I leave my
bags/luggage here?*
kæn ai *li*·iv mai
bægz/*la*·ghiğ hiə:

Parto adesso.
I'm leaving now.
aim *li*·viŋ nau

C'è un errore nel conto.
*There's a mistake
in the bill.*
ðeə:z ə mis·*teik*
in ð bil

Ho già pagato (100 sterline) di acconto.
*I have already paid
a deposit of
(one hundred pounds).*
ai hæv ol·*re*·di peid
ə di·*po*·zit ov
(uan *han*·drəd paundz)

Può chiamarmi un taxi (per le undici)?
*Can you call a taxi
for me (for 11 o'clock)?*
kæn iu kol ə *tæ*·ksi fo:
mi (fo: i·*le*·vn ə klok)

Posso avere ... per favore?
*Could I have
my ... please?*
kud ai hæv
mai ... *pli*·iz

il mio passaporto *passport* *pæs*·po:t
**i miei oggetti
di valore** *valuables* *væ*·liuə·blz

Sono stato benissimo grazie.
*I had a great stay,
thank you.*
ai hæd ə greit stei
thænk iu

La consiglierò ai miei amici.
*I'll recommend it to
my friends.*
ail re·kə·*mend* it tu
mai frendz

---

se bussano alla porta ...

Chi è?	*Who is it?*	hu iz it
Un momento.	*Just a moment.*	giast ə *məu*·mənt
Avanti!	*Come in!*	kam in
Torni più tardi, per favore.	*Come back later, please.*	kam bæk *lei*·tə: *pli*·iz

campeggio

camping

Dov'è ... più vicino?
Where's the nearest ...?   weə:z ð *ni*·rəst ...
  il campeggio   *campsite*   *kæmp*·sait
  il negozio
  di alimentari   *food shop*   *fu*·ud sciop

Dove sono ...?   *Where are ...?*   weə: a: ...
  i servizi igienici   *the toilet block*   ð *toi*·lət blok
  le docce   *showers*   *scia*·uə:z

Avete ...?   *Do you have ...?*   du iu hæv ...
  lo spaccio   *a shop*   ə sciop
  tende in affitto   *tents for hire*   tents fo: haiə:

Quant'è il costo per ...?
How much is it per ...?   hau mač iz it pə: ...
  roulotte   *caravan*   *kæ*·rə·væn
  persona   *person*   *pe:*·sən
  tenda   *tent*   tent
  veicolo   *vehicle*   *vi*·ə·kl

Si può ...?   *Can I ...?*   kæn ai ...
  campeggiare qui   *camp here*   kæmp hiə:
  parcheggiare   *park next*   pa:k nekst
    accanto   *to my*   tu mai
    alla tenda   *tent*   tent
  piantare   *pitch the*   pič ð
    la tenda qui   *tent here*   tent hiə:

Si può fare campeggio libero?
Is it possible to camp   iz it *po*·sibl tu kæmp
out here?   aut hiə:

Il costo dell'allacciamento elettrico è compreso?
Does that include   daz thæt in·*klud*
use of electricity?   iuz ov i·lek·*tri*·si·ti

Funziona a gettoni?
Is it coin-operated? iz it koin o·pe·*rei*·tid

L'acqua è potabile?
Is the water iz ð wo·tə:
drinkable? drin·kəbl

Mi potrebbe prestare (un mazzuolo)?
Could I borrow kud ai bo·rəu
(a mallet)? (ə mæ·lət)

Per altri termini sul campeggio v. il **dizionario**.

affitto

Sono qui per (la camera) che proponete in affitto.
I'm here about aim hiə: ə·*baut*
(the room) for rent. (ð ru·um) for rent

Avete ... da affittare?
Do you have a/an ... du iu hæv ə/æn ...
for rent? fo: rent

un appartamento	apartment	ə·*pa:t*·mənt
una camera	room	ru·um
una casa	house	hauz
ammobiliato/a in parte	furnished	fə:·nishd
ammobiliato/a non	partly furnished	pa:·tli fə:·ni·shd
ammobiliato/a	unfurnished	an·fə:·nishd

Quanto costa per ...?
How much is it for ...?   hau mač iz it fo: ...
(una) settimana   *(one) week*   (uan) *wi*·ik
(due) mesi   *(two) months*   (tu) manths

Le bollette sono comprese nel prezzo?
Are bills included?   a: bilz in·*klə*·did

presso i privati

Posso fare qualcosa per aiutare?
Is there anything   iz ðeə: æ·ni·thiŋ
I can do to help?   ai kæn du tu help

Ho portato ...
I have my own ...   ai hæv mai əun ...
il sacco a pelo   *sleeping bag*   *sli*·ipiŋ bæg
le lenzuola   *sheets*   *sci*·its

Posso ...?   *Can I ...?*   kæn ai ...
   portare qualcosa   *bring anything*   briŋ æ·ni·thiŋ
   per pranzo/cena   *for the meal*   fo: ð *mi*·il
   lavare i piatti   *do the dishes*   du ð *di*·sciz
   apparecchiare/   *set/clear*   set/*cli*·ir
     sparecchiare   *the table*   ð *tei*·bl
   portare fuori   *take out*   teik aut
     la spazzatura   *the rubbish*   ð *ra*·bish

Grazie per la tua ospitalità.
Thanks for   thænks fo:
your hospitality.   io: hos·pi·*tæ*·lə·ti

Se consumate i pasti con i proprietari, per altre espressioni v. **mangiare fuori**, p157.

Dov'è (la banca)?
Where is (the bank)? — weə: iz ð bænk

Cerco (i servizi igienici).
I'm looking for (the public toilets). — aim *lu*·ukiŋ fo: (ð *pa*·blik *toi*·lets)

Dove si trova (l'ufficio del turismo)?
Which way's (the tourist office)? — wič weiz (ð *tu*·rist *o*·fis)

Come ci si arriva?
How can I get there? — hau kæn ai ghet ðeə:

Quant'è distante?
How far is it? — hau fa: iz it

Può mostrarmi (sulla piantina)?
Can you show me (on the map)? — kæn iu sciəu mi (on ð mæp)

Qual è l'indirizzo?
What's the address? — wots ð ə·*dres*

È ...	*It's ...*	its ...
a fianco di ...	*beside*	bi·*said*
all'angolo	*on the corner*	on ð *ko:*·nə:
davanti a ...	*in front of ...*	in front ov ...
dietro ...	*behind ...*	bi·*haind*
di fronte a ...	*opposite ...*	o·pə·zit ...
lontano	*far away*	fa: ə·*wei*
qui	*here*	hiə:
sempre diritto	*straight ahead*	streit ə·*hed*
vicino	*near*	ni·i:
nord	*north*	north
sud	*south*	sauth
est	*east*	*i*·ist
ovest	*west*	west

Giri ...	Turn ...	tə:n ...
a sinistra/destra	*left/right*	left/rait
all'angolo	*at the corner*	æt ð ko:·nə:
al semaforo	*at the traffic lights*	æt ð træ·fik laits

È a ...	It's ...	its ...
(100) metri/	*(100) metres/*	(uan han·drid)
iarde	*yards*	mi·te:z/ia:dz
(trenta) minuti	*(thirty) minutes*	(thə:·ti) mi·nits

In...	By ...	bai ...
autobus	*bus*	bas
taxi	*taxi*	tæ·ksi
treno	*train*	trein
a piedi	*on foot*	on fu·ut

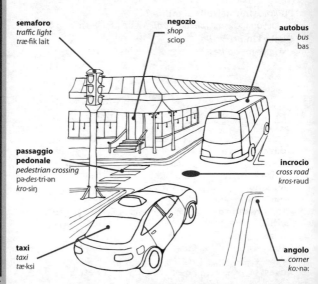

semaforo
traffic light
træ·fik lait

negozio
shop
sciop

autobus
bus
bas

passaggio pedonale
pedestrian crossing
pə·des·tri·ən kro·sin

incrocio
cross road
kros·rəud

taxi
taxi
tæ·ksi

angolo
corner
ko:·nə:

in cerca di ...

Dove trovo (un'agenzia di viaggi)?
Where's (a travel agency)? weə:z (ə træ·vəl *ei*·gən·si)

Dove posso comprare (del pane)?
Where can I buy (bread)? weə: kæn ai bai (bred)

Per la lista dei negozi v. anche il **dizionario**, per le direzioni consultate **orientamento**, p75.

cartelli		
Open	əu·pən	**Aperto**
Closed	cləuzd	**Chiuso**
Push	push	**Spingere**
Pull	pul	**Tirare**

fare acquistl

Vorrei comprare ...
I'd like to buy ... aid laik tu bai ...

Sto solo guardando.
I'm just looking. aim giast *lu*·ukiŋ

Quanto costa questo?
How much is this? hau mač iz ðis

Può scrivere il prezzo?
Can you write down the price? kæn iu rait daun ð prais

Ne avete altri?
Do you have any others? du iu hæv æni *a*·ðə:z

espressioni tipiche

un affare	*a bargain*	ə *ba:*·ghein
una fregatura	*a rip-off*	ə *rip*·of
uno sconto	*a discount*	ə dis·*kaunt*
i saldi	*sales*	seilz

Posso guardarlo?
Can I look at it? kæn ai *lu*·uk æt it

Me lo può incartare?
Could I have it wrapped, please? kud ai hæv it rapd *pli*·iz

Ha la garanzia?
Does it have a guarantee? daz it hæv ə *ghæ*·rən·tii

Può spedirlo all'estero?
Can I have it sent overseas? kæn ai hæv it sent əu·və:·*siiz*

Me lo può ordinare per favore?
Can you order it for me? kæn iu *o:*·də: it fo: mi

Posso passare a ritirarlo più tardi?
Can I come and pick it kæn ai kam æn pik it
up later? ap *lei*·tə:

È difettoso.
It's faulty. its *fol*·ti

È rotto.
It's broken. its *brəu*·kən

Accettate …?
Do you accept …? du iu ak·*sept* …

la carta di credito	*credit cards*	*kre*·dit ka:ds
la carta di dedito	*debit cards*	*de*·bit ka:ds
i traveller's cheque	*traveller's cheques*	*træ*·və·lə:z ceks

Può darmi …, per favore?
Could I have a/an … please? kud ai hæv ə/æn … *pli*·iz

una borsa	*bag*	bæg
una fattura	*invoice*	*in*·vois
una ricevuta	*receipt*	ri·*sit*
un sacchetto	*plastic bag*	*plæs*·tik bæg

Vorrei ..., per favore.
I'd like ... please.   aid laik ... *pli*·iz

un rimborso *my money back*   mai *ma*·ni bæk
cambiare questo *to change this*   tu ceinǧ ðis
restituire questo *to return this*   tu ri·*ta:n* ðis
il resto *my change*   mai ceinǧ

contrattazioni

bargaining

È troppo caro.
That's too much/expensive.   ðæts tuu mač/iks·*pen*·siv

Il prezzo è molto alto.
The price is very high.   ð prais iz *ve*·ri hai

Ha qualcosa di meno costoso?
Do you have anything cheaper?   du iu hæv æ·ni·thiŋ *ci*·pə:

Può farmi uno sconto?
Can you lower the price?   kæn iu *lə·uə*: ð prais

Ho la tessera (degli ostelli).
I am a (youth hostel)   ai æm ə (iuth *hos*·təl)
member.   *mem*·bə:

abbigliamento

Vorrei un (paio di pantaloni).
I'm looking for
(a pair of trousers).
aim *lu*·ukiŋ fo:
(ə peə: ov *trau*·sə·z)

Di che tessuto è?
What material is this?
wot ma·*ti*·riəl iz ðis

Potrei provarlo?
Can I try it on?
kæn ai trai it on

Non va bene.
It doesn't fit.
it daznt fit

Lo vorrei in un colore più chiaro/scuro.
I'd like it in a
lighter/darker shade.
ad laik it in ə
lai·tə:/*da*:·kə: sceid

Porto la taglia ...
My size is ...
mai saiz iz ...

forte	*large*	la:ǧ
media	*medium*	*mi*·diəm
piccola	*small*	smo·ol

Dov'è il camerino?
Where's the
changing room?
weə:z ð
cein·giŋ *ru*·um

Avete un'altra camicia dello stesso colore?
Have you got another
shirt in the same colour?
hæv iu got ə·*na*·ðe:
sciə:t in ð seim *ko*·lə:

taglie e misure

DONNA		UOMO		SCARPE	
IT	GB	IT	GB	IT	GB
42	= 10	46	= 36	38	= 4,5-5
44	= 12	48	= 38	39	= 5,5-6
46	= 14	50	= 40	40	= 6,5
48	= 16	52	= 42	41	= 7

riparazioni

Posso far riparare ... qui?
Can I have my ...   kæn ai hæv mai ...
repaired here?   ri·*pe:d* hiə:

Quando saranno pronti/e ...?
When will my ... be ready?   wen wil mai ... bi *re*·di
  le scarpe   *shoes*   *sciu*·uz
  gli occhiali
    (da sole)   *(sun) glasses*   (san) *glæ*·siz

estetica

Vorrei ...   *I'd like ...*   aid laik ...
  tagliarmi i capelli *my hair cut*   mai heə: kat
  fare la tinta   *to have my hair* tu hæv mai heə:
                    dyed   daid
  i colpi di sole   *highlights/tips*   *hai*·laits/tips
  le mèches   *streaks*   striks
  un taglio   *(to have) a haircut* (tu hæv) ə *heə:*·kat
  un taglio scalato *layers*   *le*·iə:z
  una messa
    in piega   *a blow wave*   ə *bləu*·weiv
  una permanente   *a perm*   ə pə:m

Non li tagli troppo corti.
Don't cut it too short.   dəunt kat it tuu sciort

Vorrei ...   *I'd like ...*   aid laik ...
  una spuntatina   *my beard*   mai biə:d
    alla barba   *trimmed*   trimd
  radermi   *a shave*   ə sceiv

Mi sbarbi completamente!
Shave it all off!   sceiv it ol of

Usi una lametta nuova, per favore.
Please, use a new blade. .... *pli·iz iuz ə niu bleid*

Fate ...?	*Do you do ...?*	du iu du ...
la ceretta	*waxing*	*wæk·sin*
la ceretta totale	*brazilian wax*	*brə·zi·liən wæks*
i massaggi	*massage*	*mæ·səğ*
massaggi al viso	*facials*	*fei·sciəlz*

Quanto costa la depilazione con il laser?
How much does laser .... hau mač daz *la·*zə:
hair removal cost? .... heə: ri·*mu·*vəl kost

libri

books

Dove posso trovare una libreria?
Where can I find .... weə: kæn ai faind
a book shop? .... ə *bu·*uk sciop

Dov'è la biblioteca più vicina?
Where is the nearest .... weə: iz ð *ni·*rəst
public library? .... *pa·*blik *lai·*brə·ri

Come si fa ad avere una tessera della biblioteca?
How do I get a .... hau du ai ghet ə
library card? .... *lai·*brə·ri ka:d

Vorrei prendere in prestito ...
I would like .... ai wud laik
to borrow ... . tu *bo·*rəu ...

Cerco un libro di (architettura).
I'm looking for a .... aim *lu·*ukin fo: ə *bu·*uk
book on (architecture). .... on (a:·ki·*tek·*ciə:)

edicola	*newsagent*	niu·*zei·*gənt
fantascienza	*science fiction*	*sa·*iəns fik·sciən
fumetto	*comics*	*ko·*miks
rivista	*magazine*	*mæ·*ga·zin

musica

music

Vorrei ...	I'd like ...	aid laik ...
un CD	a CD	ə *si*·di
un DVD	a DVD	ə di·vi·di
una cassetta vergine	a blank tape	ə blænk teip
delle cuffie	headphones	hed·fəunz

Ho sentito un gruppo che si chiama ...
I heard a band called ... ai hə:ð ə bænd kold ...

Ho sentito un/a cantante che si chiama ...
I heard a singer called ... ai hə:d ə siŋə: kold ...

L'ultimo disco di ...
The latest ...'s record ð *lei*·tst ,,, s *re*·kə:d

Qual è il suo miglior disco?
What's his/her best recording? wots his/hə: bɛst ri·*ko:*·diŋ

Potrei ascoltare questo?
Can I listen to this? kæn ai *li*·sən tu ðis

fotografia

photography

Vorrei un rullino ... per questa macchina fotografica.
I need a ... film for this camera. ai *ni*·id ə ... film fo: ðis *kæ*·mə·ra

da 36 pose	36 shot	*thə:*·ti·siks sciot
in bianco e nero	black and white	blæk æn wait
a colori	colour	*ko*·lə:
per diapositive	slide	slaid
da 100 ASA	(100) speed	ə *han*·drəd *spi*·id

Potrebbe trasferire le foto dal mio cellulare …?
Can you transfer my photos   kæn iu *trans*·fə: mai *fəu*·təuz
from my cell phone to a …?   from mai sel fəun tu ə …
su un CD   *CD*   *si*·di
su un computer   *computer*   kom·*piu*·tə:
sulla chiave USB   *USB flash drive*   iu es bi flæsh draiv

Può masterizzare un CD dalla mia memory card?
Can you burn a CD   kæn iu bə:n ə *si*·di
from my memory card?   from mai *me*·mə·ri ka:d

Quando sarà pronto?
When will it be ready?   wen wil it bi *re*·di

Vorrei delle foto tessera.
I need passport photos taken.   ai *ni*·id *pas*·po:t *fəu*·təuz teikn

Non mi piacciono queste foto.
I'm not happy with   aim not *hæ*·pi wið
these photos.   *ði*·iz *fəu*·təuz

Per altri vocaboli sulla fotografia v. il **dizionario**.

souvenir		
artigianato	*handicrafts*	*hæn*·di·krafts
oggetti in ceramica	*ceramics*	si·*ræ*·miks
terracotte, terraglie	*pottery*	*po*·tə·ri
gioielli	*jewelry*	*giu*·əl·ri
kilt (scozzese)	*kilt*	kilt
lana	*wool*	*wu*·ul
legno intagliato	*woodcarvings*	wu·ud·*ka:*·viŋ
maglieria	*knitwear*	*nit*·weə:
patchwork	*patchwork*	*pæč*·wə:k
pelletterie	*leather goods*	*le*·ðə: *gu*·uds
pezzi d'antiquariato	*antiques*	*æn*·tiks
pizzi/merletti	*lace*	leis
shetland	*Shetland wool*	*scet*·lənd *wu*·ul
stoffe ricamate	*embroidery*	im·*broi*·də·ri
tappeti	*carpets*	*ka:*·pets
tartan (tessuto scozzese)	*tartan*	*ta:*·tən
tazza	*mug*	məg

comunicazioni
communications

all'ufficio postale

Dove posso trovare un ufficio postale?
Where can I find a post office?   weə: kæn ai faind ə post·o·fis

Vorrei mandare ...
I want to send a ...   ai wont tu send ə ...
una cartolina   *postcard*   post·kard
un fax   *fax*   fæks
una lettera   *letter*   le·tə:
un pacchetto   *parcel*   pa:·səl

Vorrei comprare ...
I want to buy ... please   ai wont tu bai ... pli·iz
una busta   *an envelope*   æn en·və·lop
un francobollo   *a stamp*   ə stæmp

cassetta
delle lettere   *mailbox*   meil·boks
codice postale   *postcode*   post·kəud
colla   *glue*   gluu
destinatario   *addressee*   æ·dre·sii
dichiarazione   *customs*   kas·təmz
  doganale   *declaration*   de·klə·rei·sciən
fermo posta   *poste restante* pəust res·tant

---

to go postal ...

To go postal tu ghəu pəu·stal è una espressione idiomatica americana che significa 'perdere le staffe'. Questa reputazione degli impiegati postali sembra legata a un episodio risalente al 1986, quando un impiegato di cattivo umore ha aperto il fuoco contro i suoi colleghi facendone fuori 13.

fragile	fragile	fræ·giail
internazionale	international	in·tə:·næ·sciə·nəl
mittente	sender	sen·də:
posta ordinaria	second-class mail	seknd klæs meil
posta prioritaria	first-class mail	fə:st klæs meil
posta raccomandata	recorded mail	ri·ko:·did meil
spago	string	striŋ
tariffa	rate	reit
via aerea	air mail	eə:·meil

Lo spedisca via aerea (per la Svizzera).
*Please send it
by air mail (to Switzerland).*
pli·iz send it bai eə:·meil
(tu sui·zə:·lænd)

Lo spedisca per posta (a Roma).
*Please send it by mail
(to Rome).*
pli·iz send it bai meil
(tu rə·um)

Il pacco contiene ...
The parcel contains ...
ð pa:·sel con·teinz ...

Dov'è il fermo posta?
*Where's the poste
restante section?*
weə:z ð
pəust·res·tant sek·sciən

C'è posta per me?
Is there any post for me?
iz ðeə: æni post fo: mi

---

vi sentirete dire ...

weə: a: iu sen·diŋ it
  Where are you sending it?
Dove lo spedisce?

wud iu laik tu send it
fə:st klas or se·kənd klas
  *Would you like
  to send it first class
  or second class?*
**Vuole spedirlo
per posta prioritaria
o normale?**

pli·iz fil aut ðis fo:m
  *Please, fill out
  this form.*
**Riempia questo
modulo, per favore.**

telefono

Vorrei fare una chiamata (a carico del destinatario) ...

I want to make a		ai wont tu meik ə
(reverse-charge/collect)		(ri·*vəːs*·ciağ/ko·*lekt*)
call to ...		kol tu ...
in Italia	*Italy*	*i*·tə·li
a Napoli	*Naples*	*nei*·plz

Quanto costa ...?

How much does ... cost?		hau mač daz ... kost
una telefonata	*a (three)-minute*	ə (thrii)-
di (tre) minutl	*call*	*mi*·nit kol
ogni minuto	*each extra*	*i·ič eks*·trə
in più	*minute*	*mi*·nit

Qual è il tuo numero di telefono?
What's your phone number? wots io: fəun *nam*·bə:

Dov'è il telefono pubblico più vicino?
Where's the nearest weə:z ð *ni*·rəst
public phone? *pa*·blik fəun

Vorrei comprare una scheda telefonica.
I want to buy a phone card. ai wont tu bai ə *fəun*·kard

Il numero è ...
The number is ... ð *nam*·bə: iz ...

Il mio numero è ...
My number is ... mai *nam*·bə: iz ...

Qual è il prefisso per ...?
What's the area/country wots ði e·riə/*kan*·tri
code for ...? kəud fo: ...

La linea è occupata.
It's engaged. its in·*gheigd*

È caduta la linea.
I've been cut off. aiv *bi*·in kat of

La linea è disturbata.
The connection is bad. ð ko·*nek*·sciən iz bæd

Pronto!
Hello. — he·ləu

Sono (Paul).
It's (Paul). — its (*po*·ol)

Posso parlare con …?
Can I speak to …? — kæn ai *spi*·ik tu …

Posso lasciare un messaggio?
*Can I leave
a message?* — kæn ai *li*·iv
ə me·siğ

Digli/dille che ho telefonato.
*Please tell
him/her I called.* — *pli*·iz tel
him/hə: ai kold

Richiamerò più tardi.
I'll call back later. — ail kol bæk *lei*·tə:

Non ho un numero fisso.
*I don't have
a contact number.* — ai dəunt hæv ə
kon·tækt *nam*·bə:

---

vi sentirete dire …

huz *ko*·oliŋ *Who's calling?*	**Con chi parlo?**
hu du iu wont tu *spi*·ik tu *Who do you want to speak to?*	**Con chi vuole parlare?**
ail put him/hə: on/thru *I'll put him/her on/through.*	**Glielo/Gliela passo.**
aim *so*·ri hiz/sciz not hiə: *I'm sorry, he's/she's not here.*	**Mi dispiace, non c'è.**
so·ri roŋ *nam*·bə: *Sorry,
wrong number.*	**Mi dispiace,
ha sbagliato numero.**
uan *məu*·mənt *pli*·iz *One moment, please.*	**Un attimo.**
ies hiz/sciz hiə: heuld ð lain *Yes, he's/she's here.
Hold the line.*	**Sì, c'è.
Attenda in linea.**

telefono cellulare

Vorrei ...
I'd like a/an ... aid laik ə/æn ...

un adattatore	*adapter plug*	ə·*dæp*·tə: plag
un caricabatterie	*charger for*	*cia:*·gə: fo:
per il cellulare	*my cell*	mai sell
un cellulare	*mobile/cell phone*	*məu*·bail/sel
da noleggiare	*for hire*	fəun fo: haiə:
un cellulare	*prepaid mobile/*	*pri*·peid *məu*·
prepagato	*cell phone*	bail/sel fəun
una ricarica	*recharge*	*ri*·ciarǧ
telefonica per	*card for*	ka:d fo:
(Vodaphone)	*(Vodaphone)*	(*vəu*·də·fəun)

una SIM card	*SIM card*	sim ka:d
per la rete	*for your*	fo: io:
telefonica locale	*network*	*net*·wə:k

Quali sono le tariffe?
What are wot a:
the rates? ð reits

(Trenta pence) per (trenta) secondi.
(30p.) per (30) (*thə:*·ti pens) fo: (*thə:*·ti)
seconds. *se*·kənds

computer e internet

Dove si trova l'internet point?
Where's the local internet cafe?   weə·z ð *ləu·*kl *in·*tə·net *ka·*fe

Vorrei ...   *I'd like to ...*   aid laik tu ...
  usare internet   *get Internet access*   ghet *in·*tə·net *æk·*ses
  controllare le mie email   *check my email*   cek mai *i·*meil
  usare una stampante   *use a printer*   iuz ə *prin·*tə:
  scannerizzare   *use a scanner*   iuz ə *skæ·*nə:

Quanto costa ...?   *How much per ...?*   hau mač pə: ...
  per (5) minuti   *(five) minutes*   (faiv) *mi·*nits
  all'ora   *hour*   auə:
  a pagina   *page*   peiǧ

Mi può aiutare con questo computer?
I need help with the computer.   ai *ni·*id help wið ð kom·*piu·*tə:

Si è bloccato.
It's crashed.   its kræshd

Ho finito.
I have finished.   ai hæv *fi·*nishd

gergo informatico

Download	daun·*ləud*	**scaricare**
Homepage	həum·peiǧ	**pagina iniziale**
Online	on·lain	**in linea**
Serch engine	sə:č·*en·*gin	**motore di ricerca**
Surf	sə:f	**navigare**
Username	iu·zə:·neim	**nome utente**
Website	ueb·sait	**sito internet**

Sono qui per ...	I'm attending a ...	aim ə·*ten*·diŋ ə ...
una conferenza	conference	kon·fə·rəns
un corso	course	ko:s
una fiera		
commerciale	trade fair	treid feə:
una riunione	meeting	*mi*·itiŋ

Sono qui con ...	I'm here with ...	aim hiə: wið ...
il mio/la mia		
collega/i miei		
colleghi	my colleague/s	mai ko·*li*·ig/z
(due) altre persone	(two) others	tu *a*·ðə:z

Alloggio (all'Hilton), camera (309).
I'm staying at (the Hilton)   aim *ste*·iŋ æt (ð hil·tn)
hotel, room (309).   həu·*tel*, *ru*·um (thrii əu nain)

Sono solo.
I'm alone.   aim ə·*ləun*

Sono qui per (due) giorni/settimane.
I'm here for (two)   aim hiə: fo: (tu)
days/weeks.   deiz/*wi*·iks

Ecco il mio biglietto da visita.
Here's my business card.   hiə:z mai *biz*·nes kard

Ho un appuntamento con (il signor/la signora ...).
I have an appointment   ai hæv æn ə·*point*·mənt
with (Mr/Mrs/Ms ...).   (wið mis·tə:/*mi*·siz/ms ...)

È andato tutto bene.
That went very well.   ðæt went *ve*·ri wel

Andiamo a bere/mangiare qualcosa?
Shall we go for   scial wi ghəu fo:
a drink/meal?   ə drink/*mi*·il

Offro io.
It's on me.   its on mi

Dov'è ...?	*Where's the ...?*	weə:z ð ...
il business centre	*business centre*	biz·nəs sen·tə:
la conferenza	*conference*	kon·fə·rəns
la riunione	*meeting*	mi·itiŋ
Ho bisogno di ...	*I need ...*	ai ni·id ...
una connessione	*a connection*	ə ko·nek·sciən
internet	*to the Net*	tu ð net
un interprete	*an interpreter*	æn in·tə:·prə·tə:
mandare	*to send*	tu send
una email	*an email*	æn i·meil
mandare un fax	*to send a fax*	tu send ə fæks
più biglietti	*more*	mo:
da visita	*business cards*	biz·nes kardz
un posto	*some space*	sam speis
dove lavorare	*to set up*	tu set ap
un computer	*a computer*	ə kom·piu·tə:
Aspetto ...	*I'm expecting a ...*	aim eks·pek·tiŋ ə ...
un fax	*fax*	fæks
una telefonata	*call*	kol

fotocopiatrice	*photocopier*	fəu·təu·ko·piə:
lavagna bianca	*whiteboard*	wait·bo:d
lavagna con fogli	*flip chart*	flip·ciart
lavagna luminosa	*overhead projector*	əu·və:·hed prə·gek·tə:
palmare	*palm pilot*	palm pai·lət
penna ottica	*laser pointer*	lei·zə: poin·tə:
portatile	*laptop*	læp·top
presentazione	*presentation*	pre·sən·tei·sciən
proiettore	*data projector*	dei·ta prə·gek·tə:
proposta	*proposal*	prə·pəu·səl

Dove posso ...?	*Where can I ...?*	weə: kæn ai ...
Vorrei ...	*I'd like to ...*	aid laik tu ...
cambiare	*change money*	ceinǧ ma·ni
cambiare	*change a*	ceinǧ ə
un traveller's	*traveller's*	træ·və·lə·z
cheque	*cheque*	cek
fare	*withdraw*	wið·droo
un prelievo	*money*	ma·ni
prelevare con	*get a cash*	ghet ə kæsh
carta di credito	*advance*	æd·vans
riscuotere		
un assegno	*cash a cheque*	kæsh ə cek
fare	*arrange*	ə·reinǧ
un bonifico	*a transfer*	ə træns·fə:

A che ora apre la banca?
What time does   wot taim daz ð
the bank open?   bæŋk əu·pən

Dov'è ... più vicino?

Where's the nearest ...?		weə:z ð ni·rəst ...
il bancomat	*cash point*	kæsh point
l'ufficio	*foreign*	fo·rein
di cambio	*exchange office*	iks·ceinǧ o·fis

Ho dimenticato il mio codice PIN.
I've forgotten my PIN.   aiv fə:·go·tən mai pin

Qual è la commissione?
What's the   wots ð
commission?   ko·mi·sciən

Quant'è il cambio?
What's the   wots ði
exchange rate?   iks·ceinǧ reit

kæn ai sii ... *pli·iz*
Can I see ...,
please? | | **Posso vedere il suo ...,**
per favore?
æn ai·*den·*ti·ti | *an identity* | **documento**
kard | *card* | **d'identità**
io: *pæs*·port | *your passport* | **passaporto**

in ... | In ... | **Fra ...**
(fo:) *wə:*·kiŋ | *(four) working* | **(quattro) giorni**
deiz | *days* | **lavorativi**
uan *wi·*ik | *one week* | **una settimana**

ðeə:z ə *pro*·bləm wið io: ə·*kaunt*
There's a problem
with your account. | **C'è un problema**
con il suo conto.

iu hæv əu·*ve:*·dro·on
You have overdrawn. | **Il suo conto è scoperto.**

wi kant du ðæt
We can't do that. | **Non possiamo farlo.**

pli·iz, sain hiə:
Please, sign here. | **Firmi qui.**

Quanto costa?
What's the charge for that? wots ð ciarǧ fo: ðæt
Quanto tempo ci vorrà per il trasferimento?
How long will it take hau loŋ wil it teik
to arrive? tu ə·*raiv*

Consultate **denaro** p47 per conoscere altre frasi utili.

C'è una visita guidata di ...?
Is there a guided   iz ðeə: ə
tour of the ...?   *gai·*did tuə: ov ð ...

Vorrei ...	*I'd like a/an ...*	aid laik ə/æn ...
un'audioguida	*audio set*	o·diəu·set
una cartina		
della zona	*local map*	ləu·kəl mæp
un catalogo	*catalogue*	ka·tə·log
una guida		
(persona)	*guide*	gaid
una guida	*guidebook*	gaid·*bu·*uk in
in italiano	*in Italian*	i·*tæ·*liən
un pieghevole	*leaflet*	lif·let

Avete delle informazioni su località ...?
Do you have   du iu hæv
information on ... sights?   in·fə:·*mei·*sciən on ... saits

culturali	*cultural*	kal·cə·rəl
particolari	*unique*	iu·*nik*
religiose	*religious*	ri·*li·*giəz

Vorrei vedere ...
I'd like to see ...   aid laik tu sii ...

Cos'è?
What's that?   wots ðæt

cartelli

Do Not Take	du not teik	**Vietato**
Photographs	*fəu·təu*·grafs	**fotografare**
Do Not Touch	du not tač	**Vietato toccare**
Emergency Exit	*i·ma:·gən·si ek·*sit	**Uscita di sicurezza**
Entrance	*en·*trəns	**Ingresso/Entrata**
Exit	*ek·*sit	**Uscita**
Free Admission	frii əd·*mi·*sciən	**Ingresso gratuito**
Keep Off	*ki·*ip of ð	**Non calpestare**
The Grass	græs	**l'erba**
No Admittance/	nəu əd·*mi·*təns/	**Vietato**
No Entry	nəu *en·*tri	**l'ingresso**
No Eating Or	nəu *i·*tiŋ	**Vietato**
Drinking	o: *drin·*kiŋ	**consumare**
Allowed	ə·*laud*	**cibi o bevande**
No Smoking	nəu *sməu·*kiŋ	**Vietato fumare**
Prohibited	prə·hi·bi·tid	**Proibito**
Service	*sə:·*vis in	**Funzione**
In Progress	*prəu·*gres	**in corso**

Da chi è stato fatto?
   Who made it?   hu meid it

A che epoca risale? (lett.: quanto è vecchio?)
   How old is it?   hau old iz it

all'entrata

getting in

A che ora apre/chiude?
   What time does it   wot taim daz it
   open/close?   *əu·*pən/kləuz

Quanto costa l'ingresso?
What's the   wots ði
admission charge?   əd·*mi*·sciən ciarǧ

C'è uno sconto per …?
Is there a discount for …?   iz ðeə: ə dis·*kaunt* fo: …

bambini	*children*	*cil*·drən
famiglie	*families*	*fæ*·mə·liz
gruppi	*groups*	grups
pensionati	*pensioners*	*pen*·sciə·nə:z
studenti	*students*	*stiu*·dənts

escursioni

tours

Può consigliare una …?
Can you recommend a …?   kæn iu ri·kə·*mend* ə …

A che ora parte la prossima …?
When's the next …?   wens ð nekst …

gita in barca	*boat-trip*	bəut trip
escursione		
in giornata	*daytrip*	dei trip
escursione	*excursion*	iks·*ka:*·sciən
gita turistica	*tour*	tuə:

Quanto tempo dura?
How long does it take?   hau loŋ daz it teik

A che ora si torna?
What time do we get back?   wot taim du wi ghet bæk

Vorrei cancellare la prenotazione.
I would like to cancel   ai wud laik tu *kæn*·səl
the reservation.   ð re·sə·*vei*·sciən

Che cosa devo portare?
What do I need   wot du ai *ni*·id
to take with me?   tu teik wið mi

... è incluso?	*Is ... included?*	iz ... in·*klu*·did
L'alloggio	*accommodation*	ə·ko·mə·*dei*·sciən
Il vitto	*food*	*fu*·ud
Il trasporto	*transport*	trans·*po*:t

Torniamo qui alle (sette).
We will be back
here at (seven).
wi wil bi bæk
hiə: æt (sevn)

Ho perso il mio gruppo.
I've lost my group.
aiv lost mai grup

Può farmi una foto?
Could you take a
photograph of me?
kud iu teik ə
fəu·tə·graf ov mi

Posso farti una foto?
Can I take a
photograph of you?
kæn ai teik ə
fəu·tə·graf ov iu

Ti spedirò la foto.
I'll send you
the photograph.
ail send iu
ð *fəu*·tə·graf

---

espressioni tipiche

Com'è (Londra)?
What's (London) like?
wots (*lan*·dn) laik

(Non) C'è ...	*There's (not) ...*	ðeə:z (not) ...
molto da vedere	*a lot to see*	ə lot tu sii
una vita	*a fabulous*	ə *fæ*·biu·luz
notturna favolosa	*nightlife*	*nait*·laif

(Non) Ci sono ...	*There are ...*	ðeə: a: ...
imbroglioni	*(no) rip-off*	(nəu) *rip*·of
	merchants	*mə:*·ciants
troppi turisti	*(not) too*	(not) tuu
	many tourists	*me*·ni *tu*·rists

(Maggio) è il periodo migliore per andarci.
The best time to go is (May).
ð best taim tu ghəu iz (mei)

viaggiatori disabili
disabled travellers

Ho bisogno di assistenza.
I need assistance. ai ni·id ə·sis·təns

Di quali servizi disponete per i disabili?
What services do you have wot sə:·vi·siz du iu hæv
for disabled people? fo: dis·ei·bəld pi·pl

C'è un accesso abilitato per sedle a rotelle?
Is there a wheelchair iz ðeə: ə wi·il·ceə:
access? æk·ses

Sono ... *I'm ...* aim ...
  disabile *disabled* dis·ei·bld
  non vedente *blind* blaind
  non udente *deaf* def

È sordomuto.
He/she is deaf hi/sci iz def
and dumb. ən dam

Ha un handicap fisico/mentale.
He/she has got a hi/sci hæs got ə
physical/mental fi·si·kl/men·təl
disability. di·sə·bi·lə·ti

Sono ammessi i cani guida?
Are guide a: gaid
dogs permitted? dogs pə:·mi·tid

Ho un apparecchio acustico.
I have a hearing aid. ai hæv ə hiə·riŋ·eid

Ho un pacemaker.
I have got a pacemaker. ai hæv got ə peis·mei·kə:

---
cartelli

Reserved For the Disabled
ri·sə:vd fo: ð dis·ei·bld **Riservato ai disabili**

viaggiatori disabili

99

C'è/ci sono …?   *Is/are there …?*   iz/a: ðeə: …
- **bagni per**   *toilets for*   *toi*·lets fo:
  disabili   *the disabled*   ð dis·*ei*·bəld
- **una rampa**   *an access*   æn *æk*·ses
  d'accesso   *ramp*   ræmp
- **un parcheggio**   *a parking for*   ə *pa:*·kiŋ fo:
  per i disabili   *the disabled*   ð dis·*ei*·bəld
- **un ascensore**   *a lift*   ə lift

Quanto è larga l'entrata?
How wide is the entrance?   hau waid iz ði *en*·trəns

C'è un posto dove sedersi?
Is there somewhere   iz ðeə: sam·*wea*:
I can sit down?   ai kæn sit daun

Mi può chiamare un taxi per disabili?
Could you call me   kud iu kol mi ə
a disabled taxi, please?   *tæ*·ksi fo: dis·*ei*·bəld *pli*·iz

accesso   *access for*   *æk*·ses fo:
  per disabili   *the disabled*   ð *dis*·ei·bəld
biblioteca braille   *Braille library*   breil *lai*·brə·ri
rampa   *ramp*   ræmp
sedia a rotelle   *wheelchair*   *wi*·il·ceə:

C'è un/una …?	Is there a/an …?	iz ðeə: ə/æn …
asilo nido	crèche	kresh
baby-sitter (che parli italiano)	(Italian-speaking) babysitter	(i·tæ·liən spi·kiŋ) bei·bi·si·tə:
bagno con fasciatoio	baby change room	bei·bi ceinǧ ru·um
lettino	baby bed	bě·bi bed
menù per bambini	children's menu	cil·drənz me·niu
negozio di giocattoli	toyshop	toi·sciop
parco a tema	theme park	thi·im pa:k
parco giochi	playground	plei·graund
sconto per famiglie	family discount	fæ·mə·li dis·kaunt
seggiolone per bambini	highchair	hai·ceə:
servizio di baby-sitter	child-minding service	ciaild·main·diŋ sə:·vis

Ho bisogno di un …		
I need a …		ai ni·id ə …
passeggino	stroller	stro·lə
sedile auto per bambini	booster seat	bu·ustə: si·it
vasino	potty	po·ti

Le dispiace se allatto il bimbo qui?
Do you mind if I breastfeed here? du iu maind if ai brest·fi·id hiə:

I bambini sono accettati?
Are children allowed? a: cil·drən ə·laud

Questo è adatto per bambini di (due) anni?
Is this suitable for (two)   is ðis *siu*·tə·bəl fo:
year old children?   (tu) iə: old *cil*·drən

parlando con i bambini

Quand'è il tuo compleanno?
When's your birthday?   wenz io: *bə*·*th*·dei

Vai a scuola o all'asilo?
Do you go to school   du iu ghəu tu *sku*·ul
or nursery?   o: *nə*:·sə·ri

Che classe fai?
What year are you in?   wot *i*·ə: a: iu in

Ti piace la scuola?
Do you like school?   du iu laik *sku*·ul

Ti piace lo sport?
Do you like sport?   du iu laik spo:t

Che cosa fai dopo la scuola?
What do you do   wot du iu du
after school?   *af*·tə: *sku*·ul

Stai studiando una lingua straniera?
Do you study a   du iu *sta*·di ə
foreign language?   *fo*·rən *læn*·guiğ

Hai un animale domestico a casa?
Do you have   du iu hæv ə
a pet at home?   pet æt həum

Vuoi giocare?
Do you want to play   du iu wont tu plei
a game?   ə gheim

Fammi vedere come si gioca.
Show me how to play.   sciəu mi hau tu plei

Giochi bene a questo gioco!
You're good at   ioə: *gu*·ud æt
this game!   ðis gheim

parole base

basics

Sì.	*Yes.*	ies
No.	*No.*	nəu
Per favore.	*Please.*	pli·iz
Grazie (mille).	*Thank you (very much).*	thænk·iu (ve·ri mač)
Prego.	*You're welcome.*	io: wel·kəm
Mi dispiace/scusi.	*Sorry.*	so·ri
Mi scusi, per favore ...	*Excuse me ...*	lks·kiuz·mi ...
Permesso.	*Excuse me.*	iks·kiuz·mi

pronuncia

Ricordate: nella colonna della pronuncia i simboli č e ǧ corrispondono ai suoni ci e gi e si trovano solo in finale di parola.

saluti

greetings

Buongiorno/Salve.	*Hello.*	he·ləu
Ciao.	*Hi.*	hai
Buongiorno.	*Good day.*	gu·ud dei
(mattino)	*Good morning.*	gu·ud mo:·niŋ
(pomeriggio)	*Good afternoon.*	gu·ud af·tə:·nu·un
Buonasera.	*Good evening.*	gu·ud i·vniŋ
Buonanotte.	*Good night.*	gu·ud nait

Ci vediamo.	*See you.*	sii iu
A più tardi.	*See you later.*	sii iu *lei·*tə:
Arrivederci.	*Goodbye.*	*gu·*ud *bai*
Ciao (commiato).	*Bye.*	bai
Come sta/stai?	*How are you?*	hau a: iu
Bene, grazie.	*Fine, thank you.*	fain *thænk·*iu
E Lei/tu?	*And you?*	ænd iu

presentazioni

introducing people

In inglese chiamare una persona per nome è equivalente al dare del tu italiano, mentre chiamare una persona per il solo cognome è totalmente fuori luogo e offensivo. Il cognome deve quindi essere sempre preceduto da un appellativo, *Mr.* per gli uomini e, per rispettare la parità dei sessi, per le donne ora è stato introdotto *Ms (mz)* che ha il vantaggio di non rivelare lo stato civile. Nessun altro titolo è concesso, tranne 'Dr.' (*doctor*) per i medici e 'Prof.' (*professor*) per i docenti universitari. *Sir* e *Madam* sono usati senza cognome.

Signore	*Mister/Sir*	*mi·*stə:/sə:
Signora	*Mrs/Madam*	*mi·*siz/*mæ·*dm
Signorina	*Miss/Ms*	mis/ms

Come Si chiama/ti chiami?
What's your name? wots io: neim

Mi chiamo …
My name is … mai neim iz …

Le/Ti presento …
I'd like to introduce aid laik tu in·*trə·dius*
you to … iu tu …

Piacere.
I'm pleased to aim plizd tu
meet you. *mi·*it iu

conversare

making conversations

Aspetta/Aspetti (l'autobus)?
Are you waiting
(for a bus)?

a: iu *wei*·tiŋ
(fo: ə bas)

Bel tempo, oggi.
Nice weather, isn't it?

nais *we*·ðə: isnt it

Che fa/fai?
What are
you doing?

wot a:
iu *du*·iŋ

Come si chiama questo?
What's this called?

wots ðis kold

Dove va/vai?
Where are
you going?

weə: a:
iu goiŋ

Lei è/tu sei di qui?
Do you live here?

du iu liv hiə:

fare conoscenza

105

Le/Ti presento il mio/la mia ...

This is my ...   ðis iz mai ...

amico/a	*friend*	frend
collega	*colleague*	ko·*lig*
compagno/a	*partner*	pa:t·nə:
mio figlio	*son*	san
mia figlia	*daughter*	do·tə:
mio marito	*husband*	haz·bənd
mia moglie	*wife*	waif

È/Sei qui in vacanza?

Are you here   a: iu hiə:
on holiday?   on *ho*·li·dei

Quanto tempo ti fermerai/Si fermerà?

How long are   hau loŋ a:
you here for?   iu hiə: fo:

Sono qui ...	*I'm here ...*	aim hiə: ...
in vacanza	*for a holiday*	fo: ə *ho*·li·dei
per affari	*on business*	on *biz*·nes
per motivi di studio	*to study*	tu *sta*·di
con la mia famiglia	*with my family*	wið mai *fæ*·mə·li
con il mio/la mia compagno/a	*with my partner*	wið mai *pa:t*·nər

---

espressioni tipiche

Ehi!	*Hey!*	hei
Che cosa mi racconti?	*What's up?*	wots ap
Che cosa c'è?	*What's the matter?*	wots ð *ma*·tə:
Tutto a posto?	*Everything OK?*	*ev*·ri·thiŋ əu·*kei*
Va/Sto bene.	*It's/I'm OK.*	its/aim əu·*kei*
Fantastico!	*Great!*	greit
Non c'è problema.	*No problem.*	nəu *pro*·bləm
Certo.	*Sure.*	sciu:
Forse.	*Maybe.*	*mei*·bi
No di certo!	*No way!*	nəu wei

provenienza

Da dove viene/vieni?
Where are you from? weə: a: iu from

Vengo ... *I'm from ...* aim from ...
  dall'Italia *Italy* *i*·tə·li
  dalla Svizzera *Switzerland* *sui*·tze:·lənd

Sono italiano. *I'm Italian.* aim i·*tæ*·liən

Consultate il **dizionario** per le altre nazionalità.

età

Quanti anni ...? *How old ...?* hau old ...
  ha/hai *are you* a: iu
  ha Suo/tuo figlio *is your son* iz io: san
  ha Sua/tua figlia *is your daughter* iz io: *do*·tə:

Ho ... anni.
I'm ... years old. aim ... *i*·ə:z old
Ha ... anni.
He's/She's ... years old. hiz/sciz ... *i*·ə:z old

V. **numeri e quantità** p37.

lavoro e studio

Che lavoro fa/fai?
What's your occupation? wots io: o·kiu·*pei*·sciən

non toccate la regina

Una regola d'oro per chi si avventura a conoscere culture diverse è quella di evitare di criticare apertamente il paese in cui si è ospiti. Gli inglesi, rinomati per il loro senso dello humour che critica in modo sottile e intelligente la società britannica e i suoi difetti, sono in realtà molto fieri della loro monarchia e si offendono se uno straniero si permette di parlare male della regina e della Royal Family. Evitate l'argomento.

Che cosa fa/fai?
What do you do?   wot du iu du

Sono …	*I'm a …*	aim ə …
insegnante	*teacher*	ti·ciə:
studente	*student*	stiu·dnt
rappresentante	*tradesman*	treids·mæn

Lavoro nel campo …
I work in …   ai wə:k in …

della		
amministrazione	*administration*	æd·mi·ni·strei·sciən
delle relazioni		
pubbliche	*public relations*	pa·blik ri·lei·sciənz
della vendita		
al dettaglio	*retail*	ri·teil

Sono …	*I'm …*	aim …
disoccupato/a	*unemployed*	an·im·ploid
pensionato/a	*retired*	ri·ta·iə:d

Lavoro in proprio.
I'm self-employed.   aim self·im·ploid

Che cosa studia/studi?
What are you studying?　　wot a: iu *sta*·di·iŋ

Sto studiando ... 　*I'm studying ...* 　aim *sta*·di·iŋ ...
　architettura 　　*architecture* 　a:·ki·*tek*·ciə:
　economia 　　　*business* 　　*biz*·nes
　　aziendale 　　*management* 　mæ·*nig*·ment
　ingegneria 　　*engineering* 　en·gi·*niə*·riŋ
　lettere 　　　*arts/humanities* 　a:ts/hiu·*mæ*·nə·tiz
　lingue 　　　　*languages* 　*læn*·gui·gis

Per altri mestieri v. il **dizionario**.

famiglia

Ha/Hai (bambini)?
Do you have 　　　　du iu hæv
(children)? 　　　　　(*cil*·drn)

(Non) Ho (un/una compagno/a).
I (don't) have 　　　　ai (dəunt) hæv
(a partner). 　　　　　(ə *pa:t*·nər)

Le/Ti presento (mia madre).
This is (my mother). 　　this iz (mai *ma*·ðə:)

---

modi di dire

Tocca ferro. 　　　　　　tač *wu*·ud
　Touch wood. (lett.: tocca legno)

Piove a catinelle. 　　　　its *rei*·niŋ kæts æn dogz
　It's raining cats and dogs. (lett.: piove cani e gatti).

Non fa per me. 　　　　　its not mai kap ov tii
　It's not my cup of tea. (lett.: non è la mia tazza di tè).

Bere come una spugna. 　　tu drink laik ə fish
　To drink like a fish. (lett.: bere come un pesce).

Abiti/a con (la tua/Sua famiglia)?
Do you live with   du iu *li·*iv wið
(your family)?   (io: *fæ·*mə·li)

Abito con (i miei genitori).
I live with (my parents).   ai liv wið (mai *pe·*rənts)

È/sei sposato/a?
Are you married?   a: iu *mæ·*rid

Convivo.
I live with someone.   ai liv wið *sa·*muən

Per altri termini di parentela v. il **dizionario**.

Sono ...	*I'm ...*	aim ...
celibe/nubile	*single*	*sin·*gl
divorziato/a	*divorced*	di·*vorsd*
separato/a	*separated*	se·pə·*rei·*tid
sposato/a	*married*	*mæ·*ri·id
vedovo/a	*a widower/widow*	ə *wi·*də·uə:/*wi·*dəu

il linguaggio del corpo

Tutti abbiamo bisogno di un certo spazio intorno a noi, una 'bolla' detta distanza di sicurezza, variabile secondo le culture. La distanza di sicurezza, che osserviamo parlando con un interlocutore e che per un italiano sovente corrisponde a 50 cm (meno di un braccio teso), per gli inglesi e i nordici in generale è due volte superiore. Avvicinarsi oltre questa distanza è recepito come un'aggressione e mette a disagio la persona con cui si parla. Restate a un metro di distanza dal vostro interlocutore se non volete che questi faccia un passo indietro ogni volta che vi vede!

commiato

Domani è il mio ultimo giorno qui.
Tomorrow is my last day here.
tə·*mo*·reu iz mai last dei hiə:

Ecco il mio ...
Here's my ...
hiə:z mai ...

Qual è il Suo/tuo ...?
What's your ...?
wots io: ...

indirizzo (email)	*(email) address*	(*i*·meil) ə·*dres*
numero di fax	*fax number*	fæks *nam*·bə:
numero di cellulare	*mobile number*	*mo*·*bail nam*·bə:
numero in ufficio	*work number*	wə:k *nam*·bə:

Caso mai venisse/venissi/veniste in (Italia) ...
If you ever visit (Italy) ...
if iu *e*·və: *vi*·zit (*i*·tə·li) ...

venga/vieni/ venite a trovarci	*come and visit us*	kam ænd *vi*·zit az
può/puoi/potete stare da me	*you can stay with me*	iu kæn stei wið mi

---

per essere sgarbati

Che diavolo vuoi?
What the hell do you want?
wot ð hel du iu wont

Chi se ne frega!
Who gives a damn!
hu ghivz æ dæm

Deficiente!
You're an idiot!
io: æn *i*·diət

Vaffanculo!
Fuck off!
fak·*of*

Vai al diavolo!
Go to hell!
ghəu tu hel

È stato veramente un piacere conoscerti/La/vi.
It's been great its *bi*·in greit
meeting you. *mi*·itiŋ iu

Teniamoci in contatto!
Keep in touch! *ki*·ip in tač

auguri

Auguri!
Happy Birthday! *hæ*·pi *bə:th*·dei

Buon anno!
Happy New Year! *hæ*·pi niu *i*·ə:

Buon divertimento!
Have fun! hæv fan

Buon Natale!
Merry Christmas! *me*·ri *kris*·məs

Buona Pasqua!
Happy Easter! *hæ*·pi *is*·tə:

Buon viaggio!
Have a nice journey/trip! hæv ə nais *giə*·nei/trip

Congratulazioni!
Congratulations! kən·græ·tiu·*lei*·sciənz

In bocca al lupo!
Break a leg! breik ə leg

Salute! (per un brindisi)
Cheers! *ci*·iə:s

Salute! (per uno starnuto)
Bless you! (when sneezing) bles iu

interessi comuni

common interests

Cosa fai nel tuo tempo libero?
What do you do
in your spare time?
wot du iu du
in io: spe: taim

Ti piace/piacciono …?
Do you like …?
du iu laik …

(Non) Mi piace/piacciono …
I (don't) like …
ai (dəunt) laik …

cucinare	*cooking*	*ku·kiŋ*
fare shopping	*shopping*	*scio·piŋ*
giocare a carte	*playing cards*	*ple·iŋ kardz*
i videogiochi	*videogames*	*vi·diəu·gheimz*

Per altri sport e hobby v. **sport** p141 e il **dizionario**.

ti piace?

In molte culture, come in quella anglosassone, sentimenti e opinioni sono espressi con codici piuttosto diversi da quelli che usiamo in Italia. Gli inglesi, ad esempio, tendono in genere a dare risposte evasive a domande troppo dirette: alla domanda diretta 'ti piace?' (*do you like It?*), se il loro giudizio è negativo, preferiranno dichiarare: '*It's different!*' o '*It's Interesting*'.

musica

Ti piace …?	*Do you like to …?*	du iu laik tu …
andare	*go to*	ghəu tu
ai concerti	*concerts*	*kon*·sə:ts
ascoltare	*listen to*	*lis*·sən tu
la musica	*music*	*miu*·zik
ballare	*dance*	dæns
cantare	*sing*	siŋ
suonare	*play an*	plei æn
uno strumento	*instrument*	*ins*·tru·mənt

Quali gruppi ti piacciono?
What bands   wot bænds
do you like?   du iu laik

Quale tipo di musica ti piace?
What kind of music   wot kaind ov *miu*·sik
do you like?   du iu laik

(Non) Mi piace/piacciono …		
I (don't) like …		ai (dəunt) laik …
la musica	*classical*	*klæ*·si·kl
classica	*music*	*miu*·zik
la musica	*electronic*	i·lek·*tro*·nik
elettronica	*music*	*miu*·zik
la musica	*traditional*	trə·*di*·sciə·nl
tradizionale	*music*	*miu*·zik
la musica etnica	*world music*	wə:d *miu*·zik
l'heavy metal	*heavy metal*	*he*·vi *me*·tl
il jazz	*jazz*	giæz
il pop	*pop*	pop
il punk	*punk*	pank
il rock	*rock*	rok
il rhythm & blues	*rhythm and blues*	*riðm*·æn *blu*·uz

Volete andare a un concerto, al cinema, a ballare? Consultate le rubriche **acquisto biglietti**, p50 e **dove andare** p123.

cinema e teatro

Ho voglia di andare a …
I feel like going to a …   ai fi·il laik *ghəu·iŋ* tu ə …

una commedia	comedy	ko·mi·di
uno spettacolo	show	sciəu
uno spettacolo		
di danza/teatro	ballet/play	bæ·lei/plei
vedere un film	film	film

Che cosa danno al cinema/teatro stasera?
What's showing at the   wots *sciə·*uiŋ æt ð
cinema/theatre tonight?   *si·*nə·mə/*thiə·*tə: tu·*nait*

È in versione originale?
Is it in original   iz it in o·ri·gə·nl
language?   læn·guig

Ci sono i sottotitoli?
Does it have   daz it hæv
subtitles?   sab·tai·tlz

Hai visto …?
Have you seen …?   hæv iu *si·*in …

Chi sono i protagonisti?
Who's in it?   huz in it

Il/La protagonista principale è …
It stars …   it sta:z …

Ti è piaciuto (il film)?
Did you like (the film)?   did iu laik (ð film)

L'ho trovato …
I thought it was …   ai *tho*·ot it woz …
lungo   *long*   loŋ
ottimo   *excellent*   *ek*·sə·lənt
passabile   *OK*   əu·*kei*

(Non) Mi piace/piacciono …
I (don't) like …   ai (dəunt) laik …
i cartoni animati   *cartoons*   ka:·*tu*·unz
le commedie   *comedies*   *ko*·mi·diz
i cortometraggi   *short films*   scio:t films
i documentari   *documentaries*   do·kiu·*men*·tə·riz
i gialli   *thrillers*   *thri*·lərz
i film …
   d'amore   *love stories*   lav *sto*·riz
   d'avventura   *films*   æd·*ven*·ciə: filmz
   d'azione   *action/adventure*   æk·sciən/
   di fantascienza   *science-fiction*   saiəns·*fik*·sciən
   di guerra   *war films*   wo: filmz
   d'orrore   *horror films*   *ho*·rə: filmz
   drammatici   *drama*   *dræ*·mə
   fantasy   *fantasy*   *fæn*·tə·zi
   polizieschi   *film noir*   film nua:
   tragicomici   *black comedy*   blæk *ko*·mə·di
   western   *westerns*   *wes*·tnz
   il teatro classico   *classical theatre*   *klæ*·si·kl thiə·tə:

sentimenti

feelings

In inglese i sentimenti, le sensazioni e le emozioni sono espressi sovente dal verbo 'essere' con l'aggettivo: ad esempio *ho fame* si dice 'I'm hungry' (sono affamato).

(Non) Sono ...	*I'm (not) ...*	aim (not) ...
(Non) Mi sento ...	*I (don't) feel ...*	ai dəunt fi·il ...
È/Sei ...?	*Are you ...?*	a: iu ...
felice	*happy*	hæ·pi
preoccupato	*worried*	wa·rid
stanco	*tired*	taiə:d
triste	*sad*	sæd

Non mi sento bene.
I don't feel well. ai dəunt fi·il wel

Ha/Hai ...?	*Are you ...?*	a: iu ...
caldo	*hot*	hot
fame	*hungry*	han·gri
sete	*thirsty*	thə:·sti
sonno	*sleepy*	sli·ipi

opinioni

Le/Ti è piacuto?
Did you like it?   did iu laik it

Che cosa ne pensa/pensi?
What do you   wot du iu
think of it?   think ov it

Penso ...
I think ...   ai think ...

Pensavo che fosse ...
I thought it was ...   ai *tho*·ot it woz ...

È ...	*It's ...*	its ...
interessante	*interesting*	*in*·trə·stiŋ
noioso	*boring*	*bo*·riŋ
orrendo	*awful*	*o*·ful
ottimo	*great*	greit
passabile	*OK*	əu·*kei*
strano	*weird*	wiə:d

dal poco al molto

un po'
a little   ə litl

Sono un po' triste.
I'm a little sad.   aim ə litl sæd

molto
very   *ve*·ri

Sono molto contento/a.
I'm very happy.   aim *ve*·ri *hæ*·pi

-issimo/a
extremely   iks·*tri*·mli

Mi sento fortunatissimo/a.
I feel extremely lucky.   ai *fi*·il iks·*tri*·mli *la*·ki

questioni politiche e sociali

In Inghilterra esporsi, parlare di sé e delle proprie opinioni rite-
nendole importanti per gli altri è percepito sovente come un
bisogno di esibirsi, una vanteria, soprattutto se le proprie opinioni
non sono sottolineate continuamente da parole come 'forse' o
'mi sembra'. È frequente per gli inglesi pensare che la sincerità
sulle proprie opinioni non è necessariamente d'obbligo.

Che cosa ne pensi/a del partito ...?
What do you think   woṭ du iu think
about the ... party?   ə·baut ð ... pa:·ti

comunista	communist	ka·miu·nist
conservatore	*conservative*	kən·sə:·və·tiv
dei verdi	*green*	gri·in
liberale	*liberal*	li·bə·rəl
laburista	*labour*	lei·bər
socialista	*socialist*	səu·sciə·list

Ha/Hai sentito di/che ...?
Did you hear about ...?   did iu hiə: ə·baut ...

È/Sei d'accordo con ...?
Do you agree with ...?   du iu ə·grii wið ...

(Non) Sono d'accordo con ...
I (don't) agree with ...   ai (dəunt) ə·grii wið ...

È/Sei contro ...?
Are you against ...?   a: iu ə·ghenst ...

È/Sei a favore di ...?
Are you in favour of ...?   a: iu in fei·və: ov ...

sentimenti e opinioni

119

Che cosa pensa la gente dell'Unione Europea?

How do people feel about hau du *pi*·pl fi·il ə·*baut*
European Union? iu·rə·*pian* iu·niən

aborto	*abortion*	ə·*bo:*·sciən
ambiente	*environment*	in·*vai*·rən·mənt
assistenza sociale	*social welfare*	səu·sciəl *wel*·feə:
criminalità	*crime*	kraim
demografia	*population studies*	po·piu·*lei*·sciən sta·diz
diritti degli		
animali	*animal rights*	æ·ni·ml raits
diritti umani	*human rights*	*hiu*·mən raits
discriminazione	*discrimination*	dis·kri·mi·*nei*·sciən
disoccupazione	*unemployment*	an·im·*ploi*·mənt
droghe	*drugs*	drags
economia	*economy*	i·*ko*·nə·mi
eutanasia	*euthanasia*	iu·ðə·*nei*·ziə
globalizzazione	*globalization*	gləu·bə·lai·*sei*·sciən
immigrazione	*immigration*	i·mi·*grei*·sciən
ineguaglianza	*inequality*	i·ni·*qua*·lə·ti
istruzione	*education*	e·diu·*kei*·sciən
pari	*equal*	*i*·quəl
opportunità	*opportunities*	o·pə:·*tiu*·nə·tiz
politica di partito	*party politics*	*pa:*·ti po·li·tiks
privatizzazione	*privatization*	prai·və·tai·*zei*·sciən
profughi	*refugees*	re·fiu·gi·iz
razzismo	*racism*	*rei*·sizəm
sessismo	*sexism*	*sek*·sisəm
terrorismo	*terrorism*	*te*·rə·risəm

---

espressioni tipiche

(Non) È vero!	*That's (not) true!*	ðæts (not) truu
Incredibile!	*Unbelievable!*	an·bi·*li*·və·bl
Per niente!	*No way!*	nəu wei
Scherzi!	*You're kidding!*	ioə: *ki*·diŋ
Sono d'accordo.	*I agree.*	ai ə·*grii*
Zitto!	*Shut up!*	sciat ap

ambiente

Che cosa si può fare contro (l'inquinamento)?

What should be	wot sciud bi dan ə·*baut*
done about (pollution)?	(pə·*lu*·sciən)

biodegradabile	*biodegradation*	ba·iəu·de·grə·*dei*·sciən
conservazione	*conservation*	kon·sə·*vei*·sciən
disboscamento	*deforestation*	di·fo·ri·*stei*·sciən
energia		
idroelettrica	*hydroelectricity*	hai·drəu·i·lek·*tri*·si·ti
inquinamento	*pollution*	pə·*lu*·sciən
irrigazione	*irrigation*	i·ri·*ghei*·sciən
pesticidi	*pesticides*	*pes*·ti·saldz

programma	*recycling*	ri·*sai*·kliŋ
di riciclaggio	*programme*	*prəu*·græm
riciclabile	*recyclable*	ri·*sai*·klə·bl
rifiuti tossici	*toxic waste*	*tok*·sik weist
siccità	*drought*	draut
strato d'ozono	*ozone layer*	*əu*·zəun *le*·iə:

È protetto/a questo/a …?

Is this a protected …?	is ðis ə prə·*tek*·tid …
foresta	*forest*	*fo*·rest
parco	*park*	pa:k
specie	*species*	*spi*·sciz

Ci sono conference su …?

Are there conferences on …?

a: ðeə: *kon·*fə·rən·sis on …

ambiente e sviluppo	*environment and development*	in·*vaiə·*rən·mənt æn di·*ve·*ləp·mənt
energia solare	*solar energy*	*so·*lə: *e·*nə:·gi
organismi geneticamente modificati	*genetically modified organisms*	gi·*ne·*ti·ke·li *məu·*di·faid *o:·*ghə·nizmz
paesi in via di sviluppo	*developing countries*	di·*ve·*lə·piŋ *kan·*triz
sviluppo sostenibile	*sustainable growth*	səs·*tei·*nə·bəl grəuth

Dove posso trovare …

Where can I find …

weə: kæn ai faind …

la sede degli ambientisti	*environmentalists headquarter*	en·vaiə·rən·*mən·*tə·lists hed·*quo·*tə:z
un elenco delle specie in estinzione	*a list of endangered species*	ə list ov in·*dein·*gə:d *spi·*scis
una ONG	*a non profit organisation*	ə non·*pro·*fit *o:·*ghə·nai·*zei·*sciən

... in questa cit...
una guida eu...
agli ... e ai locali ...

dove andare

Che cosa si fa di sera?
  What's there to do   wots ðeə: tu du
  in the evenings?   in ði *i*·vniŋz

Che c'è in programma ...?
  What's on ...?   wots on ...
  in zona   *locally*   *l*əu·kə·li
  questo fine
    settimana   *this weekend*   ðis *w*i·ik end
  oggi   *today*   tu·*dei*
  stasera   *tonight*   tu·*nait*

Dove sono ...? *Where are the ,...?* weə: a: ð ...
  i bar   *cafes*   *ka*·fez
  i locali   *bars*   ba:z
  i locali notturni *nightclubs*   *nait*·klabz
  i locali gay   *gay venues*   ghæi *ve*·niuz
  i pub   *pubs*   pabz
  i ristoranti   *restaurants*   *res*·tə·rənts

		iz ðeə: *lo*·kl … gaid
...n. guide?		
...pettacoli	*entertainment*	en·tə·*tein*·mnt
film	*film*	film

Quant'è l'ingresso?
What's the entrance fee? wots ð *en*·trəns fii

È gratuito.
It's free. its frii

---

come scegliere un buon pub

L'industria della birra sta attraversando un periodo di fermento e di trasformazione. Le fabbriche di birra hanno in gran parte venduto i loro o sono state acquistate da società più grandi e più potenti e ormai la maggior parte dei pub appartiene a grandi catene industriali e multinazionali, i cui locali, spesso insignificanti e poco originali, si stanno moltiplicando a vista d'occhio. Per fortuna rimangono ancora un'infinità di pub eccellenti in ogni angolo del paese. Ecco qualche suggerimento su come trovare un buon pub:

- Scegliete piuttosto dei pub di proprietà di una buona fabbrica regionale di birra: Fuller (Londra), Marston (Staffordshire), John Smith (Yorkshire), Taylor (Yorkshire), Young (Londra).
- I migliori pub sono quelli in cui è servita la 'real ale' birra prodotta con metodi tradizionali e pompata a mano dalle botti in cantina.
- Date un'occhiata al menu: se viene scritto ogni giorno su una lavagnetta avrete buone probabilità che il cibo sia fresco.
- Da evitare sono i pub con slot-machine, musica di sottofondo, televisione ad alto volume, sporcizia diffusa …

Orari di apertura: in Inghilterra e in Galles molti pub osservano l'orario 11.00-23.00 dal lunedì al sabato e 12.00-22.30 la domenica. Gli orari sono leggermente diversi in Scozia e in Irlanda del Nord. Dal novembre 2005, diversi pub provvisti di licenza speciale restano aperti 24 ore su 24.

Ho voglia di andare ...
I feel like going to ...   ai fi·il laik *ghəu·*iŋ tu ...

in un bar	*a cafe*	ə *ka·*fe
in un caffè	*a coffee bar*	ə *ko·*fi ba:
a un concerto	*a concert*	ə *kon·*sə:t
al cinema	*the cinema*	ð *si·*nə·mə
in un locale	*a bar*	ə *bar*
in un locale notturno	*a nightclub*	ə *nait·*klab
a una festa	*a party*	ə *pa:·*ti
in un pub	*a pub*	ə pab
in un ristorante	*a restaurant*	ə *res·*tə·rant
a teatro	*the theatre*	ð *thiə·*tə:

inviti

invitations

Che cosa fai/fate ...?
What are you doing ...?   wot a: iu *du·*iŋ ...

adesso	*right now*	rait nau
stasera	*this evening*	tu·*nait*
questo fine settimana	*this weekend*	ðis wii·*kend*

Ho voglia di uscire.
I feel like going
out somewhere.
ai *fi*·il laik ghəuiŋ
aut *sam*·weə:

Vuoi/Volete andare a ...?
Would you like
to go for a ...?
wud iu laik
tu ghəu fo: ə ...

Offro io.
My round.
mai raund

Conosci/Conoscete un buon ristorante?
Do you know
a good restaurant?
du iu nəu ə *gu*·ud
res·tə·rant

Vuoi/Volete venire al concerto (jazz)?
Do you want to come to
the (jazz) concert with me?
du iu wont tu kam tu
ð (*ja*·az) kon·sə:t wið mi

Facciamo una festa.
We're having a party.
wiə: *hæ*·viŋ ə *pa:*·ti

Dovresti/Dovreste venire.
You should come.
iu sciud kam

Ho voglia di andare a ...
I feel like going ...
ai *fi*·il laik ghəuiŋ ...

ballare	*dancing*	*dæn*·siŋ
bere qualcosa	*for a drink*	fo: ə drink
fare una passeggiata	*for a walk*	fo: ə *wo*·ok
mangiare qualcosa	*for a meal*	fo: ə *mi*·il
prendere un caffè	*for a coffee*	fo: ə *ko*·fi

rispondere a un invito

Certo!
Sure!
sciuə:

Sì, mi piacerebbe.
Yes, I'd love to.
ies aid lav tu

Dove andiamo?
Where shall we go? wéə: scial wi ghéu

No, temo di no.
No, I'm afraid I can't. néu aim ə-*freid* ai kant

Domani che ne dici/dite?
What about tomorrow? wot a-*baut* tu-*mo*-rəu

Scusa, non so cantare/ballare.
Sorry, I can't sing/dance. *so*-ri ai kant sin/dæns

fissare un appuntamento

making a date

A che ora ci vediamo?
What time wot taim
shall we meet? scial wi *mi*-it

Dove ci vediamo?
Where will we meet? wéə: wil wi *mi*-it

Ti/Vi vengo a prendere.
I'll pick you up. ail pik iu ap

Vieni/Venite con noi!
Come with us! kam wið az

Verrò più tardi. Dove ti/vi trovo?
I'll be coming later. ail bi *ka*-min *lei*-tə:
Where will you be? wéə: wil iu bi

Se non ci sono entro le (nove), non aspettarmi/aspettatemi.
If I'm not there by (nine) if aim not ðéə: bai (nain)
don't wait for me. dəunt weit fo: mi

Incontriamoci ...	Let's meet at ...	lets *mi*·it æt ...
alle (otto)	(eight) o'clock	(eit) ə-*klok*
all'entrata	at the entrance	æt ði en·trəns

D'accordo!
OK! əu·*kei*

Ci vediamo.
I'll see you then. ail sii iu ðen

A più tardi.
See you later. sii iu *lei*·tə:

A domani.
See you tomorrow. sii iu tu·*mo*·rəu

Non vedo l'ora.
I'm looking forward to it. aim *lu*·kiŋ *fo:*·wə:d tu it

Scusa, sono in ritardo.
Sorry, I'm late. *so*·ri aim leit

Non importa.
Never mind. *ne*·və: maind

droghe

drugs

Non fumo.
I don't smoke. ai dəunt sməuk

Ci facciamo uno spino?
Shall we roll a joint? scial wi rol ə joint

Sono fatto!
I'm stoned/high! aim stəund/hai

Non prendo droghe.
I don't take drugs. ai dəunt teik dragz

uscire insieme

going out with someone

Vuoi fare qualcosa (stasera)?
*Would you like to do
something (tonight)?*

wud iu laik tu du
sam·thiŋ (tu·*nait*)

Sì, mi piacerebbe molto.
Yes, I'd love to.

ies aid lav tu

No, mi dispiace.
No, I'm afraid I can't.

nəu aim ə·*freid* ai kant

Neanche per idea!
No way!

nəu wei

espressioni tipiche

È ...	He's/She's a ...	hiz/sciz ə ...
un gran figo	*hunk*	hank
una gran figa	*a nice piece*	ə nais *pi·*is
	of skirt	ov skə:t
un coglione	*prick*	prik
una puttana	*bitch*	bič
uno/a stronzo/a	*bastard*	bas·təd

È uno che si dà da fare
He/She sleeps around.

hi/sci *šlì·*ips ə·*raund*

approcci

Andiamo a fare un giro fuori?
Shall we get some   scial wi ghet sam
fresh air?   fresh eə:

Balli benissimo.
You're a   ioə: ə
fantastic dancer.   fæn·tæs·tik dæn·sə:

Hai da accendere?
Do you have a light?   du iu hæv ə lait

Prendi qualcosa da bere?
Would you like a drink?   wud iu laik ə drink

Ti posso portare a fare un giro in moto?
Can I take you for   kæn ai teik iu fo:
a ride on my bike?   ə raid on mai baik

Hai un bel sorriso.
You have a   iu hæv ə
beautiful smile.   *biu·tə·*ful smail

Hai dei begli occhi.
You have beautiful eyes.   iu hæv *biu·tə·*ful aiz

Hai delle belle mani.
You have   iu hæv
beautiful hands.   *biu·tə·*ful hændz

Posso ...?	*Can I ...?*	kæn ai ...
ballare con te	*dance with you*	dæns wið iu
sedermi qui	*sit here*	sit hiə:
accompagnarti		
a casa	*take you home*	teik iu həum

---

pronuncia

Ricordate: nella colonna della pronuncia i simboli č e ǧ corrispondono ai suoni ci e gi e si trovano solo in finale di parola.

rifiutare gli approcci

Sono qui con il mio ragazzo.
I'm here with
my boyfriend.
aim hiə: wið
mai *boi*·frend

Sono qui con la mia ragazza.
I'm here with
my girlfriend.
aim hiə: wið
mai *ghə:l*·frend

Scusa. Adesso devo andare.
Excuse me,
I have to go now.
eks·*kiuz*·mi
ai hæv tu ghəu nau

Mi dispiace ma non ne ho voglia.
I'm sorry,
but I don't feel like it.
aim *šo*·ri
bat ai dəunt *fi*·il laik it

Non mi interessa.
I'm not interested.
aim not *in*·trəs·tid

Lasciami in pace!
Leave me alone!
li·iv mi ə·*ləun*

Non mi toccare!
Don't touch me!
dəunt tač mi

Lasciami passare!
Let me through!
let mi thru

Levati dai piedi!
Get out of my face!
ghet aut ov mai feis

conoscersi meglio

Mi porti a casa?
Will you take
me home?
wil iu teik
mi həum

Sei fantastico/a.
You're great.
ioə: greit

Sei molto simpatico/a.
You're very nice.   ioə: *ve*·ri nais

Ti posso baciare?
Can I kiss you?   kæn ai kis iu

Vuoi entrare un momento?
Do you want to come   du iu wont tu kam in·*said*
inside for a while?   fo: ə wail

sesso

Vuoi venire a letto con me?
Would you like to go   wud iu laik tu
to bed with me?   ghəu tu bed wið mi

Voglio fare l'amore con te.
I want to make   ai wont tu meik
love to you.   lav tu iu

Hai un preservativo?
Do you have   du iu hæv
a condom?   ə *kon*·dom

Non lo farò senza protezione.
I will not do it   ai wil not du it
without protection.   wi·ðaut prə·*tek*·sciən

Penso che dovremmo fermarci adesso.
I think we should   ai think wi sciud
stop now.   stop nau

Baciami.	*Kiss me.*	kis mi
Ti desidero.	*I want you.*	ai wont iu
Ti piace questo?	*Do you like this?*	du iu laik ðis
(Non) Mi piace.	*I (don't) like it*	ai (dəunt) laik it
Toccami.	*Touch me.*	tač mi
Calma!	*Easy!*	*i*·isi
Dài!	*Come on!*	kam on

più forte	*harder*	*ha:·də:*
più veloce	*faster*	*fas·tə:*
più dolcemente	*softer*	*sof·tə:*
più lentamente	*slower*	*sləu·ə:*

Sto venendo.
 I'm coming.

aim *ka·*miŋ

Non ci riesco.
 I can't make it.

ai kant meik it

Non ti preoccupare, faccio io.
 Don't worry,
 I'll do it myself.

dəunt *wo·*ri
ail du it mai·*self*

È stato stupendo.
 That was amazing.

ðæt woz ə·*mei·*ziŋ

Posso restare la notte?
 Can I stay over?

kæn ai stei *əu·*ver

Quando possiamo rivederci?
 When can I see
 you again?

wen kæn ai sii
iu ə·*ghein*

affettuosità

amore mio	*my love*	mai lav
caro/a	*my darling/dear*	mai *da:·*liŋ/diə:
dolcezza	*honey/sugar*	*ha·*ni/*sciu·*gə:
tesoro mio	*my treasure*	mai *tre·*jə:

l'amore

Mi ami?
Do you love me? du iu lav mi

Penso che stiamo bene insieme.
I think we're ai think wiə:
good together. gu·ud tə·ghe·ðə:

Sono innamorato/a di te.
I'm in love with you. aim in lav wið iu

Ti amo.
I love you. ai lav iu

Mi piacerebbe che ci tenessimo in contatto.
I want us to ai wont az tu
stay in touch. stei in tač

problemi

Frequenti qualcun altro/a?
Are you seeing a: iu *si·*iŋ
someone else? *sa*·muan els

È solo un/un'amico/a.
He's/She's hiz/sciz
just a friend. giast ə frend

Non credo che stia funzionando fra noi due.
I don't think it's ai dəunt think its
working out. *wə:·*kiŋ aut

Non voglio mai più vederti.
I never want ai *ne·*və: wont
to see you again. tu sii iu ə·*ghein*

Troveremo una soluzione.
We'll work it out. wil wə:k it aut

Preferirei che restassimo amici.
I want to stay friends. ai wont tu stei frendz

L'architettura inglese, segnata dallo stile gotico e quasi interamente palladiana nel Seicento e Settecento, ha prodotto negli ultimi anni una serie di edifici high-tech di notevole complessità e ardimento, considerate esemplari per dimostrare le potenzialità dell'architettura e dell'arte contemporanea. Tra gli esponenti di maggior rilievo di questa scuola spicca il nome di Norman Foster, architetto di fama mondiale, vincitore del Pritzker Architecture Prize nel 1999, l'equivalente del premio Nobel per l'architettura.

Quando è aperto/a il museo/la galleria?

When's the museum/ gallery open?	wenz ð *miu*·zi·um/ ghæ·lə·ri *əu*·pən

Che arte Le/ti interessa?

What kind of art are you interested in?	wot kaind ov a:t a: iu in·trəs·tid in

Che cosa ne pensa/pensi di ...?

What do you think of ...?	wot du iu think ov ...

È una mostra di (arte futurista)

It's a (futurist art) exhibition.	its ə (*fiu*·ciə·rist a:t) eg·zi·*bi*·sclən

Mi interessa l'arte/l'architettura ...

I'm interested in ... art/architecture		aim in·trəs·tid in ... a:t/a:·ki·*tek*·ciə:
barocca	*Baroque*	bə·*rok*
gotica	*Gothic*	go·thik
modernista	*Modernist*	mo·də:·nist
rinascimentale	*Renaissance*	rə·*nei*·səns
romanica	*Romanesque*	rəu·mə·*nesk*

Mi occupo di ...	*I deal with ...*	ai *di*·il wið ...
arti visive	*visual art*	*vi*·juəl a:t
performance art	*performance art*	pə·:*for*·məns a:t

glossario di architettura

abbey	æ·bi	**abbazia**
aisle	ail	**navata**
apse	æps	**abside**
arch	a:č	**arco**
baptistery	bæp·tis·tri	**battistero**
baroque	bə·rok	**barocco**
barrel vault	bæ·rəl volt	**volta a botte**
bell tower	bel ta·uə:	**campanile**
bridge	briǧ	**ponte**
bust	bast	**busto**
buttress	ba·tris	**contrafforte**
campanile	kæm·pə·ni·li	**campanile**
carving	ka:·viŋ	**intaglio**
cathedral	kə·thi·drəl	**cattedrale**
chancel	cian·səl	**presbiterio/coro**
chapel	cia·pəl	**cappella**
chapter house	ciap·tə: hauz	**sala capitolare**
choir stalls	quaiə: stolz	**stalli del coro**
church	ciə:č	**chiesa**
cloister	klois·tə:	**chiostro**
close	kləuz	**recinto (della cattedrale)**
column	ko·ləm	**colonna**
courtyard	ko:t·ia:d	**cortile**
decorated Gothic	de·kə·rei·tid go·thik	**gotico ornato (1280-1380)**
dome	dəum	**cupola**
drawbridge	dro·obriǧ	**ponte levatoio**
dungeon	dan·gən	**prigione sotterranea**
early English Gothic	ə:·li in·glish go·thik	**gotico primitivo (1150-1280)**
excavations	eks·kə·vei·scianz	**scavi**
flaying buttress	flai·iŋ ba·tris	**arco rampante**
font	font	**fonte battesimale**

fortifications	fo:·ti·fi·*kei*·scianz	**fortificazioni**
fortress	*fo:*·trəs	**fortezza**
frame	freim	**cornice**
fresco	*fres*·kəu	**affresco**
gargoyle	*ga:*·goil	**doccione**
lintel	*lin*·təl	**architrave**
mansion house	*mæn*·sciən hauz	**residenza**
		di campagna
Minster	*mins*·tə:	**chiesa**
		di abbazia
mosaic	*məu*·zaik	**mosaico**
nave	neiv	**navata centrale**
Palladian style	pa·*lei*·diən stail	**stile**
		palladiano
perpendicular	pe:·pən·*di*·kiu·lə:	**gotico**
Gothic	*go*·thik	**perpendicolare**
		(1380-1550)
pinnacle	*pi*·nə·kəl	**pinnacolo**
pointed arch	*poin*·tid a:č	**arco a ogiva**
portal	*po:*·təl	**portale**
pulpit	*pul*·pit	**pulpito**
refectory	ri·*fek*·tə·ri	**refettorio**
relief	ri·*li*·if	**rilievo**
rood	*ru*·ud	**crocefisso**
rood screen	*ru*·ud *skri*·in	**jubé, pontile**
rose window	*rəuz win*·dəu	**rosone**
spire	spaiə:	**guglia**
stained glass	steind glæs	**vetrata**
window	*win*·dəu	**istoriata**
stairway	*steər*·wei	**scalinata**
tower	*ta*·uə:	**torre**
transepts	*træn*·septz	**transetti**
undercroft	*an*·də:·kroft	**cripta**
vault	volt	**volta**
vestry	*ves*·tri	**sagrestia**
walls	*wo*·olz	**mura**

acquaforte	*etching*	*et·ciŋ*
apertura	*opening*	*əu·pə·niŋ*
arazzo	*tapestry*	*tæ·pis·tri*
collezione permanente	*permanent collection*	*per·mə·nənt ko·lek·sciən*
conservatore	*curator*	*kiu·rei·tər*
disegno	*drawing*	*dro·iŋ*
incisione	*engraving*	*in·grei·viŋ*
installazione	*installation*	*ins·tə·lei·sciən*
litografia	*lithograph*	*li·thə·graf*
opera	*artwork*	*a:t·wə:k*
periodo	*period*	*pi·riəd*
pittore/pittrice	*painter*	*pein·tə:*
pittura/quadro	*painting*	*pein·tiŋ*
riproduzione	*print*	print
sala d'esposizione	*exhibition hall*	*eg·zi·bi·sciən ho·ol*
scultore/scultrice	*sculptor*	*skalp·tə:*
scultura	*sculpture*	*skalp·ciə:*
statua	*statue*	*stæ·tiu*
stile	*style*	stail
studio	*studio*	*stiu·diəu*
tecnica	*technique*	tek·*ni·*ik
tela	*canvas*	*kæn·vəs*

religione

Di che religione sei/è?
What's your religion?   wots io: ri·*li*·giən

(Non) Credo in Dio.
I (don't) believe in God.   ai (dəunt) bi·*liv* in god

(Non) Sono …	*I'm (not) …*	aim (not) …
agnostico	*agnostic*	æ·gnos·tik
ateo	*atheist*	*ei*·thi·ist
buddhista	*Buddhist*	bu·dist
cattolico	*Catholic*	kæ·thə·lik
cristiano	*Christian*	*kris*·tiən
hindu	*Hindu*	*hin*·du
ebreo	*Jewish*	*giu*·ish
musulmano	*Muslim*	*mus*·lim
praticante	*practising*	*præk*·ti·siŋ
protestante	*protestant*	*pro*·təs·tant
religioso	*religious*	ri·*li*·giəz

Vorrei andare …
I'd like to go to (the) …   aid laik tu ghəu to (ð) …

in chiesa	*church*	ciə:č
alla moschea	*mosque*	mosk
alla sinagoga	*synagogue*	*si*·nə·gog
al tempio	*temple*	*tem*·pəl

Dove posso ...?	*Where can I ...?*	weə: kæn ai ...
andare a messa	*attend mass*	ə·*tend* mæs
andare in chiesa	*go to church*	ghəu to ciə:č
confessarmi	*make confession*	meik kon·*fe*·sciən
(in italiano)	*(in Italian)*	(in i·*tæ*·lian)
pregare	*pray/worship*	prei/*wo*:·scip
ricevere	*take Holy*	teik *ho*·li
la comunione	*Communion*	kə·*miu*·niən

differenze culturali

cultural differences

È una tradizione locale o nazionale?
| *Is this a local* | is ðiz ə *ləu*·kəl or |
| *or national custom?* | *næ*·sciə·nl *kas*·təm |

Non ci sono abituato.
| *I'm not used to this.* | aim not iuzd tu ðis |

Non mi dispiace guardare ma preferisco non partecipare.
| *I don't mind watching,* | ai dəunt maind *wot*·ciŋ |
| *but I'd rather not join in.* | bat aid *ra*·ðə: not gioin in |

Lo proverò.
| *I'll try it.* | ail trai it |

Mi dispiace, non volevo fare/dire qualcosa di sbagliato.
| *I'm sorry, I didn't mean* | aim *so*·ri ai didnt *mi*·in tu |
| *to do/say something wrong.* | du/sei *sam*·thiŋ roŋ |

Mi dispiace, è contro la mia ...
I'm sorry,		aim *so*·ri
it's against my ...		its ə·*gheinst* mai ...
cultura	*culture*	*kal*·ciə:
religione	*religion*	ri·*li*·giən

interessi sportivi

sporting interests

Ti piace (lo sport)?
Do you like (sport)?   du iu laik (spo:t)

Sì, moltissimo.
Yes, very much.   ies, *ve*·ri mač

Non molto.
Not really.   not *ri*·ili

Mi piace guardarlo.
I like watching it.   ai laik *wot*·ciŋ it

Che sport fai?
What sports do you play?   wot spo:ts du iu plei

Gioco a calcio.
I play football.   ai plei *fut*·bol

Faccio (judo).
I do (judo).   ai du (*giu*·dəu)

Seguo (l'automobilismo).
I follow (car racing).   ai *fo*·ləu (ka: *rai*·siŋ)

Per altri sport consultare il **dizionario**.

Qual è il giocatore che preferisci?
Who's your   huz io:
favourite player?   *fei*·və·rit *ple*·lə:

Qual è il tuo/la tua atleta preferito/a?
Who's your   huz io:
favourite athlete?   *fei*·və·rit æ·thlit

Qual è il tuo sport preferito?
Who's your   huz io:
favourite sport?   *fei*·və·rit spo:t

alla partita

Ti piacerebbe andare a una partita?
Would you like — wud iu laik tu
to go to a game? — ghəu tu ə *ghe*·im

Per che squadra tieni?
Who are you supporting? — hu a: iu *sə*·*po*:·tiŋ

Chi gioca?
Who's playing? — huz *plei*·iŋ

Chi vince?
Who's winning? — huz *wi*·niŋ

Quanto tempo manca?
How much time is left? — hau mač taim iz left

Qual è il punteggio?
What's the score? — wots ð sko:

Sono pari.
It's a draw. — its ə droo

L'arbitro ha annullato il gol.
The referee has — ð *re*·fə·ri·i hæz
disallowed the goal. — di·səl·*laud* ð ghəul

gradinata/tribuna inferiore/superiore
lower/upper — *lə*·uə:/*a*·pə:
tier/stand — tiə:/stænd

curva ovest/est
west/east stand — uest/iist stænd

---

conversando di sport

Che ...!	What a ...!	wot ə ...
calcio	*shot*	sciot
colpo	*hit*	hit
gol/rete	*goal*	ghəul
parata	*save*	seiv
passaggio	*pass*	pæs
performance	*performance*	pə:·*fo*:·məns

Che partita ...!
That was a ... game!   ðæt woz ə ... gheim
  brutta   *bad*   bæd
  fantastica   *great*   greit
  noiosa   *boring*   bo·riŋ

fare sport

playing sport

Vuoi giocare?
Do you want to play?   du iu wont tu plei

Sì, buona idea.
Yes, that would   ies, ðæt wud
be great.   bi greit

Mi dispiace, non posso.
I'm sorry, I can't.   aim *so*·ri ai kant

Mi sono fatto male.
I've got an injury.   aiv got æn *in*·giə·ri

Posso giocare anch'io?
Can I join in?   kæn ai gioin in

Qual è la zona migliore per fare footing qui intorno?
Where's the best place   weə:z ð best pleis tu
to jog/run around here?   giog/ran ə·*raund* hiə

---

vi sentirete dire ...

ðat woz aut	*That was out.*	**Era fuori.**
ioə: ə	*You're a*	**Giochi**
gu·ud *ple*·iə:	*good player.*	**bene.**
thænks fo:	*Thanks for*	**Grazie della**
ð *ghe*·im	*the game.*	**partita.**
ci·it	*Cheat!*	**Imbroglione/a!**
kik/pæs it tu mi	*Kick/Pass it to me!*	**Passala a me!**
io:/mai *po*·int	*Your/My point.*	**Un punto**
		per me/te.

Dov'è ... più vicino/a?

Where's the nearest ...?		weə:z ð *ni*·rəst ...
la palestra	*gym*	gim
la piscina	*swimming pool*	*sui*·miŋ *pu*·ul
il campo da tennis	*tennis court*	*te*·nis ko:t

Quanto costa ...?

What's the charge per ...?		wots ð *cia*·ǧ pə: ...
all'ora	*hour*	auə:
per una partita	*game*	gheim
per tre ore	*three hours*	thrii *a*·uə:z

Posso noleggiare ...?

Can I hire a ...?		kæn ai haiə: ə ...
un campo	*court*	ko:t
una racchetta	*racket*	*ræ*·kit

allenamento	*training*	*trei*·niŋ
forma fisica	*fitness*	*fit*·nes
perdita di peso	*weight loss*	wei los
piscina esterna/interna	*outdoor/indoor pool*	aut·*do*·o:/in·*do*·o: pul
piscina termale	*thermal pool*	*thə*:·məl pul
terme	*spa*	spa

calcio

Chi gioca per (il Manchester)?
Who plays for (Manchester)?   wu pleiz fo: (*mæn·ciə·stə:*)

È un bravo (giocatore).
He's a great (player).   hiz ə greit (*ple·iə:*)

Ha fatto un'ottima partita contro (l'Italia).
He played brilliantly in the match against (Italy).   hi pleid *bri·*liən·tli in ð mæč ə·*gheinst* (*i·tə·*li)

Quale squadra è in testa alla classifica?
Which team is at the top of the league?   wič *ti·*im iz æt ð top ov ð *li·*ig

Come gioca male questa squadra!
What a terrible team!   wot ə *te·*ri·bəl *ti·*im

allenatore	coach	*kəuč*
ammonizione	booking	*bu·*kiŋ
angolo	corner	*ko:·nə:*
arbitro	referee	re·fə·*rii*
area di rigore	penalty area	*pe·*nəl·ti *eə·*riə
attaccante/		
centravanti	striker	*strai·*kə:
calciatore	football player	*fut·*bol *ple·iə:*
calcio		
di punizione	free kick	frii kik

frasi utili		
Alé!	*Come on!*	kam on
Forza ragazzi!	*Come on boys!*	kam on boiz

Cazzo!	*Fuck!*	fak
Merda!	*Shit!*	scit
Maledizione!	*Damn!*	dæm

calcio d'angolo	*corner kick*	ko:·nə: kik
calcio d'inizio	*kick-off*	kik·of
cannoniere	*goal-scorer*	ghəul sko·rə:
cartellino giallo	*yellow card*	ie·ləu ka:d
cartellino rosso	*red card*	red ka:d
centrocampista	*mid-fielder*	mid·fi·ildə:
difensore	*defender*	di·fen·də:
espulsione	*sending off*	sen·diŋ of
fallo	*foul*	faul
fuorigioco	*offside*	of·said
giocatore/		
giocatrice	*player*	ple·iə:
gol/rete	*goal*	ghəul
manager	*manager*	mæ·nə·gə:
la nazionale	*National team*	næ·scia·nəl ti·im
pallone	*ball*	bol
partita	*match*	mæč
porta	*goal*	ghəul
portiere	*goalkeeper*	ghəul ki·ipə:
rigore	*penalty (kick)*	pe·nəl·ti (kik)
rimessa		
laterale	*throw-in*	thrəu·in
segnare	*to score*	tu scoə:
serie	*league*	lig
squadra	*club/team*	kləb/ti·im
tempo		
supplementare	*extratime*	ek·strə·taim
tifosi	*fans/supporters*	fænz/sə·po:·tə:z

Se vi occorre controllare termini e parole del linguaggio calcistico mentre assistete a una partita, consultate la voce '**alla partita**' p142.

ciclismo

Dove finisce la gara?
Where does the race finish? wea: daz ð reis fi·nish

Dove passa?
Where does it wea: daz it
pass through? pæs thru

Di quanti chilometri è (la tappa di oggi)?
How many kilometres is hau me·ni ki·lǝu·mi·tǝ:z
(today's leg)? iz (tu·deiz leg)

Il mio ciclista preferito è …
My favourite cyclist is … mai fei·vǝ·rit sai·klist iz …

ciclista	cyclist	sai·klist
gara	race	reis
tappa	leg	leg
prova		
a cronometro	time trial	taim traiǝl
vincitore		
(di tappa)	winner (of a leg)	wi·nǝ: (ov ǝ leg)

golf

Vorrei noleggiare …
I would like to rent a … ai wud laik tu rent ǝ …
un caddie *caddie* kæ·dii
un golf cart *golf cart* golf kart

Noleggiate/vendete mazze da golf?
Are there golf clubs a: ðeǝ: golf
to rent/buy? klabz tu rent/bai

Quant'è il costo del green?
How much is the green fee? hau mač iz ð gri·in fii

Ho bisogno di un certificato di handicap?
Do I need a handicap certificate?
du ai *ni*·id ə
hæn·di·kæp sə:·*ti*·fi·kət

Vorrei prenotare un tee per (4) persone per (domani).
I would like to book a tee time for (4) people for (tomorrow).
ai wud laik tu *bu*·uk
ə tii taim fo: (foə:)
pi·pl fo: (tu·*mo*·rəu)

C'è un bar sul posto?
Is there a snack bar on the premises?
is ðeə: ə *snæk*·ba:
on ð *pre*·mi·zis

immersioni subacquee

Dove sono dei buoni posti per fare immersioni?
Where are some good diving sites?
weə: a: sam *gu*·ud
dai·viŋ saits

Dove posso noleggiare (delle pinne)?
Where can we hire (flippers)?
weə: kæn wi haiə:
(*fli*·pə:z)

Vorrei ...	I'd like to ...	aid laik tu ...
fare immersioni	*go scuba*	ghəu *sku*·ba
subacquee	*diving*	*dai*·viŋ
partecipare	*join a*	gioin ə
ad una gita	*diving*	*dai*·viŋ
d'immersione	*tour*	tu·ur

SOCIETÀ

noleggiare		
l'attrezzatura	hire	ha·iə:
per immersioni	diving	dai·viŋ
subacquee	gear	ghiə:

sport estremi

Credi che sia sicuro?
*Are you sure
this is safe?*
a: iu sciu:
ðiz iz se·if

È sicura l'attrezzatura?
Is the equipment secure?
iz ði e·quip·mənt si·kiu:

Roba da pazzi.
This is insane.
ðiz iz in·sein

bungee jumping	bungy-jumping	ban·ghii·giam·piŋ
canottaggio	canoeing/rowing	kə·nu·iŋ/rəu·iŋ
canyoning	canyoning	kæ·niə·niŋ
discesa in		
corda doppia	abseiling	ab·zai·liŋ
fare roccia	rock-climbing	rok klai·miŋ
mountain		
biking	mountain biking	maun·tən bai·kiŋ
paracadutismo		
acrobatico	skydiving	skai·dai·viŋ
parapendio	paragliding	pæ·rə·glai·diŋ
parasailing	parasailing	pæ·rə·sei·liŋ
pesca d'altura	game fishing	gheim fi·sciŋ
rafting	white-water rafting	wait wo·tə: raf·tiŋ
snowboard	snowboarding	snəu·bo:·diŋ
speleologia	caving	kei·viŋ

Se vi occorrono altre parole o frasi riguardo alle camminate in montagna o i trekking v. **attività all'aperto** p153, e la voce **campeggio** p72.

skiing

Si può fare ... qui?
Is it possible to go   iz it *po*·si·bl tu ghəu
... here?   ... hiə:
sci di fondo   *cross-country*   kros·kan·tri
sci di discesa   *alpine skiing*   al·*pain ski·*iŋ
snowboard   *snowboarding*   snəu·bo:·diŋ

Vorrei noleggiare ...
I'd like to hire ...   aid laik tu *ha*·iə: ...
gli scarponi
(da sci)   *boots*   *bu*·uts
sci e bastoni   *skis and poles*   skiz ən pəulz
una tuta da sci   *a skis suit*   ə ski sut

Quant'è una tessera?
How much is a pass?   hau mač iz ə pas
Qual è il livello di quella pista?
What level is that slope?   wot *le*·vəl iz ðæt sləup

Quali sono le piste per ...
Which are the ... slopes?   wič a: ð ... sləups
principianti   *beginners*   bi·*ghi*·nə:z
livelli più
avanzati   *advanced*   əd·*vænsd*

In quali condizioni sono le piste?
What are the skiing   wot a: ð *ski*·iŋ
conditions like?   kon·*di*·sciənz laik

funivia	*cable car*	*keibl*·kar
maestro di sci	*ski instructor*	ski ins·*trak*·tə:
sciovia	*ski-lift*	*ski*·lift
seggiovia	*chair-lift*	*cea*:·lift
settimana bianca	*skiing holiday*	*ski*·iŋ *ho*·li·dei
slitta	*sled*	sled

tennis

Vuoi giocare a tennis?
*Would you like
to play tennis?*

wud iu laik
tu plei *te*·nis

Possiamo giocare di sera?
*Can we play
at night?*

kæn wi plei
æt nait

ace	*ace*	eis
campo in erba	*grass court*	græs ko:t
campo in cemento	*hard court*	ha:d ko:t
fallo	*fault*	folt
game, set, partita	*game, set, match*	gheim/set/mæč
giocare il doppio	*play doubles*	plei *da*·blz
parità	*deuce*	dəus
rete	*net*	net
servizio	*serve*	sə:v
set	*set*	set
un punto	*one point*	uan point
vantaggio	*advantage*	æd·*van*·tiğ

È necessario essere soci?
*Do I have to be
a member to play?*

du ai hæv tu bi ə
mem·bə: tu plei

Ci sono corsi per sole donne?
*Is there a women-only
session?*

iz ðeə: ə *wi*·min
on·li *se*·sciən

Dove sono gli spogliatoi?
*Where are the
changing rooms?*

weə: a: ð
cein·giŋ *ru*·umz

cricket

Se vedete in un campo 13 uomini vestiti di bianco che vi
sembra corrano senza una meta precisa, stanno giocando
a cricket. Si gioca a cricket in Gran Bretagna naturalmente,
ma anche in Bangladesh, India, Pakistan, Sri Lanka, Sudafrica e Zimbabwe, Australia e Nuova Zelanda. Il cricket è
l'unico sport al mondo in cui le squadre si fermano per il tè
e le cui partite possono durare da un'ora a più giorni.
   Qualche termine utile:

bail	**paletti orizzontali posati sui wicket**
ball	**pallina**
bat	**mazza**
batsman	**battitore**
bowling crease	**linea del battitore**
crease	**base**
fielders	**avversari che difendono il campo**
innings	**frazioni di gioco**
pitch	**corsia al centro del campo**
runner	**un giocatore che corre per il battitore**
time	**cessazione del gioco**
umpire	**arbitro**
wicket keeper	**ricevitore**
wicket	**porta**

escursionismo a piedi

hiking

Dove posso ...?	*Where can I ...?*	weə: kæn ai ...
comprare		
delle provviste	*buy supplies*	bai sə·pla·iz
noleggiare	*hire hiking*	ha·iə: hai·kiŋ
l'attrezzatura	*gear*	ghiə:
trovare	*find someone*	faind sa·muən
qualcuno che	*who knows*	hu nə·uz ðiz
conosce la zona	*this area*	eə·riə
trovare una carta	*get a (topogra-*	ghet ə (to·pə·græ·
(topografica)	*phical) map*	fi·kəl) mæp

Dobbiamo portare ...?		
Do we need to take ...?		du wi ni·id tu te·ik ...
del cibo	*food*	fu·ud
dell'acqua	*water*	wo·tə:
quanto serve		
per dormire	*bedding*	be·diŋ

Quant'è ...?	*How ...?*	hau ...
il dislivello	*high is the climb*	hai iz ð klaim
lunga l'escursione	*long is the hike*	loŋ iz ð haik
lungo il sentiero	*long is the trail*	loŋ iz ð treil

La pista è ...?	*Is the track ...?*	iz ð træk ...
aperta	*open*	əu·pən
panoramica	*scenic*	si·nik
(ben) segnalata	*(well-) marked*	(wel·) ma:kd

Qual è il percorso ...?		
Which is the ... route?		wič iz ð ... ru·ut
più corto	*shortest*	scio:·təst
più facile	*easiest*	i·ziəst

Dov'è ...? *Where's the ...?* weə:z ð ...
  il campeggio *camp site* kæmp sait
  il paese più vicino *nearest village* ni·rəst vi·laǧ

Ci sono delle escursioni guidate?
  Are there guided treks? a: ðeə: gai·did treks

C'è un rifugio?
  Is there a hut there? iz ðeə: ə hat ðeə:

Da dove arrivi?
  Where have you come from? weə: hæv iu kam from

Mi sono perso/a.
  I'm lost. aim lost

Occorre una guida?
  Do we need a guide? du wi ni·id ə gaid

Possiamo passare da qui?
  Can we go through here? kæn wi ghəu thru hiə:

Quando fa buio?
  When does it get dark? wen daz it ghet da:k

Quanto ci è voluto?
  How long did it take? hau loŋ did it teik

Questo sentiero va verso ...?
  Does this path go to ...? daz ðiz pæth ghəu tu ...

Si può bere l'acqua?
  Is the water OK to drink? iz ð wo·tə: əu·kei tu drink

in spiaggia

at the beach

Divieto di balneazione.
  No Swimming. nəu sui·miŋ

Dov'è la spiaggia ...?
  Where's the ... beach? weə:z ð ... bi·ič
  migliore *best* best
  nudisti *nudist* niu·dist
  più vicina *nearest* ni·rəst
  pubblica *public* pa·blik

A che ora è ... marea?
  What time is ... tide? .... wot taim iz ... taid

l'alta	*high*	hai
la bassa	*low*	ləu

È sicuro ... qui? *Is it safe to ... here?* iz it seif tu ... hiə:

fare immersioni	*(scuba) dive*	*(sku·*bə) daiv
fare tuffi	*dive*	daiv
nuotare	*swim*	suim

Quant'è ...? *How much for a ...?* hau mač fo: ə ...

una sedia a sdraio	*deckchair*	dek·ceə:
una cabina	*hut*	hat
un ombrellone	*parasol*	*pæ·*rə·sol

il tempo

weather

Che tempo fa?
  What's the weather like? .... wots ð *we·*ðə: laik

(Oggi) È ...	*(Today) It's ...*	(tu·*dei*) its ...
Domani sarà ...?	*Will it be ...*	wil it bi ...
	tomorrow?	tu·*mo·*rəu
nuvoloso	*cloudy*	*klau·*di
sereno	*fine*	fain
soleggiato	*sunny*	*sa·*ni

attività all'aperto

155

(Oggi) Fa ...	(Today) It's ...	(tu·dei) its ...
Domani farà ...?	Will it be ... tomorrow?	wil it bi ... tu·mo·rəu
bel tempo	warm	wo:m
caldo	hot	hot
freddo	cold	kəuld

Domani ...?	Will it be ... tomorrow?	wil it bi ... tu·mo·rəu
gelerà	freezing	fri·izin
pioverà	raining	rei·nin
ci sarà vento	windy	win·di

Si gela.	It's freezing.	its fri·izin
Piove.	It's raining.	its rei·nin
Tira vento.	It's windy.	its win·di

flora e fauna

Che (tipo di) ... è quello?

What (kind of) ... is that?		wot (kaind ov) ... iz ðæt
albero	tree	trii
animale	animal	æ·ni·məl
fiore	flower	fla·uə:
pianta	plant	plænt

È ...?	Is it ...?	iz it ...
comune	common	ka·mən
pericoloso	dangerous	dein·gə·rəz
in via d'estinzione	endangered	in·dein·gərd
velenoso	poisonous	poi·sə·nəz
protetto	protected	pro·tek·tid

A che cosa serve?	What's it used for?	wots it iuzd fo:
Si può mangiare?	Can you eat it?	kæn iu iit it

parole chiave

bere	*to drink*	tu drink
cena	*dinner*	*di*·nə:
mangiare	*to eat*	tu *i*·it
merenda	*afternoon snack*	af·tə·:*nu*·un snæk
pranzo	*lunch*	lanč
prima colazione	*breakfast*	brek·fəst
spuntino/		
stuzzichino	*snack*	snæk
Grazie.	*Thank you.*	thænk iu
Muoio di fame!	*I'm starving!*	aim *sta*·:vìŋ
Per favore.	*Please.*	*pli*·iz
Vorrei ...	*I'd like ...*	aid laik ...

dove mangiare

Dove si può andare per ...		
Where would you go for ...?		weə: wud iu ghəu fo: ...
mangiare	*local*	*ləu*·kl
specialità locali	*specialities*	spe·*sciæ*·lə·tiz
un pasto	*a cheap*	ə *ci*·ip
economico	*meal*	*mi*·il
un pranzo	*a business*	ə *bis*·nəs
d'affari	*lunch*	lanč

Parlando di cibo, l'Inghilterra non gode di ottima reputazione tra gli altri paesi dell'UE, eppure ha anch'essa i suoi piatti tradizionali e prodotti locali buoni e genuini che, pur essendo meno vari e saporiti di quelli della cucina mediterranea, possono riservare piacevoli sorprese. Tra i locali che servono un'autentica cucina inglese tradizionale vi sono:

cafeterias   kæ·fi·ti·riəz
chiamati anche 'greasy spoons' (cucchiai unti) sono locali un po' squallidi all'apparenza, ma accoglienti e molto inglesi, dove si servono breakfast economici e pranzi semplici ma sostanziosi.

fish and chips   fish æn cips
vendono merluzzo impanato e fritto e patatine fritte da asporto o da mangiare sul posto.

pub   pab
nei pub si servono sovente piatti tipici come il 'banger and mash' (salsiccia e purè) o la 'shepherd's pie', (una torta salata ripiena di agnello e cipolle con purè), dolci e budini di vario tipo. Il tutto innaffiato con dell'ottima birra. Il "pub food", a prezzi molto abbordabili, è ottimo per le famiglie.

restaurants   res·tə·rants
sono i locali più raffinati, ve ne sono di eccellenti dove sono serviti ottimi piatti di pesce e carne. Tenete presente però che gli inglesi non stanno ore a tavola, e che nei ristoranti non si resta mai a lungo.

Inoltre troverete:
take away   teik ə·wei
dal McDonald al piccolo venditore di curry o di patate al forno ripiene, sono i re delle grandi città inglesi.

Cold	*kəuld*	**Freddo**
Hot	*hot*	**Caldo**
Gents	*gents*	**Uomini**
Ladies	*lei·diz*	**Donne**
Reserved	*ri·ze:·vd*	**Prenotato/riservato**
Toilets	*toi·ləts*	**Servizi**

Potrebbe consigliare ...

Can you recommend ...		kæn iu re·kə·*mend* ...
un bar tipico	*a typical pub*	ə *tl*·pi·kl pab
un caffè	*a café*	ə *kæ*·fei
un ristorante	*a restaurant*	ə *res*·tə·rant
un self-service,		
una caffetteria	*a cafeteria*	ə kæ·fi·*ti*·riə

Vorrei prenotare un tavolo per ...

I'd like to book		aid laik tu *bu*·uk
a table for ...		ə *tei*·bl fo: ...
(due) persone	*(two) people*	(tu) *pi*·ipl
le (otto)	*(eight) o'clock*	(eit) o·*klok*

Vorrei ..., per favore.

I'd like ..., please.		aid laik ... *pli*·iz
un tavolo per		
(cinque)	*a table for (five)*	ə *tei*·bl fo: faiv
il menu	*the menu*	ð *me*·niu
la lista delle		
bevande	*the drinks list*	ð drinks list
la sala fumatori	*the smoking area*	ð *sməu*·kiŋ *ei*·riə
la sala non	*the non-smoking*	ð non *sməu*·kiŋ
fumatori	*area*	eə·riə

frasi utili

du iu laik …
Do you like …?
Le piace/piacciono …?

in·*gioi* io: *mi·*il
Enjoy your meal.
Buon appetito.

hiə: iu ghəu
Here you go!
Ecco!

hau du iu laik it *ku·*ukd
How do you like it cooked?
Come la vuole cotta?

reə:
Rare
Al sangue

mi·diəm
Medium
Non troppo cotta

wel·*dan*
Well-done
Ben cotta

ai sə·*gest* ð …
I suggest …
Le consiglio …

uan *məu*·mənt
One moment.
Un momento.

*so·*ri wiə: *kləu*·zd
Sorry, we're closed.
Ci dispiace, siamo chiusi.

wi hæv nəu *tei·*blz
We have no tables.
Non abbiamo tavoli.

wiə: *fu·*li bukd
We're fully booked.
È al completo.

wot kæn ai get fo: iu
What can I get for you?
Che cosa le porto?

weə: wud iu laik tu sit
Where would you like to sit?
Dove vuole sedersi?

Avete …?	*Do you have …?*	du iu hæv …
un menu		
per bambini	*children's meals*	*cil·*drənz *mi·*ilz
un menu	*a menu*	ə *me·*niu in
in italiano	*in Italian*	i·*tæ·*liən

pies e pasties

Nella cucina inglese le pies (pais) e i pasties (pastiz), occupano un posto d'onore. Le pies sono torte, dolci o salate, o un misto tra i due, ricoperte di uno strato di pasta; i pasties invece sono fagottini ripieni. Tra i più tradizionali ne citiamo alcuni:

Apple Pie (with custard)   æ·pl pai (wið *cas*·tə:d)
torta dolce di mele servita con crema inglese calda.

Beef Pot Pie   *bi*·if pot pai
torta salata con ripieno di manzo tagliato a cubetti, cipolla, carota e pomodoro.

Cheese Pie   *ci*·is pai
torta di formaggio fresco chiamato 'cottage'.

Cheese and Potato Pasties   *ci*·iz ænd po·*tei*·təuz *pas*·tiz
fagottini di formaggio e patate.

Cornish Pasties   *ko:*·nish *pas*·tiz
piatto tradizionale tipico della Cornovaglia. Fagottini con ripieno di carne, patate e verdure.

English Pie   *in*·glish pai
torta dolce con noci, uvetta, chiodi di garofano e noce moscata.

Lamb and Apple Pie   læm ænd æ·pl pai
torta salata con ripieno di agnello, cipolle, funghi champignon, carote e mele.

Mince Pie   *mins*·mi·it pai
torta dolce natalizia con ribes, buccia candita di limone e arancio, noce moscata, uvetta, mele e brandy o whisky.

Pork Pie   po:k pai
torta salata con carne di maiale, prosciutto, uova e cipolle.

Shepherd's Pie   *sce*·pə:d pai
torta salata farcita con carne di montone o agnello, cipolle, carote, mais, patate e salsa Worchestershire.

| un menu vegetariano | a vegetarian menu | ə ve·gi·*teə*·riən məniu |
| un seggiolone | a high chair | ə hai ceə: |

Servite ancora da mangiare?
Are you still serving food? a: iu stil *se:*·viŋ *fu*·ud

Quanto si deve aspettare?
How long is the wait? hau loŋ is ð weit

Vorremmo un aperitivo.
We would like an aperitif. wi wud laik æn a·pei·ri·*tif*

Posso avere uno smacchiatore?
Can I have kæn ai hæv
a stain remover? ə stein ri·*mu*·və:

Questo vino sa di tappo.
This wine is corked. this wain is ko:kd

al ristorante

Che ingredienti ci sono in questo piatto?
What's in this dish? wots in ðis dish

Ci vuole molto per prepararlo?
Does it take long daz it teik loŋ
to prepare? tu pri·*pe:*

Che cosa mi consiglia?
What would you wot wud iu
recommend? re·ko·*mend*

È compreso nel prezzo?
Is this included? iz ðis in·*klu*·did

È un self-service?
Is it self-service? iz it self *sə:*·vis

Prendiamo solo da bere.
We are just having drinks. we a: giast *hæ*·viŋ drinks

Vorrei il menu, per favore.
I'd like the menu, please. aid laik ð *me*·niu *pli*·iz

Vorrei quello che stanno mangiando loro.
I'll have what they're having.   ail hæv wot ðeiə: *hæ*·viŋ

Vorrei una specialità di questa regione.
I'd like a local   aid laik ə *ləu*·kəl
speciality.   spe·*sciæ*·lə·ti

Il ... è compreso nel conto?
Is ... included in the bill?   iz ... in·*klu*·did in ð bil
   coperto   *the cover charge*   ð *ko*·və: ciarǧ
   servizio   *service*   *sə:*·vis

Mi porta ..., per favore?
Please bring ...   *pli*·iz briŋ ...

Potrei avere ..., per favore?
Could I have ... please?   kud ai hæv ... *pli*·iz
   il conto   *the bill*   ð bil
   un bicchiere   *a glass*   ə *gla*·as
   uno strofinaccio   *a cloth*   ə kləuth
   del sale   *some salt*   sam solt
   un altro piatto   *another plate*   ə·na·ðə: pleit

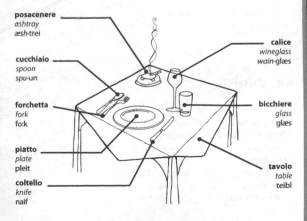

posacenere
ashtray
æsh·trei

cucchiaio
spoon
spu·un

forchetta
fork
fo:k

piatto
plate
pleit

coltello
knife
naif

calice
wineglass
wain·glæs

bicchiere
glass
glæs

tavolo
table
teibl

mangiare fuori

163

il menu

appetisers	æ·pə-*tai*-zə:z	**antipasti**
desserts	di-*sa:ts*	**dolci**
entree	an-*trei*	**prime portate/ antipasti**
light meals	lait *mi*-ilz	**pasti leggeri**
main courses	mæin *ko:*-siz	**portate principali (in genere piatti di carne o pesce con contorni)**
salads	sæ·lədz	**insalate**
side dishes	said *di*-sciz	**contorni**
soups	*su*-ups	**minestre/zuppe**
starters (fam.)	*sta:*-tə:z	**antipasti**
drinks	drinks	**bevande**
aperitifs	a·pei·ri-*tifz*	**aperitivi**
soft drinks	soft drinks	**bibite**
spirits	*spi*-rits	**liquori**
beer	*bi*-ir	**birra**
ale	*e*-il	**altro nome per birra rossa**
liqueurs	li-*kiuə:z*	**digestivi**

Nel **glossario gastronomico**, p179, vi è un ricco elenco delle parole che potrete trovare consultando i menu.

bambini

children

Dove posso …	*Where can I …*	weə: kæn ai …
fare riscaldare	*warm the*	wo:m ð
il biberon?	*baby's bottle?*	*bei*-biz botl
sterilizzare	*sterilise the*	*ste*-ri-laiz ð
il biberon?	*baby's bottle?*	*bei*-biz botl
cambiare	*change*	ceinǧ
il bambino?	*the baby?*	ð *bei*-bi

CUCINA

164

Mi può portare …
Could you bring me …   kud iu briŋ mi …
  un seggiolone   *a high-chair*   ə *hai*·ceə:
  un cuscino   *a cushion*   ə *ku*·sciən

parlando di cibo

Complimenti al cuoco!
My compliments   mai *kam*·pli·mənts
to the chef!   tu ð scef
Era squisito!
That was delicious!   ðæt woz di·*li*·sciəz

Mi piace molto …   *I love …*   ai lav …
  questo piatto   *this dish*   ðis dish
  la cucina locale   *the local cuisine*   ð leukl kui·*zin*

Sono sazio.   *I'm full.*   aim ful

Questo è …   *This is …*   ðis is …
  (troppo) caldo   *(too) hot*   (tuu) hot
  (troppo) freddo   *(too) cold*   (tuu) kəuld
  delizioso   *superb*   sə·*pe:b*
  piccante   *spicy*   spai·si

prima colazione

Qual è la prima colazione tipica?
What's a typical breakfast?   wots ə *ti*·pi·kl brek·fəst

burro	*butter*	*ba*·tə:
cereali	*cereals*	*si*·riəlz
cornetto	*croissant*	krua·*zan*
formaggio	*cheese*	*ci*·iz

latte	milk	milk
marmellata	jam	giæm
marmellata d'arancia	marmalade	mar·mə·leid
muesli	muesli	miu·zli
pancetta	bacon	bei·kn
pane	bread	bred
pane tostato	toast	təust
pasta dolce	pastry	peis·try
succo d'arancia	orange juice	o·renǧ gius
uovo/a	egg/eggs	eg/egz

metodi di cottura

methods of preparation

Lo/La vorrei ...
I'd like it ...   aid laik it ...

Non lo/la voglio ...
I don't want it ...   ai dəunt wont it ...

ai ferri	*grilled*	grild
al forno	*baked*	beikd
arrosto	*roast*	reust
al sangue	*rare*	reə:
al vapore	*steamed*	sti·imd

alla griglia	barbecued	ba:·bi·kiud
ben cotto	well-done	wel·dan
bollito	boiled	boild
con il condimento	with the dressing	wið ð dre·siŋ
a parte	on the side	on ð said
fritto	fried	fraid
fritto in
abbondante olio	deep-fried	di·ip fraid
in umido/stufato	stewed	stiud
non troppo cotto	medium	midiəm
rlpieno	stuffed	stafd
riscaldato	re-heated	ri·hi·tid
schiacciato/
passato	mashed	mæ·shd
senza ...	without ...	wi·ðaut

al pub

Scusi!
Excuse me!   eks·kiuz·mi

Prendo (una pinta di birra chlara).
I'll have (a pint of lager).   ail hæv (ə paint ov la·gə)

Un'altra (pinta), per favore.
Same again, please.   seim ə·ghe·in, pli·iz

Un whisky, per favore.
A whisky, please.   ə wis·ki, pli·iz

Senza ghiaccio, per favore.
No ice, thanks.   nəu ais thænks

Liscio, per favore.
Straight, please.   streit pli·iz

Ti offro da bere.
I'll buy you a drink.   ail bai iu ə drink

Che cosa prendl?
What would you like?   wot wud iu laik

Offro io.
It's my round.   its mai raund

Il prossimo lo paghi tu.
You can get the next one.   iu kæn get ð nekst uan

Servite da mangiare qui?
Do you serve meals here?   du iu sə:v *mi*·ils hiə:

bevande analcoliche

acqua ...	... *water*	... *wo*·tə:
minerale	*mineral*	*mi*·nə·rəl
frizzante	*sparkling*	*spar*·kliŋ
naturale	*still*	stil
aranciata	*orangeade*	o·rin·*geid*
bibita	*soft drink*	*soft*·drink
gassosa	*lemonade*	le·mə·*neid*
spremuta		
di limone	*lemon squash*	*le*·mən squosh
spremuta		
d'arancia	*orange squash*	o·riŋǧ squosh

succco
di pompelmo	*grapefruit juice*	*greip*·frut giu̯s
un caffè	*(a cup of) coffee*	*(ə kap ov) kò*·fi

un tè	*(a cup of) tea*	*(ə kap ov) ti·i*
con/senza	*with/without*	*wið/wi·ðaut*
(latte, limone,	*(milk, lemon,*	*(milk, le·mən,*
zucchero)	*sugar)*	*sciu·ghə:)*

bevande alcoliche

alcoholic drinks

birra…	*… beer*	*… bi·i:*
pompata a mano	*hand pumped*	*hænd pʌmpd*
alla spina	*draught*	*draft*
in bottiglia	*bottled*	*bo·təld*

birra chiara	*lager*	*la·gə:*
birra rossa	*bitter/ale*	*bi·tə:/e·il*
birra scura	*stout*	*sta·ut*

champagne	*champagne*	*ciæm·pein*
cocktail	*cocktail*	*kok·teil*
sidro	*cider*	*sai·də:*
vino	*wine*	*wain*

Vorrei un sorso di …
I would like a sip of …   ai wud laik ə sip ov …

sidro	*cider*	*sai·də:*
gin	*gin*	*gin*
rum	*rum*	*ram*
tequila	*tequila*	*te·ki·la*
vodka	*vodka*	*vod·ka*
whisky	*whisky*	*wis·ki*

una bottiglia di …
a bottle of …   ə botl ov …

mangiare fuori

per gli appassionati di birra

In Inghilterra vi sono più di 40.000 pub che servono una varietà impressionante di *lagers* o *ales*. Se siete al pub, evitate di chiedere *"a beer, please"*, poiché rischiate l'ilarità generale. Sceglietela invece con cura e ordinatela con il nome completo. La birra è servita in bicchieri da una pinta, *pint* (*paint*), circa mezzo litro, o *half-pint* (*hafpaint*), un quarto di litro.

Normalmente le birre sono servite a temperatura di cantina e hanno un contenuto alcolico che va da 2° a 8°. Le migliori sono quelle pompate a mano dalle botti (chiamate *real ales*) che sono sottoposte a una fermentazione particolare e sono meno gassate di quelle a pressione. Ecco un elenco non esaustivo di ottime birre:

Adnams Bitter (Suffolk)	*æd*·nams *bi*·tə:
Barnsley Mayflower (Yorkshire)	*ba:n*·slei *mæi*·flauə:
Beckett Golden Grale (Hampshire)	*be*·ket *ghəul*·dn *gre*·il
Border Farne Island (Northumberland)	*bo:*·də: fa:n *ai*·lənd
Burton Bridge Porter (Staffordshire)	*bə:*·tn bridǧ *po:*·tə:
Coniston Bluebird Bitter (Cumbria)	*ko*·nis·tn *blu*·bə:d *bi*·tə:
Fuller's London Pride (Londra)	*ful*·lə:s *lan*·dn *pra*·id
Riverhead Black Moss Stout (Yorkshire)	*ri*·və:·hed blæk mos staut
St Austell XXXX Mild (Cornovaglia)	seint·*os*·təl exexexex maild
Young's Winter Warmer (Londra)	iaŋs *win*·tə: *wo:*·mə:

un bicchiere di vino ...
  a glass of ... wine

rosso	*red*	red
rosé	*rosé*	rəu·sé
bianco	*white*	wait

ə glæs ov ... wain

una pinta di birra chiara
  a pint of lager

ə paint ov *la*·ghə:

mezza pinta di birra scura
  half a pint of stout

haf ə paint ov *sta*·ut

una lattina
  a can

ə kæn

un bicchiere di troppo

one too many

Mi puoi chiamare un taxi?
  Can you call a taxi for me?

kæn iu kol ə *ta*·ksi fo: mi

Mi sento benissimo!
  I feel fantastic!

ai *fi*·il fan·*tas*·tic

Mi sento male.
  I feel ill.   ai *fi*·il il

Mi sento un po' ubriaco.
  I'm feeling drunk.   aim *fi*·liŋ drank

Sono astemio.
  I don't drink alcohol.   ai dəunt drink *al*·co·hol

Non ne ho voglia, grazie.
  Thanks, but I don't   thænks bat ai dəunt
  feel like it.   fil laik it

Penso di aver bevuto troppo.
  I think I've had   ai think aiv hæd
  one too many.   uan tu *me*·ni

Salute!
  Cheers!   *ci*·irs

Sei ubriaco fradicio!
  You're pissed!   ioə: pist

Sono stanco, è meglio che vada a casa.
  I'm tired, I'd better   aim taird aid *be*·ter
  go home.   ghəu həum

Dov'è il bagno?
  Where's the toilet?   weə:z ð *toi*·let

È meglio che tu non guidi.
  I don't think you   ai dəunt think iu
  should drive.   sciud draiv

parole chiave

cotto	*cooked*	kukd
crudo	*raw*	ro:
fresco	*fresh*	fresh
secco	*dry*	drai
surgelato	*frozen*	frəu·zn

spesa

Quanto fa?
How much? hau mač

Quanto costa (mezzo chilo di formaggio)?
How much is hau mač is
(a pound of cheese)? (ə paund ov či·is)

negozi

bakery	*bei*·kə·ri	**panetteria**
butcher	*but*·ciə:	**macelleria**
cake shop	*keik*·sciop	**negozio di dolci**
dairy	*deə*·ri	**caseificio**
delicatessen	de·li·kə·*te*·sn	**salumeria**
farm shops	*fa:m*·sciops	**fattorie o cascine dove si vendono i prodotti locali**
fish monger/ fish shop	*fish*·moŋə:/ *fish*·sciop	**pescivendolo/ pescheria**
convenience shop	kon·*vi*·niəns sciop	**alimentari**
greengrocer	grin·*gro*·sə:z	**negozio di frutta e verdura**
health food shop	helth·*fu*·ud sciop	**negozi di alimenti biologici**
market	*ma:*·kət	**mercato**
off licence	of *lai*·sans	**negozio di vini**
supermarket	su·pə:·*ma:*·kət	**supermercato**
tobacconist	tə·*bæ*·ko·nist	**tabaccaio**
wine merchant	*wa*·in *me:*·ciənt	**negozio di vini**

Qual è la specialità di questa regione?
What's the local speciality? wots ð *ləu*·kl spe·*sciæ*·lə·ti

Che cos'è?
What's that? wots ðæt

Lo posso assaggiare?
Can I taste it? kæn ai teist it

Posso avere un sacchetto, per favore?
Can I have a bag, please? kæn ai hæv ə bæg *pli*·iz

Vorrei ...	*I'd like ...*	aid laik ...
un pezzo	*a piece*	ə *pi*·is
(tre) pezzi	*(three) pieces*	thrii *pi*·isis
una fetta	*a slice*	ə slais
(sei) fette	*(six) slices*	(six) *slai*·səs
quello/a	*that one*	ðæt uan

questo/a	*this one*	ðis uan
qualche …	*some …*	sam …
due libbre (1 kg) di …	*(two) pounds of …*	(tu) paunds ov …
tre once (100 gr) di …	*(three ounces) of …*	(thrii aun·siz) ov …
due etti …	*two hundred grams of …*	tu han·drid græms ov …
una bottiglia	*a bottle*	ə botl
una dozzina	*a dozen*	ə dazn
un barattolo	*a jar*	ə gia:
mezzo chilo (una libbra)	*a pound*	ə paund
un chilo	*a kilo*	ə ki·ləu
un pacchetto	*a packet*	ə pæ·ket
un pezzo	*a piece*	ə pi·is
una fetta	*a slice*	ə sla·is
una scatoletta	*a tin*	ə tin
Basta, grazie.	*That's enough.*	ðæts i·naf
Un po' di più.	*A bit more.*	ə bit mo:
(Di) Meno.	*Less.*	les

vi sentirete dire …

wud iu laik sam·thiŋ els *Would you like something else?*	**Desidera altro?**
ðeə·z nan left *There's none left.*	**È esaurito.**
æ·ni·thiŋ els *Anything else?*	**Ancora qualcosa?**
wot wud iu laik *What would you like?*	**Cosa desidera?**
ai dəunt hæv æni *I don't have any.*	**Non ne ho.**
kæn ai help iu *Can I help you?*	**Posso aiutarla?**
ðæts (faiv paundz) *That's (five pounds).*	**Sono (cinque sterline).**

Avete ...? — *Do you have ...?* — du iu hæv ...
  qualcosa di — *anything* — æ·ni·thiŋ
    meno costoso — *cheaper* — ci·pə:
  altri tipi — *other kinds* — a·ðə: kainds
    (di formaggio)? — *(of cheese)?* — (ov ci·iz)

Dove posso trovare il reparto ...?
  Where can I find the ... — weə: kæn ai faind ð ...
  section? — sek·sciən
  dei latticini — *dairy* — deə·ri
  dei surgelati — *frozen goods* — frəu·zn gu·udz
  della frutta — *fruit and* — frut ænd
    e verdura — *vegetable* — ve·gə·tə·bl
  della carne — *meat* — mi·it
  del pollame — *poultry* — pəul·tri

utensili da cucina

cooking utensils

Posso prendere in prestito (un cavatappi), per favore?
  Could I please borrow — kud ai pli·iz bo·rəu
  (a cork screw)? — (ə kork·scru)
Dov'è (un tegame)?
  Where's (a saucepan)? — weə:z ə so·os·pæn

Per altri utensili v. il **dizionario**.

etichette		
Freeze-dried	fri·iz draid	**Liofilizzato**
Keep Refrigerated	ki·ip ri·fri·gə·rei·tid	**Conservare al fresco**
Organic Grown	o:·ghæ·nik grəun	**Prodotto da agricoltura biologica**
Preservatives	pri·za:·və·tivz	**Conservanti**
Suitable	siu·təbl fo:	**Indicato per**
for Vegetarians	ve·gi·teə·riənz	**i vegetariani**
Vacuum Packed	væ·kiu·əm pækd	**Sottovuoto**

piatti vegetariani e diete

vegetarian & diet foods

ordinare

C'è un ristorante … qui vicino?
Is there a …   iz ðeə: ə …
restaurant near here?   res·tə·rant ni: hiə:
halal   *halal*   hə·*lal*
kasher   *kosher*   kəu·sciə:
vegetariano   *vegetarian*   ve·gi·*tea*·riən

Avete piatti (vegetariani)?
Do you have   du iu hæv
(vegetarian) food?   ve·gi·*tea*·riən *fu*·ud

Sono vegetaliano.
I'm vegan.   aim *ve*·ghən

Non mangio (pesce).
I don't eat (fish).   ai dəunt iit (fish)

È cotto con (olio)?
Is it cooked with (oil)?   iz it *ku*·ukd wið (oil)

È …?   *Is this …?*   iz ðiz …
  a basso contenuto
    di zucchero   *low sugar*   ləu *sciu*·ghə:
  biologico   *organic*   o:·*ghæ*·nik
    con pochi grassi   *low fat*   ləu fæt
  geneticamente   *genetically*   gi·*ne*·ti·kə·li
    modificato   *modified*   *mo*·di·faid
  ruspante   *free-range*   frii reiŋ
  senza colesterolo   *cholesterol-free*   kə·*les*·tə·rol·frii
  senza glutine   *gluten-free*   *glu*·tən·frii
  senza prodotti   *free of animal*   frii ov æ·ni·ml
    animali   *produce*   pro·*dius*
  senza sale   *salt-free*   solt·frii

Potreste preparare un pasto senza ...?
   Could you prepare   *kud* iu pri·*pe:* ə
   a meal without ...?   *mi*·il wi·ðaut ...
   brodo di carne/
     pesce   *meat/fish stock*   *mi*·it/fish stok
   burro   *butter*   *ba*·tə:
   carne di maiale   *pork*   po:k
   pollame   *poultry*   *pəul*·tri
   uova   *eggs*   egz

diete speciali e allergie

special diets and allergies

Seguo una dieta speciale.
   I'm on a special diet.   aim on ə *spe*·sciəl *da*·iət

Sono allergico ...	*I'm allergic to ...*	aim al·*ler*·gik tu ...
ai crostacei	*shellfish*	*scel*·fish
ai frutti di mare	*seafood*	*sii*·fu·ud
ai latticini	*dairy produce*	*dea*·ri *pro*·dius
al glutammato	*monosodium*	mo·nə·*səu*·diəm
monosodico	*glutamate*	*glu*·tə·meit
al glutine	*gluten*	*glu*·tən
al miele	*honey*	*ha*·ni
al pesce	*fish*	fish
alle arachidi	*peanuts*	*pi*·nats
alle uova	*eggs*	egz

---

vi sentirete dire ...

ail cek wið ð *ku*·uk/scef
   I'll check with the cook/chef.   **Controllo con il cuoco.**

kæn iu iit ...
   Can you eat ...?   **Può mangiare ...?**

it ol hæz *mi*·it in it
   It all has meat in it.   **Tutto contiene carne.**

glossario gastronomico
culinary reader

Le grandi città britanniche sono famose soprattutto per la ricchezza e la varietà dei ristoranti etnici. Cinesi, indiani, francesi, italiani, thailandesi hanno trovato in Inghilterra un paese in grado di apprezzare le raffinatezze culinarie di tutto il mondo. È quindi da sfatare la credenza che gli inglesi non sappiano che cosa vuol dire mangiare bene. Ma, è triste ammetterlo, i cittadini inglesi non cucinano quasi più. Scegliendo i fast food e i piatti surgelati da mettere nel microonde, gli inglesi preferiscono oggi la rapidità e la comodità alla vera cucina come gran parte dei cittadini occidentali. Ciononostante, nelle campagne vi è un certo ritorno alle tradizioni, un'attenzione verso i prodotti genuini e le specialità regionali. In questa guida alla cucina inglese si è voluto dare risalto ai piatti tipici inglesi, semplici ma non per questo meno gustosi, agli ottimi formaggi e ai dolci inimitabili che rendono questa cucina davvero interessante.

FRUITS, VEGETABLES, SPICES AND CEREALS
Frutta, ortaggi, spezie e cereali

almond *a·mənd mandorla*

allspice *ol·spais spezia aromatica e piccante indiana chiamata anche pepe della Giamaica o peperoncino*

aniseed *a·ni·si·id semi di anice*

apple *æ·pl mela*

apricot *ei·pri·cot albicocca*

(globe) artichoke *(gləub) a:·ti·ciəuk carciofo*

asparagus *əs·pæ·rə·ghəs asparago*

aubergine *əu·bə:·gin melanzana*

avocado *æ·vəu·ka·dəu avocado*

barley *ba:li orzo*

bay leaf *bei li·if foglia di alloro*

bean *bin fagiolo (generico)*

bean sprout *bin spraut germoglio (di fagiolo)*

beetroot *bi·it·ru·ut barbabietola*

berry *be·ri bacca*

bilberry *bil·be·ri mirtillo*

blackberry *blæk·be·ri mora di rovo*

blackcurrant *blæk·ka·rənt ribes nero*

black salsify *blæk sæl·si·fai scorzonera*

blueberry *blu·be·ri mirtillo*

bran *bræn crusca*

broad bean *bro·od bi·in fava*

brussel sprout *bra·səl spraut cavolino di Bruxelles*

butter *ba·tə: burro*

butter milk *ba·tə: milk latticello, siero di latte*

cabbage (red/green/white) *kæ·biĝ (red/grin/wait) cavolo rosso, verde, bianco*

caramel *kæ·rə·mel caramello*

caraway *kæ·rə·wei cumino dei prati*

capsicum *kæp·si·kəm nome generico che comprende ogni tipo di pepe*

carrot *kæ·rət carota*

cauliflower ko·li·fla·uə: *cavolfiore*
celeriac si·le·riæk *sedano rapa*
celery se·lə·ri *sedano*
cherry ce·ri *ciliegia*
chestnut ces·nət *castagna*
chickpea cik·pi *cecio*
chicory ci·kə·ri *cicoria/radicchio*
chives ciaivs *erba cipollina*
cinnamon si·nə·mən *cannella*
courgette kau:·get *zucchine*
corn ko:n *mais/granoturco*
cranberry kræn·be·ri *bacca rossa usata per le salse (mirtillo palustre)*
cress kres *crescione*
cucumber kiu·kam·bə: *cetriolo*
dandelion dæn·di·la·iən *tarassaco/dente di leone*
dill dil *aneto*
dried fruits draid fruts *frutta secca*
elderberry el·də:·be·ri *bacca di sambuco*
fennel fenl *finocchio*
fruits fruts *frutta*
garlic ga:·lik *aglio*
ginger gin·gə: *zenzero*
gooseberry gu·uz·be·ri *uva spina*
grapefruit greip·frut *pompelmo*
grapes greips *uva*
green bean gri·in bin *fagiolino*
greengage gri·in·gheiğ *prugna regina Claudia*
greens gri·inz *verdure*
green salad gri·in sæ·ləd *insalata verde*
hawthorn ho·tho:n *biancospino*
hazelnut hei·zəl·nat *nocciola*
herbs hə:bz *erbe aromatiche*
honey ha·ni *miele*
hops hops *luppolo*
horseradish hors·ræ·dish *rafano*
hot chilli hot ci·li *peperoncino*
Jerusalem artichoke ge·ru·sə·ləm a:·ti·ciəuk *topinambou*
juniper berry giu·ni·pə: be·ri *bacca di ginepro*
kale keil *ravizzone (tipo di cavolo)*

kidney bean kid·ni bin *fagiolo rosso*
kohlrabi kəul·ra·bi *cavolo rapa*
lamb's lettuce læmz le·tis *soncino*
lemon le·mən *limone*
lentil len·til *lenticchia*
lettuce le·tis *lattuga*
leek li·ik *porro*
loganberry ləu·ghən·be·ri *ibrido tra lampone e mora*
lovage la·viğ *levistico/sedano di monte*
maize mæiz *granturco/mais*
mangetout manğ·tu·u *pisello mangiatutto*
marrow mæ·rəu *tipo di zucca*
medlar med·lə: *nespola*
millet mi·lit *miglio*
mint mint *menta*
morel mo·rəl *marasca (varietà di ciliegia)*
mushroom mash·rum *fungo*
nut nat *noce/nocciola*
nutmeg nat·meg *noce moscata*
oat əut *avena*
oatmeal əut·mil *farina d'avena*
oil oil *olio*
olive o·liv *oliva*
onion a·niən *cipolla*
orange o·rinğ *arancia*
parsley pa:s·li *prezzemolo*
parsnip pa:s·nip *pastinaca (radice simile alle carote)*
pea pi·i *pisello*
peach pi·ič *pesca*
pear peə: *pera*
pepper pe·pə: *pepe*
peppercorns pe·pə:·co:nz *pepe in grani*
peppermint pe·pə:·mint *menta piperita*
pineapple pai·næpl *ananas*
plum plam *susina*
pomegranate po·mi·græ·nit *melograno*
potato po·tei·təu *patata*

prune pru·un *prugna secca*
pumpkin pamp·kin *zucca*
quince kwins *mela cotogna*
radish ræ·dish *rapanello*
raisin ræi·zn *uva passa*
raspberry ræsp·be·ri *lampone*
red cabbage red kæ·biğ *cavolo rosso*
red cherry red ce·ri *ciliegia rossa*
redcurrant red·ka·rənt *ribes rosso*
red pepper red pe·pə: *peperone rosso*
rhubarb ru·ba:b *rabarbaro*
rice rais *riso*
rocket rəu·kət *rucola/ruchetta*
root ru·ut *radice*
rosemary rəuz·mə·ri *rosmarino*
rowan berry rə·uən be·ri *sorba selvatica/sorbola*
rye rai *segala*
sage seiğ *salvia*
salad sæ·ləd *insalata*
salsify sæl·si·fai *barba di becco (della fam. del carciofo)*
savory sei·və·ri *santoreggia*
Savoy cabbage sə·voi kæ·biğ *verza*
seaweed sii·wi·id *alghe*
shallot scià·lot *scalogno*
sloe sləu *prugnola, susina di macchia*
sloke sləuk *tipo di alga*
sorrel so·rəl *acetosa*
spice spais *spezia*
spinach spi·niğ *spinacio*
sprout spraut *germoglio*
spud spad *patata (familiare)*
squash squosh *tipo di zucca/zucchina*
strawberry stro·bə·ri *fragola*
swede sweid *tipo di rapa*
sweetcorn sui·it co:n *granelli di mais*
Swiss chard suis cia:d *bietola*
tayberry tei·be·ri *lampone nero*
thyme thaim *timo*

tomato tə·ma·təu *pomodoro*
turnip tə:·nip *rapa*
vanilla və·ni·lə *vaniglia*
vegetable ve·gə·təbl *ortaggio/verdura*
vinegar vi·ni·ga: *aceto*
walnut wol·nat *noce*
watercress wo·tə:·cres *crescione*
wheat wi·it *grano/frumento*
white chicory wait ci·kə·ri *indivia*
yeast i·ist *lievito*

MEAT, FISH, SEAFOOD AND CUTS OF MEAT
Carne, pesce, frutti di mare, tagli di carne

Aberdeen mangus a·bə:·di·in mæn·ghəs *manzo scozzese*
angler fish æng·lər fish *rana pescatrice/coda di rospo*
bacon bei·kən *parte posteriore del maiale affumicata o salata – pancetta*
beef bi·if *manzo*
black grouse blæk grauz *fagiano di monte*
breast brest *petto*
brill bril *rombo*
carp ka:p *carpa*
chicken ci·kən *pollo*
chop ciop *cotoletta/braciola (con l'osso)*
clam klæm *vongola*
cod kod *merluzzo*
conger eel koŋ·ga: i·il *grongo/anguilla di mare*
crab kræb *granchio*
crayfish/crawfish krei·fish/cro·fish *gambero marino*
cuttlefish katl·fish *seppia*
cutlet ka·tlət *costoletta*
dried cod draid kod *stoccafisso*
duck dak *anatra*
edulis e·du·lis *tipo di ostrica dalla conchiglia piatta*

glossario gastronomico

eel iil *anguilla*
fillet fi·lət *filetto*
flounder flaun·də: *passera pianuzza (pesce)*
game gheim *selvaggina/cacciagione*
gammon ghæ·mən *prosciutto di coscia usato per friggere o grigliare*
giblets gi·bləts *rigaglie (interiora e cresta del pollo)*
gilthead bream ghilt·hed bri·im *orata*
goat ghəut *capra*
goose gu·uz *oca*
grey mullet grei ma·lit *cefalo*
grilse grils *salmone giovane*
grouse grauz *gallo cedrone*
guinea fowl ghi·ni·faul *faraona*
haddock hæ·dək *eglefino (pesce simile al merluzzo)*
hake heik *nasello*
halibut hæ·li·bət *ippoglosso, grosso pesce che vive sul fondo dei mari freddi*
ham hæm *prosciutto*
hare he: *lepre*
haunch honč *coscia, quarto (di selvaggina)*
hen hen *gallina*
herring he·riŋ *aringa*
John Dory gion do·ri *pesce s. Pietro*
kid (goat) kid *capretto*
kidney kid·ni *rognone*
king prawn kiŋ pro·on *gamberone*
lamb læm *agnello*
lean li·in *senza grasso, la parte magra della carne*
lemon sole le·mən səul *limanda (famiglia della sogliola)*
liver li·və: *fegato*
lobster lobs·tə: *aragosta/astice*
loin loin *lonza/lombo/lombata*
mackerel mæ·krəl *sgombro*
mallard mæ·la:d *anitra selvatica*
mollusc mo·ləsk *mollusco*

monkfish mank·fish *rana pescatrice*
mullet ma·lit *muggine/triglia*
mussel masl *cozza*
mutton matn *carne di montone*
octopus oc·tə·pəs *polpo*
offal o·fəl *interiora/frattaglie*
oyster ois·tə: *ostrica*
oxtail oks·teil *coda di bue*
partridge pa:·triŋ *pernice*
perch pə:č *perca dorata/pesce persico*
pheasant fe·znt *fagiano*
pigeon pi·gin *piccione*
pike paik *luccio*
pilchards pil·čia:d *salacche*
plaice pleis *platessa*
pork po:k *carne di maiale*
poultry paul·tri *pollame*
prown pro·on *gamberetto*
quail kueil *quaglia*
rabbit ræ·bit *coniglio*
rainbow trout rein·bəu traut *trota arcobaleno*
rasher ræ·sciə: *fettina di bacon*
red grouse red grauz *pernice rossa di Scozia*
red meat red mi·it *carne rossa*
red mullet red ma·lit *triglia (di roccia)*
rib rib *costoletta/costina*
rump steak ramp steik *bistecca di scamone o culaccio (quarto posteriore)*
salmon sæ·mən *salmone*
sardine sa:·di·in *sarda/sardina*
scallop ska·ləp *cappasanta*
sausage so·sig *salsiccia*
sea bass sii·bæs *spigola, branzino*
sea bream sii·brim *pagello*
seafood sii·fu·ud *frutti di mare*
sea trout sii traut *trota di mare*
shank sciænk *taglio di carne bovina tipo ossobuco*
shark scia:k *squalo*
shellfish scel·fish *crostacei*
shrimp schrimp *gamberetto*

sirloin sə:·loin *lombata di manzo*
skate skeit *razza*
sole səul *sogliola*
spare rib speə:·rib *costoletta di maiale*
sprat spræt *spratto (simile alla sardina)*
squid skuid *calamaro*
sweetbread sui·it·bred *animella*
T-bone steak ti·bəun·steik *bistecca tipo fiorentina*
teal ti·il *alzavola (simile all'anìtra selvatica)*
top side top·said *taglio di carne bovina vicino al culaccio*
tripe traip *trippa*
trotter tro·tə: *zampino*
trout traut *trota*
tuna fish tu·na·fish *tonno*
turbot ta:·bət *rombo*
turkey ta:·ki *tacchino*
veal vi·il *vitello*
venison ve·ni·sən *carne di cervo/capriolo/daino*
white bream wait·bri·im *carpa*
white meat wait mi·it *carne bianca*
whiting wai·tiŋ *merlango/merlano*
woodcock wud·kok *beccaccia*
zander zæn·də: *lucioperca*

CHEESE, EGGS, DAIRY PRODUCTS
Formaggi, uova, latticini

cheese ci·iz *formaggio*
  blue – blu *erborinato*
  cow's milk – kauz·milk *di latte vaccino*
  cream – cri·im *fresco e cremoso*
  ewe's – iu·uz *di pecora*
  goat's – ghəut *di capra*
  mature – mə·tia: *stagionato*
  hard – ha:d *a pasta dura*
  soft white – soft·wait *fresco*
  processed – prəu·sest *elaborato industrialmente*

types of cheese *tipi di formaggio*
  – **Ardrahan** a:·drə·hæn *(Irlanda) di latte vaccino. Si consuma fresco o stagionato. Si trova anche affumicato*
  – **boilie** boi·li *(Irlanda) specie di tomini sott'olio*
  – **Blue Rathgore** blu ræth·goə: *(Irlanda) di capra erborinato*
  – **Bonchester** bon·ca·stə: *(Jersey) di latte vaccino non pastorizzato, di colore giallo e dal gusto dolce*
  – **caboc** kæ·bək *(Scozia) cilindro infarinato nella farina d'avena*
  – **Cærphilly** ker·fi·li *(Galles) della famiglia del cheddar*
  – **Cashel blue** kæ·sciəl blu *(Irlanda) a pasta dura dal sapore cremoso, erborinato*
  – **Cheddar** ce·də: *uno dei formaggi più noti. Si consuma fresco, semi-stagionato o stagionato*
  – **Cheshire** ce·sciə: *il formaggio più antico d'Inghilterra. Dolce e cremoso o denso e friabile dal sapore piccante. Esiste in tre versioni: a pasta bianca, rossa o erborinato (Scropshire)*
  – **Coolea** ku·liə: *(Irlanda) a pasta dura tipo Gouda olandese*
  – **Cooleeney** ku·uli·ni *(Irlanda) a pasta molle tipo camembert*
  – **cottage cheese** ko·tiğ ci·is *formaggio fresco*
  – **Croghan** kro·ghən *(Irlanda) a pasta semi-dura di capra si trova solo in estate*
  – **Crowdie** krau·di *formaggio ottenuto dal siero di latte inacidito*
  – **Dorset Blue Vinney cheese** do·:sət blu vi·ni ci·iz *(Dorset) poco conosciuto al di fuori della sua zona a pasta dura e erborinato. Consistenza friabile e gusto pieno*

– Double Gloucester *da·bl glos·tə*: *a pasta semi-dura prodotto unendo la mungitura della sera e del mattino (double)*

– Dunlop *dan·lop (Scozia) cheddar scozzese*

– Durrus *da·rəs (Irlanda) a pasta semi-dura di latte vaccino dal sapore leggero e burroso*

– Gabriel *ghei·bri·əl (Irlanda) simile alla groviera*

– Gubbeen *gu·bi·in (Irlanda) di latte vaccino, a pasta semidura dal sapore burroso*

– Lancashire *læn·kə·scia: a pasta bianca e cremosa dal gusto dolce*

– Lavistown *læ·vis·taun (Irlanda) di latte vaccino a pasta bianca fresco simile al cheddar*

– Milleens *mi·li·ins (Irlanda) 45% di materia grassa, stagionato 10 settimane, sapore delicato*

– Orla *o:·lə (Irlanda) di pecora molto gustoso*

– Red Leicester *red le·ster tradizionale, di latte vaccino a pasta dura con crosta rosso/arancio. Si consuma fresco o stagionato*

– Ribblesdale *ri·bəls·deil a pasta dura di capra con crosta ricoperta di cera, con consistenza tipo Gouda*

– Ring *riŋ (Irlanda) a pasta dura tipo gouda*

– Smoked Knockanore *sməukd nəu·ka·noə (Irlanda) molto gustoso affumicato al legno di rovere*

– St Killian *snt ki·liən (Irlanda) simile al camembert*

– Stilton *stil·tn il formaggio inglese più noto, con denominazione di origine controllata data dalla comunità europea. Erborinato, è solo prodotto da sei caseifici*

nelle regioni del Derbyshire, Leicestershire e Nottinghamshire

– Wensleydale *wen·sli·deil (Yorkshire) a pasta dura. Si presenta in due versioni: a pasta bianca o erborinato. Gusto dolce*

cream *kri·im panna*
   clotted – *klo·tid panna rappresa (di latte bollito)*
   double/single – *da·bəl/sin·gl panna più/meno densa*
   whipped – *wipd panna montata*
curd *kə:d cagliata*
dairy *deə·ri prodotti caseari*
egg *eg uovo*
margarine *ma:·gə·rin margarina*
milk *milk latte*
   condensed – *kən·densd condensato*
   pasteurized – *pæs·tə·raizd pastorizzato*
   skimmed – *skimd scremato*
   whole – *həul intero*
rind *raind crosta (di formaggio)*
yoghurt *io·ghə:t yogurt*

COOKING AND PREPARING
Modi di cottura e di preparazione

baked *beikd cotto al forno*
barbecued *ba:·bi·kiud cotto al barbecue*
boiled *boild lesso/bollito*
braised *breizd brasato*
chopped *ciopd tritato*
cold *kəuld freddo*
cool *ku·ul fresco*
cured *kiurd salato/conservato con il sale (carne o pesce)*
diced *daisd tagliato a dadini*
fresh *fresh fresco (preparato da poco)*
fried *fraid fritto*
frozen *frəuzn surgelato*
garnished *ga:·ni·shd decorato*
grated *grei·tid grattugiato*

ground graund *macinato*
grilled grild *grigliato, ai ferri*
home made həum·meid *fatto in casa*
hot hot *piccante*
jellied ge·lid *in gelatina*
marinade mæ·ri·neid *marinata*
mature mə·tiu: *stagionato*
medium mi·diəm *cottura media*
mixed miksd *misto*
peeled pi·ild *sbucciato*
preservative pri·sə:·və·tiv *conservante*
rare reir *al sangue*
raw roo *crudo*
ripe raip *maturo (di frutta e ortaggi)*
salty solti *salato*
sauté səu·tei *saltato in padella*
simmer si·mə: *a lenta ebollizione*
slice slais *fetta*
skewer skiu·ə: *spiedo*
skinned skind *senza pelle*
sliced slaisd *affettato*
smoked sməukd *affumicato*
soft soft *morbido/dolce*
spicy spai·sì *speziato*
steamed sti·imd *cotto al vapore*
stewed stiu·ud *stufato/in umido*
stuffed stafd *farcito/ripieno*
sweet sui·it *dolce*
sweet and sour sui·it n sauə: *agrodolce*
taste teist *assaggiare*
tasty teis·ti *saporito*
tender ten·də: *tenero*
wild waild *selvatico/non di allevamento*
well done wel dan *ben cotto*

BREAKFAST AND TEA
Prima colazione e tè

afternoon tea af·tə:·nu·un tii *tè pomeridiano servito con paste dolci e dolci vari con marmellata e/o tramezzini*

cream tea kri·im tii *(Devon e Cornovaglia) tè pomeridiano servito con brioche tipo scones, crumpets, panna e marmellate varie di stagione*

English cooked breakfast in·glish ku·ukd brek·fəst *colazione raramente consumata a casa ma servito regolarmente negli alberghi e nei caffè. Bacon, salsicce, uova fritte, sanguinaccio, pomodori fritti, pane fritto e fagioli al forno seguiti da pane tostato con marmellata d'arancia e tè*

high tea hai tii *tè serale nell'Ottocento si cenava verso le 18 con tè e dolci, panini dolci, pane tostato con formaggio, carne fredda e cetriolini, e uova in camicia. Questo pasto è ora perlopiù sostituito da una vera e propria cena*

Irish fry ai·rish frai *prima colazione tradizionale irlandese a base di sanguinaccio, salsicce, bacon, uova e pomodori fritti*

SPECIALITIES, SEASONING AND INGREDIENTS
Piatti tipici, condimenti e ingredienti

arbroath smokie a·brəuth sməu·ki *eglefino intero affumicato venduto con la lisca che si può grigliare, ma adatto anche per preparare torte salate o minestre*

bacon roly-poly bei·kn rəu·li·pəu·li *sfoglia arrotolata ripiena di bacon e cipolle*

baked beans beikd bi·ins *fagioli in umido con salsa di pomodoro*

baked potatoes beikd pə·tei·təuz *patate arrosto con la buccia*

banoffee pie bæn·ofi pai *torta a base di banane e cioccolata*

bangers and mash *bæn·gə:s n mæsh salsicce con purè di patate*

bashed neeps *bæshd ni·ips purè di rape*

beef Wellington *bi·if we·lin·tən filetto di manzo e patè di fegato in crosta*

black pudding *blæk pu·din sanguinaccio*

breadcrumbs *bred·krams pangrattato*

bubble and squeak *ba·bl en squik pasticcio di arrosto, purè di patate e cavolo*

champit tatties *ciæm·pit tæ·tiz purè di patate*

chutney *ciat·ni frutta e verdure in salsa agrodolce più o meno speziata, che accompagna carni e formaggi*

cock-a-leekie soup *kok·ə·li·iki su·up (Scozia) minestra a base di pollo, porri e prugne secche*

colcannon *kol·kæ·nən (Irlanda e Scozia) piatto tradizionale di patate, cavoli e porri*

coleslaw salad *kaul·slo sæ·ləd insalata di cavolo rosso e cipolla crudi con maionese e yogurt*

Cornish pasty *ko:·nish pæs·ti specie di calzone ripieno di verdure e carne tritata*

corn-on-the-cob *ko:n·on·ð·cob mais intero bollito con burro fuso, e servito con due stecchi infilati ai due estremi. Si mangia tenendo i due stecchi e addentando il mais direttamente dalla pannocchia*

cottage pie *ko·teiğ pai torta salata con carne tritata e purè di patate*

crisps *krisps patatine*

crubeen *kru·bi·in (Irlanda) zampino di maiale*

curry *ka·ri curry*

deep-fried Mars bar *di·ip fraid mars ba: (Glasgow) Mars fritto*

devilled kidney *de·vld kid·ni piatto di rognoni con salsa Worcestershire, tradizionalmente serviti per la prima colazione*

dressing *dre·sin condimento per l'insalata*

dumpling *dam·plin gnocchetto di pasta bollita servito con carne e verdure*

Dublin coddle *da·blin kadl (Irlanda) piatto tipico di Dublino con bacon, salsicce patate e cipolle*

duxelles *dak·sels paté di funghi che accompagna il Beef Wellington*

English hot pot *in·glish hot pot agnello e rognoni o manzo con patate al forno*

fadge *fæd·ge (Irlanda) pane di patate*

faggots *fæ·gəts polpette di interiora di maiale al forno o fritte*

fish and chips *fish·n·cips pesce (merluzzo, eglefino, platessa) fritto impanato e patatine fritte condite con aceto di malto. Piatto chiamato sovente "the best British invention". Nel nord spesso servito con "mushy peas" (v.)*

fish cakes *fish keiks tortini di pesce*

fish fingers *fish fin·gə:z bastoncini di pesce*

flan *flæn sformato*

flour *fla·uə: farina*

Forfar bridie *fo:·fa: bri·di (Scozia) torta salata di carne tritata e cipolla*

French fries *frenč fraiz patatine fritte*

fritter *fri·tə: frittella*

gravy *grei·vi salsa servita con la carne, cotta con farina e sugo d'arrosto*

haggis and neeps *hæ·ghiz en ni·ips (Scozia) interiora e carne tritate con spezie e cotti nella sacca dello stomaco della pecora servito con rape tritate*

186

honey-glazed ham/gammon
ha·ni·gleizd hæm/gæ·mən
prosciutto intero bollito e passato
al forno con miele

Irish toast *ai·rish təust (Irlanda)*
cena tradizionale a base di
agnello, carote e cipolle

Irish stew *ai·rish stiu (Irlanda)*
spezzatino di montone o agnello

jacket potatoes *giækt pə·tei·təuz*
patate al cartoccio con buccia

kedgeree *ked·ge·ri·i* piatto indiano
servito solitamente per la prima
colazione a base di riso, pesce,
uova sode e curry

kipper *ki·pə:* aringa affumicata
servita anche alla prima colazione

lamb's heart *læmz ha:t cuore
d'agnello (in umido)*

lamb offal stew *læm o·fəl stiu
interiora di agnello in umido*

Lancashire hotpot *lan·kə·scia·iə:
hot·pot* manzo o agnello e
rognoni (o sanguinaccio) cotti
in casseruola ricoperto di patate
tagliate a dischetti

laverbread *lei·və:·bred (Galles)*
piatto tipico a base di farina
d'avena, alghe e bacon affumicato

mashed potatoes *mæshd
pə·tei·təuz* purè di patate

meatballs *mi·it·bolz* polpette

meatloaf *mi·it·ləuf* polpettone

mincemeat *mins·mi·it* dolce a base
di erbe aromatiche, frutta secca,
mele, frutta candita, strutto e rum

mushy peas *ma·shi pi·is* purè
di piselli

mustard *mas·tə:d* senape

noodles *nu·udəlz* tagliolini

Norfolk dumplings *no:·fok
dam·plins* gnocchetti dolci
di pasta serviti con la carne

omelette *o·mə·lit* frittata

onion gravy *a·niən grei·vi* sugo
d'arrosto con cipolla

parsley liquor *pa:·sli li·kiuə:* salsa
al prezzemolo tradizionale
servita con il piatto tipico dell'East
End 'pie, mash and liquor'

peapod soup *pi·ipod su·up*
minestra di baccelli di piselli

pickled gherking/onions *pi·kld
ghə:·kins/a·niəns* cetriolini/
cipolline sottaceto

pie *pai* torta dolce o salata
(ricoperta di pasta)

pie and mash *pai en mæsh
(Londra)* locali dove si vendono
torte salate alla carne e anguille in
gelatina con purè di patate e una
specie di salsa al prezzemolo e mela

ploughman's lunch *plau·məns
lanč* piatto di pane, cheddar,
cipolline sottaceto, chutney e un
gambo di sedano e mela

poor knights *puə: naits* pane
tostato immerso in una pastella di
uova latte e zucchero e fritto

potato cake *pə·tei·təu keik*
polpetta di patate

roast beef *rəust bi·if* rosbif

roast breast of lamb *rəust brest
ov læm* petto d'agnello disossato
arrosto

roast chicken *rəust ci·ken* pollo
arrosto

rollmops *rəul·mops* involtino
di aringhe

rumbledethumps
ram·bəl·də·thəmps (Scozia)
pasticcio servito sia come
contorno sia come portata
principale a base di cavolo, purè di
patate, cipolle e gratinato al forno

salami *sə·la·mi* salame

salt *solt* sale

salted cod *sol·tid kod* baccalà

sandwich *sæn·duič* panino

sauce *sos* salsa
  apple – *æpl sos* salsa alle mele
  servita con piatti di maiale

bechamel – be·scià·mel sos besciamella

bread – bred salsa con molliche di pane per accompagnare il tacchino di Natale, pollame o selvaggina

cheese – ci·iz besciamella al formaggio Cheddar

Cumberland – kam·bə·:lənd salsa a base di arancia, porto, mostarda e gelatina di ribes che accompagna la carne

mint – mint salsa alla menta per accompagnare piatti di agnello

Oxford – oks·fə:d salsa a base di gelatina di ribes, arancia e mostarda servita con piatti freddi di selvaggina

Worcestershire – wu:s·tə·:sciə: salsa semidolce al tamarindo e succo di pomodoro che accompagna gli arrosti

sausages so·sə·giz salsicce

sausage roll so·səğ rol involtino di salsiccia

Scotch broth scoč broth (Scozia) minestra di montone, orzo e verdure

Scotch eggs scoč egz (Scozia) uovo sodo ricoperto di pangrattato con carne di maiale tritata

scouse skauz (Liverpool) agnello, patate e carote in umido

scrambled eggs skræm·bəld egz uova strapazzate

shepherd's pie sce·pə·dz pai agnello o manzo macinato cotto al tegame ricoperto con puré di patate

shortening scio·tə·niŋ grasso vegetale o animale

smoked mackerel pate sməukd mæ·krəl pa·te paté di sgombro affumicato

smoked salmon sməukd sæl·mən salmone affumicato

soup su·up minestra

stargazey pie sta:·ghæ·zi pai (Cornovaglia) torta salata a base di sardine, aringhe o sgombri, le cui teste sporgono fuori dalla pasta

steak & kidney pudding steik æn kid·ni pu·diŋ torta salata di carne e rognoni

stock stok brodo

stock cube stok kiub dado per brodo

stovies (stovied tatties) sto·vi·iz (sto·vid tæ·tiz) spezzatino di carne in umido con patate

stuffing sta·fiŋ ripieno

suet su·it sugna

Sunday roast san·dei rəust tipico pranzo domenicale inglese a base di roast beef e Yorkshire pudding

Sussex smokies sa·seks sməu·kiz sgombro o eglefino con formaggio cremoso alla griglia

thin gravy thin grei·vi sugo di arrosto con brodo di carne

toad-in-the-hole təud·in·ð·həul salsiccia in pastella

tomato soup tə·ma·təu su·up crema di pomodoro

water wo·tə: acqua

Welsh rarebit welsh reə:·bit (Galles) formaggio fuso su pane tostato

whim wham wim wæm (Scozia) zuppa inglese leggera

white pudding wait pu·diŋ salsiccia di maiale, cereali, spezie

white sauce wait sos salsa con pane, farina e latte

whitebait wait·beit bianchetti/ frittura di pesciolini

Yorkshire pudding io:k·shiə: pu·diŋ pastella di uova farina e latte che accompagna il rostbif

BREAD, CAKES, SWEETS AND TREATS
Pane, torte, dolci e caramelle

apple crumble æpl kræmbl *mele cotte al forno con crosta biscottata*

apple pie æpl pai *torta di mele*

apple sauce æpl sos *salsa alle mele servita con piatti di maiale, anatra o oca*

apricot fool ei-pri-kot fu-ul *purè di albicocche*

atholl brose a-thəl brəuz *(Scozia) liquore al whisky con panna, miele, uova e avena*

baked apple beikd æpl *mele al forno ripiene di canditi e uvetta*

bannock bæ-nək *(Scozia) pane tradizionale*

bara-brith bæ-rə-brith *(Galles) pane tradizionale con ribes e uvetta*

barm brack ba:m bræk *(Irlanda) dolce tipico di Halloween*

biscuit bis-kit *biscotto*

bread bred *pane*
  bun ban *pagnottina da hamburger*
  roll rol *pagnottina da panino*
  wholemeal – həul-mi-il *pane integrale*

bramley crunch bræm-li krančʼ *crostata di mele*

brown betty braun be-ti *torta di mele*

bull's eye buls ai *(Irlanda) caramelle dure a righe bianche e nere*

cake keik *dolce, torta*

chocolate cio-kə-lət *cioccolato*

chocolate mousse cio-kə-lət mus *mousse al cioccolato*

cranachan kræ-na-kən *(Scozia) dolce di farina d'avena con lamponi, miele e panna e liquore (Drambuie)*

crumpets kram-pəts *specie di focaccine che accompagnano il tè pomeridiano*

custard kas-tə:d *crema inglese (servita calda)*

Danish pastries dei-nish peis-triz *pasticcini di pasta arrotolata con ribes e spezie*

dessert di-zə:t *dessert/dolce*

doughnut dəu-nat *ciambelle a molti sapori*

Eccles cake e-kəls keik *(Lancashire) dolce di pasta sfoglia e uvetta*

egg custard eg kas-tə:d *crema pasticcera*

ffroes or crempog *(Galles) crêpe al burro salato*

flummery fla-mə-ri *(Scozia) dolce di gelatina di cereali macerati aromatizzato all'arancia o alla rosa. Servito con panna, miele, con o senza liquore*

fudge fadǧ *dolce cremoso di latte, burro e zucchero che si prepara con molti aromi diversi*

vanilla və-ni-lə fadǧ *fudge alla vaniglia*

ginger bread gin-gə: bred *pan di zenzero*

gurr cake ghə: keik *(Irlanda) dolce tipico con frutta candita*

harcake ha:keik *(Lancashire) dolce allo zenzero che si prepara a Halloween*

het pint het paint *(Scozia) bevanda alcolica tradizionale di Capodanno*

ice cream ais kri-im *gelato*

iced caramels aisd kæ-rə-melz *(Irlanda) toffee quadrati rosa e bianchi*

Irish soda bread ai-rish səu-də bred *(Irlanda) pane lievitato con bicarbonato*

jam giæm *marmellata*

jam roly poly giæm rəu-li pəu-li *rotolo dolce di pan di spagna con marmellata*

jelly ge·li *gelatina*

junket gian·kit *(Scozia) latte cagliato con panna aromatizzato alla rosa*

Kentish huffkins ken·tish haf·kinz *(Kent) forme di pane zuccherate morbide ovali*

kirsch kirsh *liquore distillato dalle ciliegie usato per dolci e macedonie*

lardy cake la:·di keik *(Wiltshire) dolce di sfoglia e canditi*

loaf ləuf *pagnotta*

lollipop lo·li·pop *lecca-lecca*

marmelade ma:·mə·leid *marmellata di agrumi*

marshmallows ma:sh·mæ·ləuz *dolciumi di gomma arabica gelatinosi*

marzipan ma:·zi·pæn *marzapane*

meringue mə·ræŋ *meringa*

muffin ma·fin *piccola brioche che accompagna il tè pomeridiano*

Orkney fudge o:k·ni fadǧ *(Orcadi) caramella fondente*

pancake pæn·keik *frittella piatta tipo crêpe*

paskha pæs·kə *(Scozia) dolce con formaggio fresco e panna aromatizzato alla vaniglia*

porridge po·riǧ *(Scozia) fiocchi d'avena (o di altri cereali) cotti in latte o acqua*

preserve pri·sə:v *conserva di frutta/marmellata*

pudding pu·diŋ *dolce/dessert*
  bread and butter – bred n ba·tə: *dolce di pane, burro e marmellata gratinato al forno*
  Christmas – kris·məs *denso dolce tradizionale natalizio con zenzero e frutta candita*
  treacle – trikl *dolce cotto al vapore con melassa*

rhubarb crumble ru·ba:b krambl *rabarbaro cotto al forno con crosta biscottata*

shortbread scio:t·bred *(Scozia) biscotto al burro*

scones skəunz *focaccine servite con il tè del pomeriggio*

Selkirk bannock sel·ke:k bæ·nək *(Scozia) pane tradizionale con ribes e uvetta*

semolina se·mə·li·nə *semolino dolce*

Shrewsbury biscuits schrus·bə·ri bis·kits *biscotti al cumino*

simnel cake si·mnəl keik *dolce di Pasqua con marzapane*

sippets si·pits *fettine triangolari di pane tostato*

sponge cake sponǧ keik *dolce morbido tipo pan di spagna*

spotted dick (dog) spo·tid dik (dog) *cilindro di pan di spagna e ribes cotto al forno*

stattie bread stæ·ti bred *forma di pane tonda*

sticky gingerbread sti·ki gin·gə:·bred *pan di zenzero, con melassa e cannella*

sugar sciu·ghə: *zucchero*
  brown – braun *di canna*
  raw – roo *di canna*
  white – wait *raffinato*

sweet sui·t *dolce/torta*

syrup si·rəp *sciroppo*

toast təust *fetta di pane tostato*

toffee to·fii *caramella morbida*

treacle trikl *melassa (sciroppo di barbabietola)*

treacle toffee trikl to·fii *in molte zone del nord vi sono diverse ricette di toffee, più o meno appiccicose e morbide*

trifle traifl *zuppa inglese*

truffle trafl *dolce di cioccolato*

typsy laird tip·si leə:d *zuppa inglese allo sherry*

yellowman ie·ləu·mæn *(Irlanda) toffee*

SICUREZZA > l'essenziale
essentials

emergenze

emergencies

Aiuto!	*Help!*	help
Al fuoco!	*Fire!*	*fa·iə:*
Attenzione!	*Watch out!*	woč aut
Fermo!	*Stop!*	stop
Ladro!	*Thief!*	*thi·*if
Vattene!	*Go away!*	ghəu ə·*wei*

Chiami la polizia!
 Call the police! kol ð pə·*li·*is

Chiami un medico!
 Call a doctor! kol ə *dok·*tə:

Chiami un'ambulanza!
 Call an ambulance! kol æn æm·biu·ləns

È un'emergenza!
 It's an emergency! Its æn i·*mə:·*gən·si

cartelli

Break Glass	breik glæs	**Rompere il vetro**
Casualty	*kæ·*juel·ti	**Pronto soccorso**
Danger	*dein·*gə:	**Pericolo**
Do Not Touch	du not tač	**Vietato toccare**
Emergency Exit	i·*mer·*gən·si	**Uscita di**
	ek·sit	**emergenza**
Fire Extinguisher	fair iks·*tin·*gui·sciə:	**Estintore**
Follow the Signs	fo·ləu ð sainz	**Seguite i cartelli**
High Voltage	hai *vəul·*tiğ	**Alta tensione**
Police	pə·lis	**Polizia**
Police Headquarters	pə·lis hed·*quo·*tə:z	**Questura**
Police Station	pə·lis stei·sciən	**Posto di polizia**
Warning/Cautions	wo:·niŋ/ko·sciən	**Attenzione**

l'essenziale

Mi/ci può aiutare?
   Could you help me/us   kud iu help mi/az
   please?   *pli·*iz

Ho bisogno di fare una telefonata.
   I have to use the telephone.   ai hæv tu iuz ð *te·*lə·fəun

Mi sono perso.
   I'm lost.   aim lost

Dov'è l'uscita?
   Where is the way out?   weə: iz ð wei aut

Dove sono i servizi?
   Where are the toilets?   weə: a: ð *toi·*ləts

polizia

police

Dov'è il posto di polizia?
   Where's the police station?   weə:z ð pə·*lis stei·*sciən

Voglio fare una denuncia.
   I want to report an offence.   ai wont tu ri·*po:*t æn *o·*fens

Mi hanno rubato (la borsa).
   My (bag) was stolen.   mai (bæg) woz *stəu·*lən

Ho perso il portafoglio.
   I have lost my wallet.   ai hæv lost mai *wo·*lət

Sono stato derubato.
   I have been robbed.   ai hæv *bi·*in robd

È stato/a aggredito/a.
   He/she has   hi/sci hæz
   been assaulted.   *bi·*in ə·*sol·*təd

Sono stato/a violentato/a.
   I have been raped.   ai hæv *bi·*in reipd

Ha cercato di ...	*He/she tried to ...*	hi/sci traid tu ...
aggredirmi	*assault me*	ə·*solt* mi
derubarmi	*rob me*	rob mi
violentarmi	*rape me*	reip mi

Voglio contattare …
I want to contact …   ai wont tu kon·tækt …
la mia
  ambasciata   *my embassy*   mai *em*·bə·si
  il consolato   *my consulate*   mai *kon*·siu·lət

Posso fare una telefonata?
Can I call someone?   kæn ai kol *sa*·muən

Posso chiamare il mio avvocato?
Can I call my lawyer?   kæn ai kol mai *lo*·oiə:

Posso avere un avvocato che parla italiano?
Can I have a lawyer   kæn ai hæv ə *lo*·oiə:
who speaks Italian?   hu *spi*·iks i·*tæ*·liən

C'è una multa da pagare?
Is there a fine to pay?   iz ðeə: ə fain tu pei

Questa medicina è per uso personale.
This drug is for personal use.   ðis drag iz fo: *pa*:·sənl iuz

Ho una ricetta per questa medicina.
I have a prescription   ai hæv ə pres·*krip*·sciən
for this drug.   fo: ðis drag

Non capisco.
I don't understand.   ai dəunt an·də:·*stend*

---

common law

Il sistema giuridico in uso in Inghilterra e nel Galles (ma non in Scozia) da alcuni considerato uno dei più grandi regali del Regno Unito al mondo, è anche conosciuto come Common Law ed è stato esportato in tutti i paesi dell'ex impero Britannico. La Common Law è fatta da giudici che siedono in una giuria, applicano la legge utilizzando il loro buon senso (common sense) e la conoscenza di casi precedenti (se ce ne sono). Una decisione della Corte Suprema in Inghilterra e Galles è seguita da tutte le altre corti minori che non dovranno più pronunciarsi nuovamente su un caso che ha già un precedente, rendendo in questo modo la giustizia più veloce ed efficiente.

Di che cosa sono accusato?
What am I accused of?　　　　　　wot æm ai ə·*kiuzd* ov

Mi scusi.
I am sorry.　　　　　　　　　　　ai æm *so*·ri

Mi dispiace.
I apologise.　　　　　　　　　　　ai ə·*po*·lə·giaiz

Non sapevo di fare qualcosa di male.
I didn't know I was doing　　　　　ai didnt nəu ai woz duiŋ
anything wrong.　　　　　　　　　æ·ni·thiŋ roŋ

Non sono stato io.
I didn't do (it).　　　　　　　　　　ai didnt du (it)

Sono innocente.
I am innocent.　　　　　　　　　　ai æm *i*·nə·sənt

---

un poliziotto potrebbe dire ...

You'll be charged with ...
　iul bi ciarğd wið ...　　　　　　　**Lei è accusato/a di ...**

assault	ə·*solt*	**aggressione**
disturbing	dis·*tə:*·biŋ	**disturbo della**
the peace	ð pi·is	**quiete pubblica**
speeding	*spi*·idiŋ	**eccesso di velocità**
not having a visa	not *hæ*·viŋ ə *vi*·sə	**non avere il visto**
theft	theft	**furto**
murder	*mə:*·də:	**omicidio**
possession of	pə·*ze*·sciən ov	**possesso di**
illegal	i·*li*·ghəl	**sostanze**
substances	*sab*·stən·siz	**illegali**
rape	reip	**stupro**
shoplifting	*sciop*·lif·tiŋ	**taccheggio**

dal medico

Dov'è ... più vicino?
Where's the nearest ...? weə:z ð *ni*·rəst ...
- **il dentista** dentist *den*·tlst
- **il medico** doctor *dok*·tə:
- **l'ambulatorio** medical centre *me*·di·kl *sen*·tə:
- **l'ospedale** hospltal *hos*·pi·tl
- **l'ottico** optician op·*ti*·sciən
- **la farmacia** (night) (nait)
  (di turno) chemist *ke*·mist

Ho bisogno di un medico.
I need a doctor. ai *ni*·id ə *dok*·tə:

Mi può trovare un medico che parla un po' di italiano?
Is there a doctor who lz ðeə: ə *dok*·tə:
speaks some Italian? hu *spi*·iks sam i·*tæ*·liən

Posso essere visitata da una dottoressa?
Could I see a female doctor? kud ai sii ə *fi*·meil *dok*·tə:

Il medico può venire qui?
Can the doctor come here? kæn ð *dok*·tə: kam hiə:

Chiamate un'ambulanza.
Call an ambulance. kol æn *æm*·biu·ləns

Ho finito il farmaco che prendo.
I've run out of aiv ran aut ov mai
my medlcation. me·di·*kei*·sciən

Sono vaccinato per ...
I've been vaccinated for ... aiv *bi*·in *væk*·si·nei·təd fo: ...
- **Il tetano** tetanus *te*·tə·nəs
- **il tifo** typhoid *tai*·fo·ld
- **l'epatite A/B/C** hepatitis A/B/C he·pə·*tai*·tis ei/bi/si

Qual è il problema?
What's the problem? — wots ð *pro*·bləm

Dove le fa male?
Where does it hurt? — weə: daz it hə:t

Ha la febbre?
Do you have a temperature? — du iu hæv ə *tem*·prə·ciə:

Da quanto (tempo) si sente così?
How long have you been like this? — hau loŋ hæv iu *bi*·in laik ðis

Si è mai sentito così in passato?
Have you had this before? — hæv iu hæd ðis bi·*fo*:

Ha rapporti sessuali regolari?
Are you sexually active? — a: iu *sek*·sciuə·li æk·tiv

Ha avuto rapporti non protetti?
Have you had — hæv iu hæd
unprotected sex? — an·prə·*tek*·tid seks

È allergico/a a qualcosa?
Are you allergic to anything? — a: iu ə·*le*:·gik tu æni·thiŋ

Sta prendendo delle medicine?
Are you on medication? — a: iu on me·di·*kei*·sciən

Da quanto tempo viaggia?
How long have you been — hau loŋ hæv iu bin
travelling for? — *træ*·və·liŋ fo:

Si spogli, per favore.
Please, undress. — *pli*·is an·*dres*

Non si preoccupi.
Don't worry. — dəunt *wo*·ri

Deve essere ricoverato/a in ospedale.
You need to be admitted — iu *ni*·id tu bi əd·*mi*·tid
to hospital. — tu *hos*·pi·tl

Dovrebbe fare un controllo medico quando torna a casa.
You should have it checked — iu sciud hæv it cekd
when you go home. — wen iu ghəu həum

Dovrebbe tornare a casa per farsi curare.
You should return home — iu sciud ri·*tə*:n həum
for treatment. — fo: *trit*·mənt

Lei è ipocondriaco.
You are a hypochondriac.   iu a: ə *hai*·pəu·*kon*·driæk

Ha un'assicurazione?
Do you have   du iu hæv
medical insurance?   *me*·di·kl in·*sciu*·rəns

(Non) Ci sono convenzioni con il suo paese.
There is (not) an agreement   ðeə: iz (not) æn ə·*gri*·imənt
with your country.   wið io: *kan*·tri

Lei ...?	*Do you ...?*	du iu ...
fuma	*smoke*	sməuk
beve	*drink*	drink
si droga	*take drugs*	teik drags

Posso continuare il viaggio?
Can I continue my trip?   kæn ai kon·*ti*·niu mai trip

Potrebbe darmi una ricevuta per l'assicurazione?
Can I have a receipt   kæn ai hæv ə ri·*si*·it fo:
for my insurance?   mai in·*sciu*·rəns

Ho bisogno di ...	*I need ...*	ai *ni*·id ...
un paio di		
occhiali nuovl	*new glasses*	niu *glæ*·siz
lenti a contatto	*soft/hard*	soft/ha:d
morbide/rigide	*contact lenses*	kon·tækt *len*·sis

sintomi e indisposizioni

symptoms & ailments

Faccio fatica a respirare.
I find it difficult to breathe.   ai faind it *di*·fi·kəlt tu brið

Ho battuto la testa.
I hit may head.   ai hit mai hed

Ha perso molto sangue.
He/she has lost a lot of blood.   hi/sci hæs lost ə lot ov blad

salute

197

Ho vomitato.
   I've been vomiting.   aiv bi·in *vo*·mi·tiŋ

Il mio/la mia amico/a è malato/a.
   My friend is sick.   mai frend iz sik

Mi fa male qui.
   It hurts here.   it hə:ts hiə:

Mi sento male.
   I'm sick.   aim sik

Non riesco a dormire.
   I can't sleep.   ai kant *sli*·ip

Sono stato ferito.
   I've been injured.   aiv bi·in *in*·giə:d

Sono caduto.
   I fell.   ai fel

È stato investito (da un'auto).
   He has been hit (by a car). hi hæs bi·in hit (bai ə kar)

Ho con me la mia siringa.
   I have my own syringe.   ai hæv mai əun *si*·rinǧ

Non voglio una trasfusione di sangue.
   I don't want a   ai dəunt wont ə
   blood transfusion.   blad træns·*fiu*·jən

Usi una siringa nuova, per favore.
   Please use a new syringe. *pli*·iz iuz ə niu *si*·rinǧ

Ho ...	*I feel ...*	ai *fi*·il ...
i brividi	shivery	*sci*·və·ri
il capogiro	dizzy	*di*·zi
la nausea	nauseous	*no*·si·əs
vampate di calore	hot and cold	hot æn kəuld

Mi sento ...	*I feel ...*	ai *fi*·il ...
debole	weak	*wi*·ik
meglio	better	*be*·tə:
peggio	worse	wə:s
strano	strange	streinǧ

Sono ...	*I feel ...*	ai *fi*·il ...
ansioso	anxious	*ænk*·sciəs
depresso	depressed	di·*presd*

Ho ...	I have ...	ai hæv ...
la febbre	a temperature	ə *tem*·prə·ciə:
la tosse	a cough	ə cof
mal di testa	a headache	ə *hed*·eik
un problema cardiaco	a heart condition	ə hart kon·*di*·sciən
un raffreddore	a cold	ə kəuld
un'emicrania	a migraine	ə *mi*·grein

Sono ...	I'm ...	aim ...
asmatico	asthmatic	æs·*mæ*·tik
diabetico	diabetic	da·iə:·*bi*·tik
epilettico	epileptic	e·pi·*lep*·tik

Ho avuto (di recente) ...
I've (recently) had ...
aiv (*ri*·sən·tli) hæd ...

Ha avuto (qualche tempo fa) ...
He's/She's had (sometime ago) ...
hiz/sciz hæd (*sam*·taim ə·*ghəu*) ...

Prendo la medicina per ...
I'm/He's/She's on medication for ...
aim/hiz/sciz on me·di·*kei*·sciən fo: ...

Per altri sintomi e indisposizioni v. il **dizionario**.

salute femminile

Ho bisogno di ...	I need ...	ai *ni*·id ...
contraccettivi	contraception	kon·trə·*sep*·sciən
la pillola del giorno dopo	the morning-after pill	ð *mo:*·nin·*af*·tə: pil
un test di gravidanza	a pregnancy test	ə *preg*·nən·si test

Ho le contrazioni/doglie.
I have got my contractions.
ai hæv got mai kon·*træk*·sciə:nz

il medico potrebbe dire ...

Prende contraccettivi?
Are you using contraception?   a: iu *iu·zin* kon·tra·*sep*·scian

Ha le mestruazioni?
Are you menstruating?   a: iu mens·*truei*·tin

È incinta?
Are you pregnant?   a: iu *preg*·nant

**Quand'è l'ultima volta che ha avuto
le mestruazioni?**
When did you last   wen did iu læst hæv
have your period?   io: *pi*·riad

Lei è incinta.
You're pregnant.   ioa: *preg*·nant

Ho notato un nodulo/gonfiore qui.
I've noticed a lump/swelling here.   aiv *nau*·tisd a lamp/*sue*·lin hia:

Ho un ritardo di due settimane.
I haven't had my period   ai *hæ*·vnt hæd mai
for (two) weeks.   *pi*·riad fo: (tu) *wi*·iks

Penso di essere incinta.
I think I'm pregnant.   ai think aim *preg*·nant

Prendo la pillola.
I'm on the pill.   aim on ð pil

Sto/sta per partorire.
I'm/she's about to give birth.   aim/sciz a·*baut* tu ghiv ba:th

Per altri termini sulla salute v. il **dizionario**.

le parti del corpo

parts of the body

Ho mal di (stomaco).
My (stomach) hurts.   mai *sto*·mak ha:ts

Non riesco a muovere (la caviglia).
I can't move (my ankle).   ai kant *mu*·uv (mai *æn*·kl)

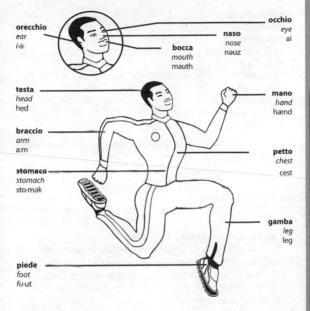

orecchio
ear
i·ə:

occhio
eye
ai

naso
nose
nəuz

bocca
mouth
mauth

testa
head
hed

mano
hand
hænd

braccio
arm
a:m

petto
chest
cest

stomaco
stomach
sto·mək

gamba
leg
leg

piede
foot
fu·ut

Ho i crampi al piede.
I have a cramp in my foot. ai hæv ə kræmp in mai *fu*·ut

Ho mal di gola.
My throat is swollen. mai throt is *suəu*·lən

Per conoscere altre parti del corpo v. il **dizionario**.

allergie

Ho un'allergia alla pelle.
I have a skin allergy. ai hæv ə skin ə·lə:·gi

Sono/è allergico ...
I'm/He's/She's allergic to ...   aim/hiz/sciz ə·*le*:·gik tu ...

agli antibiotici	*antibiotics*	æn·ti·bai·o·tiks
antinfiammatori	*anti-inflammatories*	æn·ti·in·*flæ*·mə·triz
al polline	*pollen*	*po*·lən
all'aspirina	*aspirin*	*æs*·pə·rin
alla codeina	*codeine*	*kəu*·di·in
alla penicillina	*penicillin*	pe·*ni*·si·lin
alle punture di api	*bee sting*	bii stiŋ
alle vespe	*wasps*	wosps

Per le allergie da cibo e le diete speciali v. **piatti vegetariani e diete** p177.

in farmacia

chemist

Ho bisogno di qualcosa per (la diarrea).
I need something for (diarrhoea).   ai *ni*·id *sam*·thiŋ fo: (da·iə·*ri*·ə)

C'è bisogno di una ricetta per (gli antistaminici)?
*Do I need a prescription
for (antihistamines)?*   du ai *ni*·id ə pris·*krip*·sciən
fo: (æn·ti·*hi*·stə·mi·niz)

Quante volte al giorno?
How many times a day?   hau *me*·ni taimz ə dei

Intontisce?
Will it make me drowsy?   wil it meik mi *drau*·zi

Vorrei del liquido per lenti a contatto.
*I would like some contact
lens solution.*   ai wud laik sam *kon*·tækt
lens so·*lu*·sciən

medicina alternativa

alternative medicine

Preferisco usare la medicina alternativa.
I prefer alternative medicine.   ai pri·*fə*: əl·*tə*:·nə·tiv *med*·sin

il farmacista potrebbe dire …

Deve completare il ciclo.
You must complete the course.
iu mast kom·*pli*·it ð ko:s

Questo l'ha mai preso?
Have you taken this before?
hæv iu *tei*·kn ðis bi·*fo:*

Sarà pronto fra (venti minuti).
It'll be ready to pick up in (twenty minutes).
itl bi *re*·di tu pik ap in (*tuen*·ti *mi*·nits)

Una/due volte al giorno (durante i pasti).
Once/Twice a day (with food).
uans/tuais ə dei (wið *fu*·ud)

Per altri farmaci v. il **dizionario**.

Conosce un buon medico omeopatico?
Do you know of a good homeopathist?
du iu nəu ov ə *gu*·ud həu·mi·*əu*·pə·tist

Vorrei un rimedio omeopatico.
I would like a homeopathic remedy.
ai wud laik ə həu·mi·*əu*·*pæ*·thik *re*·mi·di

omeopatia	homeopathy	heu·mi·*əu*·pa·ti
agopuntura	acupuncture	æ·kiu·*pank*·tə:
aromaterapia	aromatherapy	ə·rəu·mə·*the*·rə·pi
fitoterapia	phytotherapy	fai·təu·*the*·rə·pi
riflessologia	reflexology	ri·flek·*səu*·lə·gi

dal dentista

dentist

Ho …	I have a …	ai hæv ə …
mal di denti	toothache	*tu*·uth·eik
un dente rotto	broken tooth	*bro*·kn *tu*·uth
una carie	cavity	*kæ*·vl·ti

Ho bisogno di ...	*I need ...*	ai *ni*·id ...
un analgesico	*an pain killer*	ə pein *ki*·lə:
un'otturazione	*a filling*	ə *fi*·liŋ
una corona	*a crown*	ə kraun

Ho perso un'otturazione.
I've lost a filling. — aiv lost ə *fi*·liŋ

Mi può fare un preventivo?
Can you give me an estimate of the cost? — kæn iu ghiv mi æn *es*·ti·mət ov ð kost

Mi si è rotta la dentiera.
My dentures are broken. — mai *den*·ciə:z a: *bro*·kn

Mi fanno male le gengive.
My gums hurt. — mai gams hə:t

Non voglio che mi sia tolto.
I don't want it extracted. — ai dəunt wont it iks·*træk*·təd

Ahi!
Ouch! — auč

---

il dentista potrebbe dire ...

Apra bene la bocca.
Open wide. — *əu*·pən waid

Non le farà male per niente.
This won't hurt a bit. — ðis dəunt hə:t ə bit

Forse le farà un po' male.
This might hurt a little. — ðis mait hə:t ə *li*·tl

Il dente dev'essere devitalizzato.
The tooth needs to be killed. — ð *tu*·uth *ni*·ids tu bi kild

Morda questo.
Bite down on this. — bait daun on ðis

Sciacqui!
Rinse! — rins

Torni qui, non ho finito!
Come back, I haven't finished! — kam bæk, ai *hæ*·vnt *fi*·nishd

In un mondo in cui divampa il dibattito sui cambiamenti climatici, affrontare l'argomento del turismo sostenibile è ormai diventato una necessità. Questo significa, in termini pratici, essere consapevoli delle conseguenze che il nostro modo di fare turismo ha sulla cultura e sull'ambiente del luogo che visitiamo, e comportarsi in modo che l'impatto sia il più possibile positivo. Ecco alcune frasi che possono aiutarvi in questo intento.

per comunicare e differenze culturali
communication & cultural differences

Vorrei imparare un po' di gallese/scozzese/irlandese.
I'd like to learn some Welsch/Scottish/Irish.
ai wud laik tu lə:n sam welsh/*sko*·tish/*ai*·rish

Vuole che le insegni un po' di italiano/dialetto?
Would you like me to teach you some Italian/dialect?
wud iu laik mi tu *ti*·ič iu sam i·*ta*·liən/*dai*·lekt

È una usanza locale o nazionale?
Is this a local or national custom?
is ðis ə *lo*·kəl o: *næ*·sciə·nəl *kas*·təm

Rispetto le vostre usanze.
I respect your customs.
ai ris·*pekt* io: *kas*·təmz

attivismo e partecipazione
community benefit & involvement

Quali problemi deve affrontare la vostra comunità?
What sorts of issues is your community facing?
wot sortz ov *i*·siuz iz io: ko·*miu*·ni·ti *fei*·siŋ

cambiamenti climatici	climate change	*klai*·mət ceinğ
crimininalità organizzata	organized crime	*o:*·ghə·naizd kraim
disoccupazione	unemployment	an·em·*ploi*·mənt
rapporti tra protestanti e cattolici	relations between protestants and catholics	ri·*lei*·scienz bi·*tuiin* pro·təs·tænts ænd *kæ*·thə·liks
razzismo	racism	*rei*·si·zm

Vorrei mettere a disposizione le mie competenze.
I'd like to volunteer my skills.
aid laik tu vo·lən·*tiə:* mai skilz

Ci sono programmi di volontariato in questa zona?
Are there any volunteer programs available in the area?
a: ðeə: æni vo·lən·*tiə:* prəu·gramz ə·*vei*·lə·bl in ði *er*·ia

ambiente

Dove lo posso riciclare?
Where can I recycle this?
weə: kæn ai ri·*sai*·kəl ðis

trasporti

Possiamo arrivarci con i mezzi pubblici?
Can we get there by public transport?
kæn wi ghet ðeə: bai pa·*blik* trans·po:t

Possiamo arrivarci in bicicletta?
Can we get there by bike?
kæn wi ghet ðeə: bai baik

Preferisco andarci a piedi.
I'd prefer to walk there.
aid pri·*fə:* tu *wo*·ok ðeə:

alloggio

Vorrei stare in un albergo a gestione locale.
*I'd like to stay at a
locally-run hotel.*
aid laik tu stei æt ə
ləu·kə·li·ran həu·tel

Posso spegnere l'aria condizionata e aprire la finestra?
*Can I turn the air
conditioning off and
open the window?*
kæn ai tə:n ði eə:
kən·*di·scia·ni*ŋ of ænd
*əu·*pən ðə *win·*dəu

Non c'è bisogno di cambiare le lenzuola.
*There's no need to
change my sheets.*
ðeə:z nəu *ni·*id tu
ceinğ mai *shi·*its

shopping

Dove posso comprare oggetti/souvenir di produzione locale?
*Where can I buy locally
produced goods/souvenirs?*
weə: kæn ai bai *ləu·*kə·li
pro·diusd gu·uds/su·və·*niə:*z

Vendete prodotti del Commercio Equo e Solidale?
*Do you sell Fair
Trade products?*
du iu sel feə:
treid *pro·*dəkt

cucina

Vendete ...?	*Do you sell ...?*	du iu sel ...
prodotti alimentari locali	*locally produced food*	*ləu·*kə·li pro·diusd fu·ud
prodotti biologici	*organic produce*	o:·*ga·*nik pro·*dius*

Mi può consigliare su quali piatti tipici assaggiare?
Can you tell me which   kæn iu tel mi wič
traditional foods   trə·*di*·sciə·nl *fu*·udz
I should try?   ai *sciu*·ud trai

visite turistiche

sightseeing

Si possono fare gite culturali?
Are cultural tours   a: *kal*·ciə·rəl *tu*·ə:
available?   a·*vei*·lə·bl

La vostra società …?
Does your company …?   daz ioə: *kam*·pa·ni …
  assume guide   *hire local*   haiə: *ləu*·kəl
    del posto   *guides*   gaidz
  da un supporto   *give finantial*   ghiv fai·*næn*·sciəl
    finanziario a   *support for local*   sə·*po:*t fo: *ləu*·kəl
    progetti locali   *projects*   *pro*·jekts
  incoraggia le   *encourages*   in·*ka*·reǧ
    imprese locali   *local business*   *ləu*·kəl biz·nəs

La guida parla …?
Does the guide speak …?   daz ð gaid *spi*·ik …
  gaelico canadese   *Canadian Gaelic*   ka·*ne*·dian *ghei*·lik
  irlandese   *Irish*   *ai*·rish
  irlandese del   *Newfoundland*   *niu*·fənd·lænd
    Newfoundland   *Irish*   *ai*·rish
  mannese   *Manx*   mænks
  scozzese   *Scottish*   *sko*·tish

A

L'inglese americano *(Am)* compare nel dizionario nei termini di più alta diffusione.

A

abbassare *lower • reduce* lo·uə: • ri·dius

abbastanza *enough* i·naf

abbigliamento *clothing* kləu·ðiŋ

abbracciare *hug* hag

abitare *live* liv

abito (da donna) *dress* dres

abito (da uomo) *suit* su·ut

aborto *abortion* ə·bo:·sciən
– **spontaneo** *miscarriage* mis·kæ·riəǧ

accanto (a) *next (to)* nekst tu

accendino *cigarette lighter* si·ghə·ret *lai*·te:

accettazione *check-in* cek·ìn

aceto *vinegar* vi·nə·ghe:

acqua *water* wo·tə:

acqua bollita *boiled water* boild wo·tə:
– **calda** *hot water* hot wo·tə:
– **del rubinetto** *tap water* tæp wo·tə:
– **minerale** *mineral water* mi·nə·rəl wo·tə:
– **non gassata** *still water* stil wo·tə:

adesso *now* nau

adulto *adult* æ·dalt

aereo *plane* plein

aerobica *ærobics* eə·rəu·biks

aeroporto *airport* eə:·po:t

affari *business* biz·nis

affascinante *charming* cia:·miŋ

affilato *sharp* sha:p

affittare *rent* rent

affollato *crowded* krau·did

afta *ulcer* əl·sə:

agenda *diary* dai·ri

agenzia di viaggi *travel agency* trævl *ei*·gən·si

aggiustare *repair* ri·pe:

aggressione *assault* ə·solt

aggressivo *aggressive* ə·gre·siv

ago *needle* nidl

agopuntura *acupuncture* æ·kiu·pank·ciə:

agricoltore *farmer* fa:·mə:

agricoltura *agriculture* æ·gri·kal·ciə:

AIDS *AIDS* eidz

aiutare *help* help

alba *sunrise* san·raiz

albergo *hotel* həu·tel

albero *tree* trii

alcuni *some* sam

ali *wings* wiŋz

alimentari *corner shop / (Am) convenience shop* ko:·nə sciop / kən·vi·niəns sciop

alimento *food* fu·ud

aliscafo *hydrofoil* hai·drə·foil

allenamento *workout* wərk·aut

allergia *allergy* æ·lə:·gi

allevamento *breeding* bri·idiŋ

alloggio *accommodation* ə·ko·mə·dei·sciən

almeno *at least* æt list

allungare *extend* eks·tend

Alpi *Alps* alps

alpinismo *mountaineering* maun·ti·niə·ri·iŋ

alta/bassa quota *high/low altitude* hai/ləu æl·ti·tiud
altare *altar* ol·tə:
altezza *height* hait
alto *high* hai
alto (persona) *tall* tol
altopiano *plateau* plæ·təu
altro *other* a·ðə:
amante *lover* la·və:
amare *love* lav
ambasciata *embassy* em·bə·si
ambasciatore *ambassador* æm·bæ·sə·də:
ambiente *environment* in·vai·rən·mənt
ambulanza *ambulance* æm·biu·ləns
ambulatorio *surgery* sə:·gə·ri
amico *friend* frend
amministrazione *administration* əd·mi·nis·trei·sciən
analgesico *painkiller* pein·ki·lə:
analisi del sangue *blood test* blad test
analisi delle feci • urine *stool • urine analysis* stu·ul • iuə·rin ə·næ·li·sis
anatra *duck* dak
anche *also* ol·səu
ancora *still • yet* stil • iet
andare *go* ghəu
  – a cavallo *horse riding* ho:s rai·diŋ
  – a trovare *visit* vi·zit
  – in bicicletta *cycle • ride (a bike)* sai·kəl • raid (ə baik)
andata *outward journey* aut·wə: d giə:·ni
anello *ring* riŋ
anestesia *anaesthesia* æ·næs·thi·ziə
angolo *corner* ko:·nə:
animale *animal* æ·ni·ml
anniversario *anniversary* æ·ni·və:·sə·ri
anno *year* i·ə:

annoiato *bored* bo:d
annuale *annual* æ·niuəl
annuncio *advertisement* əd·və:·tis·mənt
antibiotici *antibiotics* æn·ti·ba·io·tiks
antico *ancient* ein·sciənt
antidolorifico *pain reliever* pein ri·li·və:
antinucleare *antinuclear* æn·ti·niu·kli·ə:
antisettico *antiseptic* æn·ti·sep·tik
antistaminici *antihistamines* æn·ti·hiz·tə·minz
antitetanica *tetanus injection* te·tə·nəs in·gek·sciən
ape *bee* bii
aperto *open* əu·pən
apparecchio acustico *hearing aid* hi·riŋ eid
appartamento *flat* flæt
appendicite *appendicitis* ə·pen·də·sai·tis
appuntamento *appointment • date* ə·point·mənt • deit
apribottiglie *bottle opener* botl əu·pə·nə:
aprire *open* əu·pən
apriscatole *tin / (Am) can opener* tin / kæn əu·pə·nə:
arancione *orange* o·rinğ
arbitro *referee* re·fə·rii
archeologico *archæological* a:·kiə·lo·gi·kl
architetto *architect* a:·ki·tekt
architettura *architecture* a:·ki·tek·ciə:
argento *silver* sil·və:
aria *air* e·ə:
  – condizionata *air conditioning* e·ə: kon·di·sciə·niŋ
armadietto *locker* lo·kə:
armadio *wardrobe* wo:d·rəub
arrabbiato *angry* æn·gri

arrampicata su roccia *rock climbing* rok *klai*·miŋ

arredamento *furniture* fə·:ni·ciə:

arrestare *arrest* ə·rest

arrivare *arrive* ə·raiv

arrivi *arrivals* ə·rai·vlz

arte *art* a:t
– **arti marziali** *martial arts* ma·:sciəl a:ts

artista *artist* a·:tist

ASA (foto) *film speed* film spi·id

ascensore *lift / (Am) elevator* lift / e·lə·vei·tə:

asciugacapelli *hair-dryer* heə·dra·iə:

asciugamano *towel* ta·uəl

asciugare *dry* drai

ascoltare *listen* li·sən

asilo *nursery school · kindergarten* nə·:sə·ri sku·ul · kin·də·:ga·:tən
– **nido** *crèche* cresh

asma *asthma* æs·mə

aspettare *wait* weit

aspirina *aspirin* æs·pə·rin

assegno *cheque / (Am) check* cek

assicurazione *insurance* in·sciu·rəns

assorbenti *sanitary towels* sæ·ni·tə·ri ta·uəlz
– **interni** *tampons* tæm·ponz

astigmatico *astigmatic* æs·tig·mæ·tik

atletica *athletics* æ·thle·tiks

attesa *wait* weit

attacco cardiaco *heart attack* ha:t ə·tæk

attraverso *through · across* thru · ə·kros

attraversare *go across* gheu ə·kros

attrezzatura *equipment* i·quip·mənt

attuale *current* ka·rənt

autista *driver* drai·və:

autobus *bus* bas
– **(a lunga percorrenza)** *coach* kəuč

autostazione *coach station* kəuč stei·sciən

autostop *hitchhiking* hič·hai·kiŋ

automatico *automatic* o·tə·mæ·tik

automobile *car* ka:

automobilismo *car racing* ka: rei·siŋ

autonoleggio *car hire* ka: ha·iə:

autostrada *motorway / (Am) highway* mo·tə·wei / hai·wei

autunno *autumn* o·təm

avere *have* hæv
– **bisogno di** *need* ni·id
– **fame** *to be hungry* tu bi han·gri
– **fretta** *to be in a hurry* tu bi in ə ha·ri
– **il mal di mare** *to be seasick* tu bi sii·sik
– **sete** *to be thirsty* tu bi thə:s·ti
– **sonno** *to be sleepy* tu bi sli·ipi

avventura *adventure* æd·ven·ciə:

avvertire *warn* wo:n

avvocato *lawyer* lo·iə:

avvolgere *wrap (up)* raap (ap)

azzurro *light blue* lait bluu

B

baby-sitter *babysitter · childminder* bei·bi si·tə: · ciaild·main·də:

baciare *(to) kiss* (tu) kis

bacio *kiss* kis

bagagliaio (auto) *boot / (Am) trunk* bu·ut / trank

bagaglio *luggage* la·ghiǧ
– **a mano / (Am)** *carry-on luggage* hænd / kæ·ri·on læ·ghiǧ
– **consentito** *baggage allowance* bæ·ghiǧ ə·la·uəns
– **in eccedenza** *excess baggage* ik·ses bæ·ghiǧ

bagnato *wet* wet

bagno *bath • bathroom*
bath • *bath*·rum
– **pubblico** *public toilets* pa·blik
toi·lets
balcone *balcony* bæl·kə·ni
ballare *dance* dæns
balletto *ballet* bæ·lei
ballo (festa) *ball* bol
balsamo per i capelli *conditioner*
kən·*di*·sciə·nə:
bambina/o *child* ciaild
bambola *doll* dol
banca *bank* bæŋk
Bancomat *cash point / (Am) ATM*
kæsh point / ei·ti·em
bancone (bar) *counter* kaun·tə:
banconota *banknote / (Am) bill*
bæŋk·nəut / bil
bandiera *flag* flæg
bar *café* kæ·fei
barattolo *jar* gia:
barbiere *barber* ba:·bə·
barca *boat* bəut
basso (livello) *low* ləu
basso (altezza) *short* scio:t
batteria (auto) *battery* bæ·tə·ri
battesimo *baptism* bæp·tisəm
battista *Baptist* bæp·tist
bello *beautiful • handsome • nice*
biu·tə·ful • hæn·səm • nais
belvedere *viewpoint* viu·point
benda *bandage* bæn·diğ
benessere *welfare* wel·feə:
benzina *petrol / (Am) gasoline*
pe·trəl / ghæ·sə·lə·n
benzinaio *petrol service / (Am)
gas station* pe·trəl sə:·vis / ghæs
stei·sciən
bere *(to) drink* (tu) drink
bevanda *drink* drink
biancheria intima *underwear*
an·də:·weə:
bianco *white* wait
– **e nero** *black and white* blæk
æn wait

bibbia *bible* baibl
bibita *soft drink* soft drink
biblioteca *library* lai·brə·ri
bicchiere *glass* glæs
bicicletta *bicycle* bai·sikl
bidone (imbroglio) *rip-off* rip·of
bidone (contenitore) *tank* tæŋk
biglietteria *ticket office* ti·kit o·fis
biglietto *ticket* ti·kit
– **di andata e ritorno** *return
ticket* ri·tə:n ti·kit
– **di sola andata** *single ticket*
sin·gl ti·kit
– **in lista d'attesa** *standby ticket*
stænd·bai ti·kit
bilancio *budget* bad·gət
biliardo *pool* pu·ul
binario *platform* plæt·fo:m
binocolo *binoculars* bi·no·kiu·lə:z
biondo *blonde* blond
birra *beer* biə:
– **chiara** *lager* la·ghə:
– **scura** *stout* staut
biscotto *biscuit / (Am) cookie*
bis·kit / ku·ki
bisogno *need* ni·id
bloccato *blocked* blokd
blu *blue* bluu
bocca *mouth* mauth
boccaglio *snorkel* sno:·kəl
bolletta *bill* bil
bollire *boil* boil
bordo *edge • border* edğ • bo:·də:
borraccia *water bottle*
wo·tə: botl
borsa *bag* bæg
borsetta *handbag* hænd·bæg
bottiglia *bottle* botl
bottiglieria *wine merchant*
wain ma:·ciənt
bottoni *buttons* ba·tnz
braccio *arm* a:m
braille *Braille* breil
brillante *brilliant* bri·liənt
bronchite *bronchitis* bron·kai·tis

bruciare burn bə:n
bruciore di stomaco heartburn
  ha:t-bə:n
brutto ugly ag-li
buco hole həul
buddhista Buddhist bu-dist
bugiardo liar la-iə:
buono good • nice gu-ud • nais
burro di cacao (labbra) lip balm
  lip ba-am
bussola compass kam-pəs
busta (imbottita) (padded)
  envelope (pæ-did) en-və-ləup

C

cabina cabin kæ-bin
cabina telefonica phone box
  fəun boks
caccia hunting han-tiŋ
caffè coffee ko-fi
cadere fall fol
calcio football / (Am) soccer
  fut-bol / so-kə:
calcolatrice calculator
  kæl-kiu-lei-tə:
calore • alta temperatura heat hi-it
caldo hot hot
calendario calendar kæ-lən-də:
calze stockings sto-kiŋs
calzini socks soks
cambiare change • exchange
  ceinǧ • iks-ceinǧ
cambio exchange iks-ceinǧ
  – di valuta currency exchange
  ka-rən-si iks-ceinǧ
camera room ru-um
  – a due letti twin room tuin ru-um
  – da letto bedroom bed-ru-um
  – doppia double room dabl
  ru-um
  – libera vacant room vei-kənt
  ru-um
  – singola single room sin-ghəl
  ru-um

cameriere/a waiter/waitress
  wei-tə:/wei-trəs
camicetta blouse blauz
camicia shirt sciə:t
camion lorry / (Am) truck lo-ri / trak
camminare (to) walk (to) wok
camminata walk wok
campagna countryside kan-tri-said
campeggiare camp kæmp
campeggio campsite kæmp-sait
camper camper van kæm-pə: væn
campionato championship
  ciæm-piən-scip
campo field fi-ild
  – da golf golf course golf ko:s
  – da tennis tennis court te-nis ko:t
  – di calcio football pitch
  fut-bol pič
cancellare • annullare cancel
  kæn-səl
cancello gate gheit
cancro cancer kæn-sə:
candela candle kændl
cane dog dog
  – guida guide dog gaid dog
canoa (sport) canoeing kæ-nu-iŋ
cantante singer sin-ghə:
cantare sing siŋ
cantina wine cellar wain se-lə:
canzone song soŋ
caparra deposit di-po-zit
capire understand an-də:-stænd
capo leader li-də:
Capodanno New Year's Day
  niu iə:z dei
capogiro dizzy spell di-zi spel
cappello hat hæt
cappotto coat kəut
capra goat ghəut
caramella sweet • toffee sui-it • to-fi
carcere jail geil
carino pretty pri-ti
carne meat mi-it
  – tritata mince mins
caro (prezzo) expensive iks-pen-siv

caro (affetto) *dear* di·ir
carrello *trolley* tro·li
carro attrezzi *tow truck* tǝu trak
carrozza *carriage* kæ·riğ
 – ristorante (treno) *dining car*
 dai·niŋ ka:
carrozzeria *bodywork* bo·di·wǝ:k
carta *paper* pei·pǝ:
 – d'identità *identification card
 (ID)* ai·den·ti·fi·kei·sciǝn ka:d (ai·di)
 – d'imbarco *boarding pass*
 bo:·diŋ pas
 – di credito *credit card* kre·dit
 ka:d
 – igienica *toilet paper* toi·lǝt
 pei·pǝ:
carte da gioco *playing cards* ple·iŋ
 ka:dz
cartolaio *stationer* stei·sciǝ·nǝ:
cartolina *postcard* pǝust·ka:d
cartuccia *cartridge* ka:·triğ
casa *house • home* hauz • hǝum
casalinga *housewife / (Am)
 homemaker* hauz·waif /
 hǝum·mei·kǝ:
cascata *waterfall* wo·tǝ:·fol
casco *helmet* hel·mǝt
casinò *casino* kǝ·zi·nau
cassa *cash desk • till* kæsh desk • til
cassaforte *safe* seif
cassetta *cassette* kǝ·set
 – delle lettere *post / (Am) mail
 box* pǝust / mail boks
cassiere *cashier* kæ·sci·ǝ:
castello *castle* ka·sǝl
catena *chain* cein
 – montuosa *mountain range*
 maun·tin reinğ
catene da neve *snow chains*
 snǝu ceinz
cattivo *bad* bæd
cattolico *Catholic* kæ·thǝ·lik
cavalcare *ride (a horse)* raid
 (ǝ ho:s)
cavallo *horse* ho:s

cavi (batteria) *jump leads*
 giamp li·idz
caviglia *ankle* ænkl
cavo *cable* keibl
celebrare *celebrate* se·lǝ·breit
celibe *single* sin·ğhǝl
cena *dinner* di·nǝ:
centesimo (dollaro) *cent* sent
centesimo (sterlina) *penny •
 pence* pe·ni • pens
centimetro *centimetre* cen·ti·mi·tǝ:
centralino *switchboard* suič·bo:d
centro *centre* sen·tǝ:
 – commerciale *shopping centre*
 scio·piŋ sen·tǝ:
 – storico *old city* ǝuld si·ti
ceretta a caldo/a freddo *hot/strip
 wax* hot/strip wæks
cercare *look for* luk fo:
cerotto *plaster* plas·tǝ:
certificato *certificate* sǝ·:ti·fi·keit
cestino (carta) *dustbin* dast·bin
cesto *basket* bas·kǝt
che (cosa) *what* wot
chi *who* hu
chiamata (telefono) *phone call*
 fǝun kol
 – a carico del destinatario
 *reverse charge call / (Am) collect
 call* ri·vǝ:s cia:ğ kol / ko·lekt kol
 – interurbana *long-distance call*
 loŋ·dis·tǝns·kol
chiacchierare *chat* ciat
chiaro *light* lait
chiave *key* kii
chiave USB *USB flash drive* iu es bi
 flæsh draiv
chiesa *church* cǝ:č
chilogrammo *kilogram*
 ki·lǝu·græm
chilometro *kilometre* ki·lo·me·tǝ:
chiocciola (@) *at* æt
chitarra *guitar* ghi·ta:
chiudere *close* klǝuz
chiuso *closed • shut* klǝuzd • sciat

ciascuno *each* i·ič
cibo *food* fu·ud
ciclismo *cycling* sai·kliŋ
ciclista *cyclist* sai·klist
ciclopista *cycle path /* (Am)
 bikeway saikl pæth / baik·wei
cd *CD* si di
cieco *blind* blaind
cielo *sky* skai
cima *peak* pi·ik
cinema *cinema* si·nə·mə
cintura *belt* belt
 – di sicurezza *seatbelt* si·it·belt
circa *about* ə·baut
circo *circus* sə:·kəs
cisti ovarica *ovarian cyst*
 əu·vea·riən sist
cistite *cystitis* sis·tai·tiz
città *city* si·ti
cittadinanza *citizenship*
 si·ti·zən·scip
ciuccio *dummy /* (Am) *pacifier*
 da·mi / pæ·si·fa·iə:
clacson *horn* ho:n
classe *class* klæs
 – business *business class* biz·nəs
 klas
 – turistica *economy class*
 i·ko·nə·mi klas
 prima – *first class* fə:st klas
 seconda – *second class* se·kənd
 klas
classico *classical* klæ·si·kl
classifica *placing* plei·siŋ
classifica (calcio) *league table*
 li·ig teibl
 – finale *final results* fai·nl ri·salts
cliente *customer* kas·tə·mə:
coda *queue* kiu
codice postale *post code*
 pəust·kəud
cognome *surname* sə:·neim
coincidenza *connection*
 kə·nek·sciən
colazione *breakfast* brek·fəst

colica *colic* ko·lik
collant *tights /* (Am) *pantyhose*
 taits / pæn·ti·həuz
collega *colleague* ko·li·ig
collina *hill* hil
collirio *eye drops* ai drops
collo *neck* nek
colloquio (di lavoro) *interview*
 in·tə·viu
collutorio *mouthwash*
 mauth·wosh
colore *colour* ka·lə:
colpevole *guilty* ghil·ti
coltello *knife* naif
come *how* hau
cominciare *begin · start* bi·ghin
 · sta:t
commedia *comedy* ko·mi·di
commercio *trade* treid
commissione *commission*
 ka·mi·sciən
commozione cerebrale
 concussion kən·ka·sciən
comodo *comfortable* kam·fə·tə·bl
compagno *companion · partner*
 kom·pæ·niən · pa:t·nə:
compleanno *birthday* bə:th·dei
complesso rock *rock group* rok
 gru·up
completo *full up /* (Am) *booked out*
 ful ap / bu·ukd aut
comprare *buy* bai
compreso *included* in·klu·did
compresse *tablets* tæ·bləts
computer *computer* kom·piu·tə:
 – portatile *laptop* læp·top
comunione *communion* kə·mi·niən
comunista *communist* ko·miu·nist
con *with* wið
concerto *concert* kon·sə:t
condividere *share* sceə:
confermare (una prenotazione)
 confirm (a booking) kon·fə:m
 (ə bu·kiŋ)
confine *border* bo:·də:

congelare *freeze* fri·iz
congelato *frozen* frau·zən
coniglio *rabbit* ræ·bit
conoscere *know* nəu
conservante *preservative*
pri·sə:·və·tiv
conservatore (politica)
conservative kən·sə:·və·tiv
consigliare *recommend*
re·kə·mend
consolato *consulate* kon·siu·lət
contanti *cash* kæsh
contare *count* kaunt
conto *bill / (Am) check* bil / cek
 – in banca *bank account* bænk
ə·kaunt
contraccettivi *contraceptives*
kon·trə·sep·tivz
contratto *contract* kon·trækt
controllare *check* cek
controllore *ticket collector* ti·kit
ko·lek·tə:
coperta *blanket* blæn·kət
coperto (ristorante) *cover charge*
ka·va: cia:ǧ
coppa del mondo *World Cup*
wəld kap
coraggioso *brave* breiv
corda *rope* rəup
corpo *body* bo·di
corrente (elettr.) *current* ka·rənt
correre *run* ran
corridoio (aereo / treno) *aisle* ail
corrompere *bribe* braib
corrotto *corrupt* kə·rapt
corsa (sport) *race* reis
corto *short* scio:t
cosa *thing* thiŋ
costa *coast* kəust
costare *cost* kost
costruire *build* bild
costruttore *builder* bil·də:
costume da bagno *swimming
costume / (Am) bathing suit*
sui·miŋ kos·tium / bæ·thiŋ su·ut

cotone *cotton* ko·tən
 batuffoli di cotone *cotton balls*
ko·tən bolz
cravatta *tie* tai
crema *cream* kri·im
 – da barba *shaving cream*
scei·viŋ kri·im
 – solare *sunscreen* san·skri·in
crescere *grow* grəu
criminalità *crime* kraim
cristiano *Christian* kris·tiən
croce *cross* kros
crudo *raw* roo
cucchiaino *teaspoon* ti·spu·un
cucchiaio *spoon* spu·un
cucciolo *puppy* pa·pi
cucina *kitchen* ki·ciən
cucinare *cook* ku·uk
cucire *sew* səu
cugino *cousin* kazn
culla *cot* kot
cuoco *cook • chef* ku·uk • scef
cuoio *leather* le·ðə:
cuore *heart* ha:t
curare *treat* trit
curriculum vitae *curriculum/cv*
kə·ri·kiu·ləm/si·vi
curry *curry* ka·ri
cuscino *pillow • cushion* pi·ləu •
ku·sciən

D

da (maggio) *since (May)* sins (mei)
da solo *alone* ə·ləun
danno *damage* dæ·miǧ
dare *give* ghiv
 – il benvenuto *welcome*
wel·kəm
 – un calcio *kick* kik
 – un passaggio *give a lift*
ghiv ə lift
data *date* deit
 – di arrivo *date of arrival* deit ov
ə·rai·vl

– di nascita *date of birth* deit ov bə:th

– di partenza *date of departure* deit ov di·*pa·*ciə:

datore di lavoro *employer* im·*plo·*iə:

dea *goddess* go·dəs

debole *weak* wi·ik

degustazione *tasting* teis·tiŋ

delitto *crime* kraim

deltaplano *hang glider* hæŋ glai·də:

democrazia *democracy* di·*mo·*krə·si

denaro *money* ma·ni

dente/i *tooth • teeth* tu·uth • ti·ith

dentifricio *toothpaste* tuth·peist

dentista *dentist* den·tist

dentro *Inside* in·said

deodorante *deodorant* di·*əu·*də·rənt

deposito (banca) *deposit* di·*po·*sit

– bagagli *left luggage office* left *la·*ghiğ o·fis

dermatologo *dermatologist* də·:ma·*to·*lə·gist

derubare *rob* rob

descrivere *describe* dis·*kraib*

desiderare *(to) wish • desire* (tu) wish • di·*sair*

desiderio *wish* wish

destinatario *addressee* a·dre·*sii*

destinazione *destination* des·ti·*nei·*sciən

destra *right* rait

– di destra *right wing* rait wiŋ

detersivo *washing powder* wo·sciŋ pau·də:

diabete *diabetes* da·iə·bi·tiz

diaframma *diaphragm* da·iə·fræm

diapositiva *slide* slaid

diarrea *diarrhoea* da·iə·riə

diesel *diesel* di·səl

dieta *diet* da·iət

dietro *behind* bi·haind

difettoso *faulty* fol·ti

differente *different* di·frənt

differenza *difference* di·frəns

– di fuso orario *time difference* taim di·frəns

difficile *difficult* di·fi·klt

difficoltà *difficulty* di·fi·kəl·ty

diffuso *widespread* waid·spred

digitale *digital* di·gitl

dimensioni *size* saiz

dimenticare *forget* fə·:ghet

dio *god* god

dipingere *paint* peint

dire *say* sei

diretto *direct* dai·rekt

direzione *direction* dai·*rek·*sciən

diritti umani *human rights* hiu·mən raits

disabile *disabled* dis·eibld

disaccordo *disagreement* di·zə·*grii·*mənt

dischetto (computer) *floppy disk* flo·pi disk

discesa in corda doppia *abseiling* æb·*zai·*liŋ

disco *record* re·ko:d

discriminazione *discrimination* dis·kri·mi·*nei·*sciən

disinfettante *disinfectant* diz·in·*fek·*tənt

disoccupato *unemployed* an·im·*ploid*

dissenteria *dysentery* disn·tri

distributore *petrol • service station* pe·trəl • sə·:vis stei·sciən

– di biglietti *ticket machine* ti·kət mə·scin

disturbo *trouble* tra·bəl

dito *finger* fin·ghə:

– del piede *toe* təu

ditta *company* kam·pə·ni

diversi *several* se·vrəl

diverso *different* di·frənt

divertente *funny* fa·ni

divertimento *fun* fan

divertirsi *enjoy* in·*gioi*
divisa *uniform* iu·ni·fo:m
doccia *shower* scia·uə:
documenti *papers* pei·pə:z
dogana *customs* kas·təmz
dolce (dessert) *dessert* di·ze:t
dolce (zuccherato) *sweet* sui·it
dolciumi *sweets* sui·its
dollaro *dollar* do·lə:
dolore *pain* pein
  – dolori mestruali *period pain*
  pi·riəd pein
doloroso *painful* pein·ful
domanda *question* ques·ciən
domandare *ask* ask
domani *tomorrow* tə·mo·rəu
  – mattina *tomorrow morning*
  tə·mo·rəu mo:·niŋ
  – pomeriggio *tomorrow*
  afternoon tə·mo·rəu af·tə:·nu·un
  – sera *tomorrow evening*
  tə·mo·rəu i·vniŋ
donna *woman* wu·mən
  – d'affari *businesswoman*
  biz·nis·wu·mən
dopo *after* af·tə:
dopobarba *aftershave* af·tə:·sceiv
dopodomani *the day after*
  tomorrow ð dei af·tə: tə·mo·rəu
doppio *double* dabl
dormire *sleep* sli·ip
dose *dose* dəuz
  – eccessiva *overdose* əu·və:·dəuz
dove *where* weə:
dozzina *dozen* dazn
dramma *drama* dra·mə
dritto *straight* streit
droga *drugs* dragz
drogheria *grocer's* grəu·sə:z
due *two* tu
duomo *cathedral* kə·thi·drəl
durante *during* diu·riŋ
duro *hard* ha:d

E

e *and* ænd
ebreo *Jewish* giu·ish
ecografia *ultrasound scan*
  al·trə·saund skæn
economico *cheap* ci·ip
eczema *eczema* ek·si·mə
edicola *newsstand / (Am) newsagent*
  niuz·stænd / niuz·ei·gənt
edificio *building* bil·diŋ
egoista *selfish* sel·fish
elenco telefonico *phone book*
  fəun bu·uk
elettricista *electrician* i·lek·tri·sciən
elettricità *electricity* i·lek·tri·si·ti
elettrocardiogramma *ECG* i·si·gi
elettroencefalogramma *EEG* i·i·gi
elezioni *elections* i·lek·sciənz
eliminatoria *preliminary heat*
  pri·li·mi·nə·ri hiit
emergenza *emergency* i·mə:·gən·si
emicrania *migraine* mi·grein
emorragia *bleeding* bli·idiŋ
emotivo *emotional* i·məu·sciə·nl
energia nucleare *nuclear power*
  niu·kli·ə: pa·uə:
enorme *huge* hiuǧ
ente del turismo *tourist office*
  tu·rist o·fis
entrare *enter* en·tə:
entrata *entrance* en·trəns
entro (un'ora) *within (an hour)*
  wi·ðin (ən auə:)
epatite *hepatitis* he·pə·tai·tis
epilessia *epilepsy* e·pi·lep·si
erba *grass* græs
erbe *herbs* hə:bz
erborista *herbalist* hə:·bə·list
eroina *heroin* he·rəu·in
erotico *sexy* sek·si
errore *mistake* mis·teik
eruzione cutanea *rash* ræsh
esame *exam* ig·zæm

escluso *excluded* iks·klu·did

escursione *excursion • trip* iks·ka:·sciən • trip

– **a piedi** *hike* haik

escursionismo *touring* tu·riŋ

esempio *example* ig·zam·pəl

esperienza *experience* iks·pi·riəns

esperimenti nucleari *nuclear testing* niu·kli·ə: tes·tiŋ

esposlmetro *light meter* lait mi·tə:

esposizione (mostra) *exhibition* eg·zi·bi·sciən

espresso *express* iks·pres

essere *be* bi

– **d'accordo** *agree* ə·grii

– **raffreddato** *have a cold* hæv ə kəuld

est *east* ist

estate *summer* sa·mə:

estetista *beautician* biu·ti·sciən

estero *foreign* fo·rən

età *age* eiğ

etichetta (bagagli) *luggage tag* la·ghiğ tæg

Euro *Euro* iu·rəu

europeo *European* iu·rəu·pi·ən

eutanasia *euthanasia* iu·ðə·nei·ziə

F

fabbrica *factory* fæk·tə·ri

faccia *face* feis

facile *easy* i·zi

fame *hunger* han·ghə:

famiglia *family* fæ·mə·li

famoso *famous* fei·məz

fango *mud* mad

fantastico *great* greit

fantino *jockey* gio·ki

falso *false* fols

fare *do • make* du • melk

– **il tifo** *support* sə·po:t

– **l'autostop** *hitchhike* hič·haik

– **la coda** *queue up* kiu·ap

– **male** *(to) hurt* (tu) hə:t

– **roccia** *rock climbing* rok klai·miŋ

– **una camminata** *hike* haik

– **una foto** *take a photo* teik ə fəu·təu

farfalla *butterfly* ba·tə:·flai

fari (auto) *headlights* hed·laits

farmacia *pharmacy • chemist's / (Am) drug store* fa:·mə·si • ke·mist / drag sto:

farmacista *chemist* ke·mist

fascia *bandage* bæn·diğ

fatto *made* meid

– **a mano** *handmade* hænd·meid

fattoria *farm* fa:m

fax *fax* fæks

fazzoletti di carta *tissues* tl·scluz

fazzoletto *handkerchief* hænd·kə:·cif

febbre *temperature (fever)* tem·prə·ciə: (fi·və:)

– **da fieno** *hay fever* hei fi·və:

federa *pillowcase* pi·ləu·keiz

fegato *liver* li·və:

felice *happy* hæ·pi

felpa *sweatshirt* suet·sciə:t

ferita *wound* wund

ferito *injured* in·giə:d

fermare *stop* stop

fermata dell'autobus *bus stop* bas stop

fermo posta *poste restante / (Am) general delivery* pəust res·tant / ge·nə·rəl de·li·və·ri

ferramenta *hardware shop* ha:d·weə: sciop

ferro *iron* ai:ən

– **da stiro** *iron* ai:ən

festa *festival • holiday • party* fes·ti·vl • ho·li·dei • pa:·ti

fetta *slice* slais

fiammiferi *matches* mæ·ciz

fidanzamento *engagement* in·gheiğ·mənt

fidanzato/a *fiancé(e)* fi·an·sei

figlia *daughter* do·tə:

figlio *son* san
film *film* / *(Am) movie* film / *mu·*vi
filo *thread* thred
– **dentario** *dental floss* den·tl flos
fine *end* end
– **settimana** *weekend* wi·ik·*end*
finestra *window* win·dəu
finire *end* • *finish end* • *fi·*nish
finito *finished* fi·nishd
fino a (giugno) *until (June)* an·*til*
(giun)
fioraio *florist* flo·rist
fiore *flower* fla·uə:
firma *signature* sig·nə·ciə:
fiume *river* ri·və:
flash *flash* flæsh
fluido idratante *hydrating fluid*
hai·*drei·*tiŋ fluid
foglia *leaf* li·if
fondo *bottom* bo·təm
footing *jogging* gio·ghiŋ
foraratura *puncture* pank·ciə:
forbici *scissors* si·zə·z
forchetta *fork* fo:k
foresta *forest* fo·rəst
forma *shape* sceip
formica *ant* ænt
forno *oven* avn
– **a microonde** *microwave oven*
mai·krə·weiv avn
forse *maybe* mei·bi
forte *strong* stroŋ
forte (ad alto volume) *loud* laud
fortuna *luck* lak
fortunato *lucky* la·ki
forza *strength* strenth
forze armate *armed forces* a:md
fo:·səz
foto *photo* fəu·təu
fotografo *photographer* fə·to·grə·fə:
fra *between* • *among* bi·*tui·*in • ə·*moŋ*
fra poco *soon* su·un
fragile *fragile* fræ·giail
francese *French* frenč
Francia *France* fræns

francobollo *stamp* stæmp
fratello *brother* vbro·ðə:
frattura *fracture* fræk·ciə:
freccia (auto) *indicator* in·di·*kei·*tə:
freddo *cold* kold
freno *brake* v breik
– **a mano** *handbrake* hænd·breik
fresco *cool* ku·ul
fresco (non stantio) *fresh* fresh
fretta *hurry* ha·ri
in fretta *in a hurry* in ə ha·ri
friggere *fry* frai
frigobar *mini-bar* mi·ni·ba:
frigorifero *refrigerator* • *fridge*
ri·fri·gə·*rei·*tə: • fridž
frizione *clutch* klač
frontiera *border* bo:·də:
fruttivendolo *greengrocer's*
gri·in·grəu·sə:z
fumare *smoke* sməuk
funerale *funeral* fiu·nə·rl
fungo *mushroom* mash·rum
funivia *cable car* kei·bl ka:
fuoco *fire* fa·iə:
fuori *outside* aut·said
furgone *van* væn
fusibile *fuse* fiu·uz
futuro *future* fiu·ciə:

G

galleria d'arte *art gallery* a:t gæ·lə·ri
Galles *Wales* weils
gallese *Welsh* welsh
gamba *leg* leg
gara *competition* kom·pə·*ti·*sciən
garage *garage* ghæ·raġ
gas *gas* ghæs
gasolio *diesel* dizl
gastroenterite *gastroenteritis*
ghæs·trəu·en·tə·*rai·*tiz
gatto *cat* kæt
gay *gay* ghei
gelateria *ice cream parlour* ais
kri·im pa:·lə:

gelato *ice cream* ais kri·im
geloso *jealous* ge·ləz
gemelli *twins* tuins
generale *general* ge·nə·rəl
genero *son-in-law* san·in·loo
gengiva *gum* gam
genitori *parents* pe·rənts
gente *people* pipl
gentile *kind · nice* kaind · nais
gettone *token* təukn
ghiaccio *ice* ais
già *already* ol·re·di
giacca *jacket* giæ·kət
  – **a vento** *windcheater / (Am) windbreaker* wind·ci·tə: / wind·brei·kə:
giallo *yellow* ie·ləu
Giappone *Japan* giə·pæn
giardinaggio *gardening* ga:d·nlŋ
giardino *garden* ga:dn
  – **zoologico** *zoo* zuu
ginecologo *gynecologist* gai·nə·ko·lə·gist
ginnastica *gymnastics* gim·næs·tiks
ginocchio *knee* ni·i
giocare *play* plei
giocatore *player* ple·iə:
gioco *game* gheim
  – **elettronico** *computer game* kom·piu·tə: gheim
gioielleria *jeweller's* giu·ə·lə:z
gioielli *jewellery* giu·əl·ri
giornale *newspaper* nius·pei·pə:
giornalista *journalist* giə:·nə·list
giorno *day* dei
giovane *young* iaŋ
girare *turn* tə:n
gita *tour · trip* tuə: · trip
giù *down* daun
giubbotto di salvataggio *life jacket* laif giæ·kət
giudice *judge* vgiağ
giusto *right* rait
gola *throat* thrəut

gomma (auto) *tyre* ta·iə:
gonfiore *swelling* sue·liŋ
gonna *skirt* skə:t
governo *government* ga·vn·mənt
grammi *grams* græms
Gran Bretagna *Great Britain* greit bri·tn
grandangolo *wide-angle lens* waid æn·ghəl lenz
grande *big · large* big · la:ğ
  – **magazzino** *department store* di·pa:t·mənt sto:
grandine *hail* hell
grasso *fat* fæt
gratuito *free* fri·i
grigio *grey* grei
grotta *cave* keiv
gruppo *group* grup
  – **di lavoro** *workshop* wə:k·sciop
  – **musicale** *band* bænd
  – **sanguigno** *blood group* blad grup
guanti *gloves* glavz
guardare *look at · watch* lu·uk æt · woč
  – **le vetrine** *go window-shopping* ghəu win·dəu sho·piŋ
guardaroba *cloakroom* kləuk·ru·um
guastarsi *break down* breik daun
guasto *out of order* aut ov o:·də:
guerra *war* wo:
guida (persona) *guide* gaid
  – **turistica (libro)** *guidebook* gaid·bu·uk
  – **agli spettacoli** *entertainment guide* en·tə:·tein·mənt gaid
guidare *drive* draiv
gustoso *tasty* teis·ti

H

halal *halal* ha·lal
hockey *hockey* ho·ki
  – **su ghiaccio** *ice hockey* ais ho·ki

I

idiota *idiot* i·di*ə*t

idratante *moisturiser* mois·ti·*rai*·z*ə*:

ieri *yesterday* ies·t*ə*:·dei
  l'altro ieri *the day before yesterday* ð dei bi·*fo*: ies·t*ə*:·dei

illegale *illegal* i·*li*· gh*ə*l

imbarazzato *embarrassed* im·*bæ*·r*ə*sd

imbrogliare *cheat* ci·it

immersione *diving* dai·viŋ
  – in apnea *free diving* fri·i dai·viŋ
  – subacquea *scuba-diving* sku·b*ə*·*dai*·viŋ

immigrazione *immigration* i·mi·*grei*·sci*ə*n

imparare *learn* l*ə*:n

impermeabile *waterproof* wo·t*ə*:·pru·uf

impermeabile (abito) *raincoat* rein·k*ə*ut

impiegato *employee • office worker* im·plo·*ii* • o·fis w*ə*:·k*ə*:

importante *important* im·*po*:·t*ə*nt

impossibile *impossible* im·*po*·sibl

inalatore *inhaler* in·*hei*·l*ə*:

incidente *accident • crash* æk·si·d*ə*nt • kræsh

incinta *pregnant* preg·n*ə*nt

incontro (partita) *match* mæč

incontrare *meet* mi·it

incomprensibile *incomprehensible* in·kom·pri·*hen*·si·b*ə*l

incrocio *crossroads* kros·r*ə*udz

indicare *point* point

indigestione *indigestion* in·di·*ges*·ci*ə*n

indirizzo *address* *ə*·dres

indossare *wear* we*ə*:

indù *Hindu* hin·du

industria *industry* in·d*ə*s·tri

infarto *heart attack* ha:t *ə*·tæk

infermiere *nurse* n*ə*:s

infezione *infection* in·*fek*·sci*ə*n

infiammazione *inflammation* in·fl*ə*·*mei*·sci*ə*n

influenza *flu* flu

informatica (tecnologia) *high-tech* hai·tek

informatica (disciplina) *computer science* kom·*piu*·t*ə*: s*ə*·i*ə*ns

informazioni *information* in·f*ə*:·*mei*·sci*ə*n

infortunato *injured* in·g*ə*:d

infortunio *accident* ak·si·d*ə*nt

ingannare *cheat* ci·it

ingegnere *engineer* en·gi·*nia*:

ingessatura *plaster* plas·t*ə*:

Inghilterra *England* in·gl*ə*nd

inglese *English* in·glish

ingorgo *traffic jam* træ·fik giæm

ingrandimento *enlargement* in·*la*:g·m*ə*nt

ingrediente *ingredient* in·*gri*·di*ə*nt

ingresso *entrance* en·trans

iniezione *injection* in·*gek*·sci*ə*n

inizio *start* sta:t

innocente *innocent* i·n*ə*·s*ə*nt

inquinamento *pollution* p*ə*·*lu*·sci*ə*n

insegna *sign* sain

insegnante *teacher* ti·ci*ə*:

insetto *bug • insect* bag • in·sekt

insieme *together* tu·*ghe*·ð*ə*:

insolazione *sunstroke* san·str*ə*uk

insolito *unusual* an·*iu*·ju*ə*l

insulina *insulin* in·siu·lin

intelligente *bright • clever* brait • kle·v*ə*:

interessante *interesting* in·tr*ə*·stiŋ

internazionale *international* in·t*ə*:·*næ*·sci*ə*·n*ə*l

internet (point) *Internet (café)* in·t*ə*:·net (*ka*·fe)

interprete *interpreter* in·*t*ə*:·pri·t*ə*:

intervallo *break • intermission* breik • in·t*ə*:·*mi*·sci*ə*n

intervento (discorso) *speech* spi·ič

intervento chirurgico *operation* o·pə·*rei*·sciən

intossicazione alimentare *food poisoning* fu·ud poi·sə·niŋ

inverno *winter* win·tə:

in vendita *on sale* on seil

invitare *invite* in·*vait*

io *I* ai

isola *island* ai·lənd

Irlanda *Ireland* alə:·lənd

irlandese *Irish* ai·riş

istruttore *Instructor* ins·*trak*·tə:

istruzione *education* ə·diu·*kei*·sciən

Italia *Italy* I·tə:·li

italiano *Italian* i·*tæ*·liən

itinerario *Itinerary • route* ai·*ti*·nə·rə·ri • ru·ut

itinerario escursionistico *hiking route* hai·kiŋ ru·ut

IVA *VAT (value added tax)* vi·ei·ti (*væ*·liu *æ*·did tæks)

J

jeans *jeans* gins

K

kosher *kosher* kəu·şə:

L

là *there* ðeə:

labbra *lips* lips

laboratorio *laboratory* lə·*ba*·rə·tri

lacci (scarpe) *shoelaces* sciu·*lei*·səz

ladro *thief* thif

lago *lake* leik

lamentarsi *complain* kom·*plein*

lamette (da barba) *razor blades* *rei*·zə: bleidz

lampadina *light bulb* lait balb

lana *wool* wu·ul

largo (ampio) *wide* waid

lassativi *laxatives* *læk*·sə·tivz

lato *side* said

lavaggio a secco *dry cleaning* drai *kli*·niŋ

lavanderia *laundry* lon·dri
  – **a gettone** *laundrette* lon·də·ret

lavare • lavarsi *wash* woş

lavatrice *washing machine* wo·şiŋ mə·*scin*

lavorare *work* wə:k

lavoratore *worker* wə:·kə:
  – **in proprio** *self-employed* self·em·*ploid*

lavoro *job • occupation • work* giob • o·kiu·*pei*·sciən • wə:k

legale *legal* *li*·ghəl

legge *law* lòo

leggere *read* ri·id

leggero *light* lait

legno *wood* wu·ud

lei *she* sci

Lei *you* iu

lentamente *slowly* *sləu*·li

lenti a contatto *contact lenses* kon·tækt *len*·siz

lento *slow* sləu

lenzuolo *sheet* sci·it

lesbica *lesbian* *les*·biən

lettera *letter* *le*·tə:

letto *bed* bed
  – **matrimoniale** *double bed* dabl bed
  due letti *twin beds* twin bedz

leva del cambio *gear lever / (Am) gear shift* ghiə: *li*·və: / ghiə: şift

libero *free* frii

libreria *bookshop* buk·sciop

libretto *booklet* buk·lət
  – **di circolazione** *logbook • registration document* log·buk • re·gis·*trei*·sciən do·kiu·mənt

libro *book* bu·uk

licenza *permit* pə:·mit

limite di velocità *speed limit* spi·id *li*·mit

limonata *lemon soda* le·mən·səu·də

linea *line* lain
– **aerea** *airline* eə:·lain

lingua *language* læn·ɡuiǧ

lista d'attesa *waiting list* wei·tiŋ list

lite *fight* fait

litigare *argue • quarrel* ar·ghiu · quo·rəl

litro *litre* li·tə:

livello *level* levl

livido *bruise* bru·uz

locale *local* lo·kəl

locale *bar • venue* ba: • ve·niu

lontano *far • remote* fa: · ri·məut

loro *they* ðei

lozione *lotion* ləu·sciən
– **abbronzante** *tanning lotion* tæ·niŋ ləu·sciən

lubrificante *lubricant* lu·bri·kənt

lucchetto *padlock* pæd·lok

luce *light* lait

lui *he* hi

lumaca *snail* sneil

luminoso *bright* brait

luna *moon* mu·un
– **piena** *full moon* ful mu·un
– **di miele** *honeymoon* ha·ni·mu·un

lungo *long* loŋ

luogo *place* pleis
– **di nascita** *place of birth* pleis ov bə:th

lusso *luxury* lak·sciə·ri
di lusso *luxurious* laɡ·jə·riəz

M

ma *but* bat

macchina *machine* mə·scin
– **fotografica** *camera* kæ·mə·rə
– **fotografica digitale** *digital camera* di·ɡitl kæ·mə·rə

macelleria *butcher's (shop)* but·ciə:z (sciop)

madre *mother* ma·ðə:

maestro *schoolteacher* sku·ul·ti·ciə:

maglietta *T-shirt* ti·sciə:t

maglione *jumper • sweater* giam·pə: • sue·tə:

magro *thin* thin

mai *never* ne·və:

maiale (animale) *pig* pig

malato *ill • sick* il • sik

malattia *disease* di·si·iz

malattia venerea *venereal disease* və·ni·riəl di·si·iz

mal d'auto • d'aereo *travel sickness* trævl sik·nəs

mal di denti *toothache* tu·uth·eik

mal di gola *sore throat* soə: thrəut

mal di mare *sea-sickness* sii·sik·nəs

mal di pancia *stomachache* sto·mək·eik

mal di testa *headache* hed·eik

mamma *mum* mam

mammografia *mammogram* mæ·mə·ɡræm

manager *manager* mæ·ni·ɡə:

mancare (sentire l'assenza) *(to) miss* (tu) mis

mancia *tip* tip

mandare *send* send

mangiare *eat* iit

manifestazione (protesta) *demonstration* de·mən·strei·sciən

mano *hand* hænd

manovale *manual worker* mæ·niuəl wə:·kə:

manuale *manual* mæ·niuəl

manubrio *handlebars* hæn·dəl·ba:z

marciapiede *footpath / (Am) sidewalk* fu·ut·pæth / said·wo·ok

mare *sea* si·i

marea *tide* taid

marijuana *marijuana* mæ·ri·hua·nə

marito *husband* haz·bənd

marmo *marble* ma:·bl

marrone *brown* braun
martello *hammer* hæ·mə:
massaggio *massage* mæ·saj
masterizzatore *CD burner* si di ba:·nə:
materasso *mattress* mæ·tris
matita *pencil* pen·səl
matrimonio *wedding* we·dlŋ
mattina *morning* mo:·niŋ
mazzuolo *mallet* mæ·lit
meccanico *mechanic* mə·kæ·nlk
medicina *medicine • drug* med·sin • drag
medicazione *dressing • medication* dre·siŋ • me·di·kei·sciən
medico *doctor* dok·tə:
meditazione *meditation* me·di·tei·sciən
meglio *better* be·tə:
melodia *tune* tiun
membro *member* mem·bə:
mendicante *beggar* be·ghə:
meno *less* les
mensile *monthly* manth·li
meraviglioso *wonderful* wan·də:·ful
mercato *market* ma:·kət
merletto *lace* leis
mescolare *mix* miks
mese *month* manth
messa *mass* mæs
messaggio *message* me·siğ
mestiere *occupation* o·kiu·pei·sciən
mestruazione *menstruation* mens·truei·sciən
metallo *metal* metl
metro *metre* mi·tə:
metropolitana *underground / (Am) subway* an·də:·graund / sab·wei
mettere *put* put
mezza pensione *half board* haf bo:d
mezzanotte *midnight* mid·nait

mezzi di comunicazione *media* mi·diə
mezzo *half* haf
mezzogiorno *noon • midday* nu·un • mid·dei
migliore *best* best
millimetro *millimetre* mi·li·mi·tə:
minestra *soup* su·up
minuto *minute* mi·nit
miope *shortsighted* scio:t·sai·tid
mobili *furniture* fə:·nə·ciə:
moda *fashion* fæ·sciən
modem *modem* məu·dəm
moderno *modern* mo·də:n
modulo *paperform* pei·pə:·fo:m
  – di domanda *application form* æ·pli·kei·sciən fo:m
moglie *wife* waif
molestia *harassment* hæ·rəs·mənt
molto (avverbio) *very* ve·ri
molto (quantità) *a lot (of)* ə lot ov
monarchia *monarchy* mo·nə:·ki
monastero *monastery* mo·nə·stri
mondo *world* wə:ld
monete *coins* koinz
mononucleosi *glandular fever* glæn·diu·lə: fi·və:
montagna *mountain* maun·tin
montatura (occhiali) *frame* freim
monumento *monument* mo·niu·mənt
morbillo *measles* mizlz
morire *die* dai
morso *bite* bait
morto *dead* ded
mosca *fly* flai
moschea *mosque* mosk
mostrare *show* sciəu
moto *motorbike* mo·tə:·baik
motore *engine • motor* en·gin • məu·tə:
motoscafo *motorboat* mo·tə:·bəut
mouse (informatica) *mouse* maus
mucca *cow* cau
mughetto (fungo) *thrush* thrash

multa *fine* fain
muro *wall* wol
muscolo *muscle* ma·səl
museo *museum* miu·ziəm
musica *music* miu·zik
musicista *musician* miu·zi·sciən
 – di strada *busker* bas·kə:
musulmano *Muslim* muz·lim
muta *wet suit* wet·sut
muto *dumb* dam

N

narrativa *fiction* fik·sciən
naso *nose* nəuz
Natale *Christmas* kris·məs
natura *nature* nei·ciə:
naturale *natural* næt·cərl
nausea *nausea* no·siə
nave *ship • boat* scip • bəut
nazionale *national* næ·sciə·nl
nazionalità *nationality*
 næ·sciə·næ·lə·ti
nebbioso *foggy* fo·ghi
necessario *necessary* ne·sə·sə·ri
negativo (foto) *negative*
 ne·ghə·tiv
negozio *shop / (Am) store* sciop
 / sto:
 – per il campeggio *camping*
 shop kæm·pin sciop
 – di abbigliamento *clothing*
 shop kləu·ðin sciop
 – di articoli sportivi *sports shop*
 spo:ts sciop
 – di giocattoli *toyshop* toi·sciop
neonato *baby* bei·bi
nero *black* blæk
nessuno dei due *neither* nai·ðə:
neutro *neutral* niu·trəl
neve *snow* snəu
nevralgia *neuralgia* niu·ræl·giə
niente *nothing* na·thin
nipote (di zio) *nephew* m *• niece* f
 ne·viu · ni·is

nipote (di nonno) *grandchild*
 græn·ciaild
no *no* nəu
nodulo *lump* lamp
noi *we* wi
noioso *boring* bo·rin
noleggiare *hire* ha·iə:
nome *name* neim
non *not* not
 non fumatore *non-smoking*
 non·sməu·kin
nonna *grandmother* græn·ma·ðə:
nonno *grandfather* græn·fa·ðə:
nord *north* no:th
normale *regular* re·ghiu·lə:
notizie *news* niuz
notte *night* nait
nubile *single* sin·ghəl
numero *number* nam·bə:
 – di camera *room number* ru·um
 nam·bə:
 – di targa *registration number*
 re·gi·strei·sciən nam·bə:
 – di telefono *telephone number*
 te·lə·fəun nam·bə:
nuora *daughter-in-law*
 do·tə:·in·loo
nuotare *swim* suim
nuoto *swimming* sui·min
nuovo *new* niu
 di nuovo *again* ə·ghen
nuvola *cloud* klaud
nuvoloso *cloudy* klau·di

O

obiettivo (foto) *lens* lenz
occasione • affare *bargain*
 ba:·ghən
occhiali *glasses* glæ·siz
occhiali da sci *goggles* go·ghəlz
occhiali da sole *sunglasses*
 san·glæ·siz
occhio *eye* ai
oceano *ocean* əu·sciən

oculista *eye specialist* ai
spe·scia:·list

odiare *hate* heit

odore *smell* smel

offerta speciale *special offer*
spe·scial o·fə:

oggetti *articles* a:·ti·klz
 – **d'artigianato** *handicrafts*
hæn·di·krafts
 – **di valore** *valuables* væ·liuə·blz
 – **in ceramica** *pottery* po·tə·ri

oggi *today* tu·dei

omaggio (in) *complimentary*
kom·pli·men·tə·ri

ombra *shadow • shade* scæ·dəu
• sceid

ombrello *umbrella* am·bre·lə

omeopatia *homeopathy*
həu·mi·o·pə·thi

omosessuale *homosexual*
ho·məu·sek·siuəl

onda *wave* weiv

opera *work* wə:k
 – **d'arte** *work of art* wə:k ov a:t
 – **lirica** *opera* o·pə·rə

operaio *factory worker* fæk·tə·ri
wə:·kə:

operatore *operator* o·pə·rei·tə:

opinione *opinion* ə·pi·niən

oppure *or* o:

ora *hour* auə:

orario *timetable* taim·teibl
 – **di apertura** *opening hours*
əu·pə·niŋ auə:z

orchestra *orchestra* o:·kə·strə

ordinare *(to) order* (tu) o:·də:

ordinario *ordinary* o:·di·nə·ri

ordine *order* o:·də:

orecchini *earrings* iə·riŋz

orecchio *ear* i·ə:

orecchioni *mumps* mamps

originale *original* ə·ri·gə·nl

oro *gold* ghəuld

orologio *clock* klok
 – **da polso** *watch* woč

orribile *awful* o·ful

orticaria *rash* ræsh

ospedale *hospital* hos·pi·tl

ospitalità *hospitality* hos·pi·tæ·li·ti

ossigeno *oxygen* ok·si·gən

osso *bone* bəun

ostello della gioventù *youth
hostel* iuth hostl

ostetrica *midwife* mid·waif

otite *ear infection* i·ə: in·fek·sciən

ottimo *excellent* ek·sə·lənt

ovest *west* west

P

pacchetto *parcel* pa:·səl

pace *peace* pi·ls

padella *frying pan* frai·iŋ pæn

padre *father* fa·ðə:

padrona di casa *landlady*
læn·lei·di

padrone di casa *landlord* læn·lo:d

paese (nazione) *country* kan·tri

pagamento *payment* pei·mənt

pagare *pay* pei

pagina *page* peiğ

paio *pair • couple* peə: • kapl

palazzo *palace • building* pæ·ləs
• bil·diŋ

palcoscenico *stage* steiğ

palestra *gym* gim

palla *ball* bol

pallacanestro *basketball*
bæs·kət·bol

pallamano *handball* hænd·bol

pallanuoto *water polo* wo·tə:
pəu·ləu

pallavolo *volleyball* vo·li·bol

panetteria *bakery* bei·kə·ri

panino (pane) *roll* rəul

pannolino *nappy / (Am) diaper*
næ·pi / daiə·pə:

pantaloncini *shorts* scio:ts

pantaloni *trousers / (Am) pants*
trau·sə:s / pænts

pap test *smear test* smiə: test
papà *dad* dæd
parabrezza *windscreen* wind·skri·in
paracadutismo *skydiving*
  skai·dai·viŋ
parcella *fee* fii
parcheggio *car park* ka: pa:k
parco *park* pa:k
  – **nazionale** *national park*
  næ·sciə·nl pa:k
  – **giochi** *playground* plei·graund
parlamentare *member of
  parliament* mem·bə: ov
  pa:·lə·mənt
parlamento *parliament*
  pa:·lə·mənt
parlare *speak · talk* spi·ik · to·ok
parola *word* wə:d
parrucchiere *hairdresser*
  heə:·dre·sə:
parte *part* pa:t
partenza *departure* di·pa:·ciə:
partire *leave* li·iv
partita *game · match* gheim · mæč
partito *party* pa:·ti:
Pasqua *Easter* is·tə:
passaggio *passage* pæ·siǧ
passaporto *passport* pæs·po:t
passatempo *hobby* ho·bi
passato *past* pæst
passeggero *passenger* pæ·sən·gə:
passeggiata *walk* wok
passo (valico) *pass* pæs
pasta *pasta · noodles* pæs·tə ·
  nu·udlz
pasticceria *cake shop* keik sciop
pasto *meal* mi·il
  – **freddo** *cold buffet* kəuld ba·fei
patata *potato* pə·tei·təu
patente (di guida) *driving licence*
  drai·viŋ lai·sns
pattinaggio *skating* skei·tiŋ
pausa *break* breik
pavimento *floor* flo·o:
pazzo *crazy* krei·zi

pecora *sheep* sci·ip
pedale *pedal* pedl
pediatra *pediatrician*
  pi·diə·tri·sciən
pedone *pedestrian* pi·des·triən
pelle *skin* skin
pelletteria *leather shop* le·ðə:
  sciop
pelliccia *fur-coat* fə:·kəut
pellicola *film* film
penicillina *penicillin* pe·ni·si·lin
penna *pen* pen
centesimo (sterlina) *pence* pens
pensare *think* think
pensionato universitario
  University residence iu·ni·və:·si·ti
  re·si·dəns
pensione *guesthouse · boarding
  house* ghest·haus · bo:·diŋ haus
  – **completa** *full board* ful bo:d
pentola *pan* pæn
percentuale *percent* pə:·sent
perché (domanda) *why* wai
perché (risposta) *because* bi·koz
perdere *lose* luz
perdonare *forgive* fə:·ghiv
per *for* fə:
  per esempio *for example* fə:
  ig·zam·pl
pericoloso *dangerous*
  dein·gə·rəz
permanente *permanent*
  pa:·mə·nənt
permesso *permission · permit*
  pə·mi·sciən · pə:·mit
per sempre *forever* fo:·e·və:
perso *lost* lost
persona *person* pə:·sən
personale *personal* pə:·sə·nl
pesante *heavy* he·vi
pescare (to) *fish* (tu) fish
pesce *fish* fish
peso *weight* weit
petizione *petition* pi·ti·sciən
pettine *comb* kəum

petto *chest* cest
pezzo *piece* pi·is
  – di antiquariato *antique* æn·tik
  – di ricambio *spare part* speə: pa:t
piacere *like* laik
pianeta *planet* plæ·nət
piano *floor • storey* flo·or • sto·ri
piantina *map* mæp
piatto *plate* pleit
  – fondo *soup plate* su·up pleit
  – di portata *dish* dish
  – (superficie) *flat* flæt
piazza *square* squeə:
picchetti (tenda) *pegs* pegs
piccolo *small* smol
pidocchio/i *louse/lice* laus/lais
piede/i *foot/feet* fu·ut/fi·it
pieno *full* ful
pietra *stone* stəun
pigro *lazy* lei·zi
pila *battery* bæ·tə·ri
pillola *pill* pil
  – anticoncezionale *(the) pill* (ð) pil
  – del giorno dopo *morning after pill* mo:·niŋ af·tə: pil
ping-pong *table tennis* teibl te·nis
pinzette *tweezers* tui·zə:z
pioggia *rain* rein
piombo *lead* led
piscina *swimming pool* sui·miŋ pu·ul
pista *track • trail* træk • treil
pista (da sci) *slope* sləup
pittore *painter* pein·tə:
pittura *painting* pein·tiŋ
più (di) *more (than)* mo:·(ðæn)
  di più *more* mo:
plastica *plastic* plæs·tik
pleurite *pleurisy* pluə·rə·si
pneumatico *tyre* ta·iə:
pochi *few* fiu
poco *little* litl
poesia *poetry* pəu·itri

politica *politics* po·lə·tiks
politica (linea di condotta) *policy* po·lə·si
politico (uomo) *politician* po·lə·ti·sciən
polizia *police* pə·lis
polline *pollen* po·lən
polmoni *lungs* laŋs
polso *wrist* rist
polvere *dust* dast
  – in polvere *powder* pau·də:
pomeriggio *afternoon* aftə:·nu·un
pompa *pump* pamp
ponte *bridge* briğ
popolare *popular* po·piu·lə:
porta *door* do·o:
portacenere *ashtray* æsh·trei
portafoglio *wallet / (Am) billfold* wo·lət / bil·fold
portare (trasportare) *carry* kæ·ri
  – verso chi parla *bring* briŋ
  – lontano da chi parla *take* teik
portatile *portable* po:·təbl
porto *harbour • port* ha:·bə: • po:t
porzione *portion • share* po:·sciən • sceə:
posate *cutlery* kat·lə·ri
possibile *possible* po·sibl
posta *post / (Am) mail* pəust / meil
  – elettronica *email* i·meil
  – aerea *air mail* eə: meil
  – raccomandata *recorded delivery* ri·ko:·did di·li·və·ri
posteggio di taxi *taxi rank / (Am) taxi stand* tæk·si ræŋk / tæk·si stænd
postino *postman* peust·mən
posto *place • seat* pleis • si·it
  – di polizia *police station* pə·lis stei·sciən
potabile *drinkable* drin·kəbl
potere *can* kæn
potere (il) *power* pa·uə:
povero *poor* pu·u:
povertà *poverty* po·və:·ti

pranzo *lunch* lanč
praticare (uno sport) *play (a sport)* plei (ə spo:t)
preferire *prefer* pri·fə:
preferito *favourite* fei·və·rit
prefisso telefonico *dialling code / (Am) area code* da·iə·liŋ kəud / eə·riə kəud
pregare *pray* prei
preghiera *prayer* pre·ə:
prendere *take* teik
  – in prestito *borrow* bo·rəu
prenotare *(to) book* (tu) bu·uk
prenotazione *reservation • booking* re·sə:·vei·sciən • bu·kiŋ
preoccupato *worried* wa·rid
preparare *prepare* pri·peə:
presa elettrica *socket* so·kit
presbite *longsighted* loŋ·sai·tid
preservativo *condom* kon·dəm
presidente *president* pre·zi·dənt
pressione *pressure* pre·sciə:
  – arteriosa *blood pressure* blad pre·sciə:
presto *early* ə:·li
prete *priest* prist
previdenza sociale *social security* səu·sciəl si·kiu·rə·ti
prezioso *valuable* væ·liuə·bl
prezzo *price* prais
  – d'ingresso *admission price* æd·mi·sciən prais
prigione *prison* prizn
prigioniero *prisoner* pri·zə·nə:
prima *before* bi·fo:
  – colazione *breakfast* brek·fəst
primavera *spring* spriŋ
primo *first* fə:st
  – ministro *prime minister* prai·mi·nis·tə:
principale *main* mein
privato *private* prai·vət
problema *problem* pro·bləm
  – cardiaco *heart condition* ha:t kon·di·sciən

produrre *produce* prə·dius
professore *teacher* ti·ciə:
profitto *profit* pro·fit
profondo *deep* di·ip
profumo *perfume* pə:·fium
progetto *project* prəu·gekt
programma (computer) *program* pro·grəm
proiettore *projector* prə·gek·tə:
promessa *promise* pro·miz
pronto *ready* re·di
  – soccorso *first-aid • emergency* fə:st eid • i·mə:·gən·si
proprietario *owner* əu·nə:
proroga *extension* eks·ten·sciən
prosciutto *ham* hæm
prossimo *next* nekst
proteggere *protect* prə·tekt
protestare *protest* prəu·test
provare *try* trai
provare (sentimento) *feel* fi·il
provviste *provisions • supplies* prə·vi·jənz • sə·plaiz
  – alimentari *food supplies* fu·ud sə·plaiz
prurito *itch* ič
pub *pub* pab
pugilato *boxing* bok·siŋ
pulce *flea* flii
pulito *clean* kli·in
pulizia *cleaning* kli·niŋ
punteggio *score* sko:
punto *point* point
punto panoramico *lookout* luk·aut
puntura (di insetto) *bite • sting* bait • stiŋ
puro *pure* piuə:

Q

quaderno *notebook* nəut·bu·uk
quadro *painting* pein·tiŋ
qualcosa *something* sam·thiŋ
qualcuno *someone* sam·uan

qualità *quality* quo·lə·ti
quando *when* wen
quantità *amount • quantity* ə·maunt • quon·ti·ti
quanto *how much* hau mač
quarantena *quarantine* qua·rən·tin
quaresima *Lent* lent
quartiere *suburb* sə·bə:b
quarto *quarter* quo·tə:
questo *this* ðis
questura *police headquarters* pə·lis hed·quo·tə:z
qui *here* hiə:

R

racchetta *racket* ræ·kit
raccogliere *pick up* pik ap
raccomandare *recommend* re·kə·mend
raccontare *tell* tel
racconto *story* sto·ri
raccordo anulare *ring-road* riŋ·rəud
raccordo stradale *junction* giank·sciən
radiografia *x-ray* eks·rei
radiatore *radiator* rei·di·ei·tə:
raffreddore *cold* kəuld
ragazza *girl* ghə:l
ragazzo *boy* boi
ragione *reason* rizn
ragno *spider* spai·də:
rapido *quick* quik
rapinare *rob* rob
rapporto *relationship* ri·lei·sciən·scip
  rapporti sessuali protetti *safe sex* seif seks
raro *rare* reə:
rasatura *shave* sceiv
rasoio *razor* rei·zə:
razzismo *racism* rei·slzm
re *king* kiŋ
realistico *realistic* riə·lis·tik

recente *recent* ri·snt
  di recente *recently* ri·sən·tli
recinzione *fence* fens
regalo *present* pre·znt
  – di nozze *wedding present* we·diŋ pre·znt
reggiseno *bra* bra
regina *queen* qui·in
regione *region* ri·giən
regista *film director* film dai·rek·tə:
registrazione (albergo) *check-in* cek·in
regno *kingdom* kiŋ·dəm
Regno Unito *United Kingdom* iu·nai·təd kiŋ·dəm
regole *rules* rulz
religione *religion* ri·li·giən
religioso *religious* ri·li·giəz
relitto *relic* re·lik
respirare *breathe* bri·ið
resto (denaro) *change* ceinǧ
rete *net* net
ricco *rich* rič
ricetta medica *prescription* pri·skrip·sciən
ricevere *receive* ri·si·iv
ricevuta *receipt* ri·si·it
richiedere *ask (for)* ask (fo:)
riciclabile *recyclable* ri·sai·kləbl
riciclare *recycle* ri·sai·kəl
ricordino *souvenir* su·və·niə:
ridere *laugh* laf
riduttore *adapter* ə·dæp·tə:
rifiutare *refuse* ri·fiuz
rifugiato *refugee* re·fiu·gii
rifiuti *waste* weist
rilassarsi *relax* ri·læks
rimborso *refund* ri·fand
rimorchio *tow* təu
ringraziare *thank* θæŋk
riparazione *repairs* ri·pe:z
ripido *steep* sti·ip
riposare *rest* rest
riscaldamento *heating* hi·tiŋ
  – centrale *central heating* sen·trəl hi·tiŋ

R

italiano-inglese

231

rischio *risk* risk

riscuotere (un assegno) *cash (a cheque)* kæʃ (ə cek)

risonanza magnetica *magnetic resonance* mæg·ne·tik re·zə·nəns

risposta *answer* an·sə:

ristorante *restaurant* res·tə·rənt

ritardo *delay* di·lei

ritiro bagagli *baggage reclaim* bæ·ghiğ ri·kleim

ritmo *rhythm* riðm

ritornare *(to) return* (tu) ri·tə:n

ritorno *return* ri·tə:n

rivista *magazine* mæ·ghə·zin

romantico *romantic* rəu·mæn·tik

romanzo *novel* novl

rompere *break* breik

rosa (colore) *pink* pink

rosa (fiore) *rose* rəuz

rossetto *lipstick* lip·stik

rosso *red* red

rotonda · rotatoria *roundabout* raund·ə·baut

rotondo *round* raund

rotto *broken* brəu·kən

roulotte *caravan* kæ·rə·væn

rovine *ruins* ruinz

rubare *steal* sti·il

rubato *stolen* stəu·lən

rubinetto *tap / (Am) faucet* tæp / fo·sət

rugby *rugby* rag·bi

rullino *film* film

rumoroso *noisy* noi·zi

ruota *wheel* wi·il

ruota di scorta *spare wheel* speə· wi·il

ruscello *stream* stri·im

S

sabbia *sand* sænd

sacchetto *bag* bæg

sacco *sack · bag* sæk · bæg
  – a pelo *sleeping bag* sli·ipiŋ bæg

sala *room · hall* ru·um · hol
  – d'albergo *lounge* launğ
  – d'aspetto *waiting room* wei·tiŋ ru·um

salario *wage* weiğ

saldi *sales* seilz

saldo (somma finale) *balance* bæ·ləns

sale *salt* solt

salire *go up* gheu ap

salire su *get on* ghet on

salita *slope* sleup
  in salita *uphill* ap·hil

saltare *jump* giamp

salute *health* helth

san Silvestro *New Year's Eve* niu iə:z iiv

sandali *sandals* sæn·dlz

sangue *blood* blad

santo *saint* seint
  – Stefano *Boxing Day* bok·siŋ dei

santuario *shrine* shrain

sapere *know* nəu

sapone *soap* səup

sarto *tailor* tei·lə:

sauna *sauna* so·nə

sbagliato *wrong* roŋ

sbaglio *mistake* mis·teik

scacchi *chess* ces

scala mobile *escalator* es·kə·lei·tə:

scalare *climb* klaim

scalda biberon *bottle warmer* botl wo:·mə:

scale *staircase / (Am) stairway* steə:·keis / steə:·wei

scanner *scanner* skæ·nə:

scarafaggio *cockroach* kok·rəuč

scarlattina *scarlet fever* ska:·lət fi·və:

scarpe *shoes* sciu·uz

scarponi da sci *ski boots* ski bu·uts

scatola *box* boks

scatoletta *tin · can* tin · kæn

scatto (telefono) *unit* iu·nit
scendere *get off* ghet of
scheda telefonica *phone card* fəun ka:d
scherma *fencing* fen·siŋ
scherzo *joke* giəuk
schiena *back* bæk
sci (sport) *skiing* ski·iŋ
 – acquatico *water-skiing* wo·tə·:ski·iŋ
sciare (to) *ski* (tu) ski
sciarpa *scarf* ska:f
scienza *science* sa·iəns
sciopero *strike* straik
sciolina *ski wax* ski wæks
sciovia ski-lIft ski·lIft
sciroppo *syrup* si·rəp
 – per la tosse *cough mixture* cɔf miks·ciə:
scogliera *cliff* klif
scommessa *bet* bet
scomodo *uncomfortable* an·kam·fə·təbl
sconosciuto *stranger* strein·gə:
sconto *discount* dis·kaunt
scorie *waste* weist
 – radioattive *nuclear waste* niu·kli·ə: weist
 – tossiche *toxic waste* tok·sik weist
scottatura *sunburn* san·bə·:n
Scozia *Scotland* skot·lənd
scozzese *Scottish* sko·tish
scrittore *writer* rai·tə:
scrivere *write* rait
scultura *sculpture* skalp·ciə:
scuola *school* sku·ul
 – materna *nursery school /* (Am) *preschool* nə·:sə·:ri sku·ul / pri·sku·ul
 – superiore *high school* hai sku·ul
scuro *dark* da:k
se *if* if
seccato (essere arrabbiato) *cross (to be)* kros (tu bi)
secchio *bucket* ba·kət

secco *dry* drai
secondo *second* se·kənd
 di seconda mano *second-hand* se·kənd hænd
sedere *sit* sit
sedia *chair* ceə:
 – a rotelle *wheelchair* wi·il·ceə:
sedile *seat* si·it
seggiolino *child seat* ciaild si·it
seggiovia *chairlift* ceə·:lift
segnale *signal* sig·nəl
 – acustico (telefono) *dialling tone* dai·liŋ təun
segnare (sport) *score* sko:
segno *sign* sain
segretario *secretary* se·krə·tri
segreteria telefonica *answering machine* an·sə·riŋ mə·scin
seguire *follow* fə·ləu
sella *saddle* sædl
semaforo *traffic lights* træ·fik laits
semplice *simple* simpl
sempre *always* ɔl·weiz
senape *mustard* mas·tə:d
seno *breast* brest
sentiero *path · trail* pæth · treil
 – di montagna *mountain path* maun·tin pæth
sentimenti *feelings* fi·iliŋs
sentire (percepire) *feel* fi·il
sentire (rumore) *hear* hiə:
senza *without* wi·ðaut
 – piombo *unleaded* an·le·did
senzatetto *homeless* həum·les
separare *separate* se·pə·reit
sera *evening* i·vniŋ
serie *series* siə·riz
serio *serious* siə·riəs
serpente *snake* sneik
serratura *lock* lok
servizi igienici *toilets* toi·ləts
servizio (commissione) *service charge* sə:·vis cia·ğ
 – militare *military service* mi·li·tə·ri sə:·vis

S

italiano-inglese

233

– sanitario pubblico *National Health / (Am) Medicaid* næ·sciə·nl helth / me·dik·eid
sessismo *sexism* sek·sizm
sesso *sex* seks
seta *silk* silk
settimana *week* wi·ik
– santa *Holy Week* həu·li wi·ik
settimanale *weekly* wi·ik·li
sfuso (non confezionato) *loose* lu·uz
sfruttamento *exploitation* eks·ploi·tei·sciən
shampoo *shampoo* sciæm·puu
sì *yes* ies
sicuro *safe* seif
sidro *cider* sai·də:
sieropositivo *HIV positive* eič ai vi po·sə·tiv
sigaretta *cigarette* si·ghə·ret
sigaro *cigar* si·ga:
simile *similar* si·mi·lə:
simpatico *nice* nais
sinagoga *synagogue* si·nə·gog
sindaco *mayor* me·iə:
sinistra *left* left
sintetico *synthetic* sin·the·tik
siringa *syringe* si·rinğ
slip (donna) *knickers* ni·kə:z
slip (uomo) *underpants* an·də:pænts
slitta *sledge* sleğ
soccorso *help • aid* help • eid
socialista *socialist* səu·sciə·list
socio *member* mem·bə:
soffice *soft* soft
sognare *(to) dream* (tu) dri·im
sogno *dream* dri·im
soldato *soldier* səul·gə:
soldi *money • cash* ma·ni • kæsh
sole *sun* san
soleggiato *sunny* sa·ni
sollievo *relief* ri·li·if
solo • solamente *only* əun·li
solo andata *one-way* uan·wei
sonniferi *sleeping pills* sli·ipiŋ pilz

sonnolenza *sleepiness* sli·ipi·nis
sopra *above • over* ə·bav • au·və:
soprannome *nickname* nik·neim
sordo *deaf* def
sorella *sister* sis·tə:
sorpresa *surprise* sə·praiz
sorridere *smile* smail
sostenitore *fan* fæn
sotto *below* bi·ləu
sottopasso *subway* sab·wei
sottotitoli *subtitles* sab·tai·tlz
spacciatore *drug dealer* drag di·lə:
Spagna *Spain* spein
spagnolo *Spanish* spæ·nish
spago *string* striŋ
spalla *shoulder* sciəul·də:
spazio *space* speis
spazzatura *rubbish / (Am) garbage* ra·bish / ga:·biğ
spazzolino da denti *toothbrush* tu·uth·brash
specchio *mirror* mi·rə:
speciale *special* spe·sciəl
specialista *specialist* spe·sciə·list
specie *species • type* spi·sciz • taip
– in via di estinzione *endangered species* in·dein·gərd spi·sciz
– protetta *protected species* prə·tek·tid spi·sciz
spendere *spend / (AM) outlay* spend / aut·lei
spermicida *spermicide* spa:·mə·said
spese (acquisti) *shopping* scio·piŋ
spesso (sovente) *often* o·fən
spesso (dimensione) *thick* thik
spettacolo *show • performance* sciəu • pə:·fo:·məns
spettacolo teatrale *play* plei
spiaggia *beach* bi·ič
spiccioli *small change* smol ceinğ
spina (elettrica) *plug* plag
spingere *push* push
spirale (anticonc.) *coil • IUD* koil • ai·iu·di

spogliatoio *changing room* cein·gin ru·um

sporco *dirty* də:·ti

sport *sport* spo:t

sportello *counter • desk* kaun·tə: • desk

sportivo *sportsperson* spo:ts·pə:·sən

sposare *(to) marry* (tu) mæ·ri

sposato *married* mæ·rid

spuntino *snack* snæk

squadra *team* ti·im

stadio *stadium* stei·diəm

staffetta *relay* ri·lel

stagione *season* si·zən

stampante *printer* prin·tə:

stampare *print* print

stanco *tired* ta·iə:d

stanza *room* ru·um

stasera *tonight* tu·nait

Stati Uniti *USA* iu·es·ei

stato civile *marital status* mæ·ri·təl stei·təs

statua *statue* stæ·ciu

stazione *station* stei·sciən

 – della metropolitana *underground / (Am) subway station* an·də:·graund / sab·wei stei·sciən

 – di servizio *petrol / (Am) gas station* pe·trəl / gæs stei·sciən

 – ferroviaria *train station* trein stei·sciən

stelle *stars* sta:z

stendersi *(to) lie down* (tu) lai daun

sterlina *pound* paund

stesso *same* seim

stile *style* stail

stipendio *salary* sæ·lə·ri

stitichezza *constipation* kon·sti·pei·sciən

stivali *boots* bu·uts

stoffa *fabric* fæ·brik

stomaco *stomach* sta·mək

stordito *dizzy* di·zi

storia (disciplina) *history* his·tə·ri

storico *historical* his·to·ri·kəl

storta *sprain* sprein

strada *road • street* rəud • stri·it

straniero *foreigner* fo·rə·nə:

strano *strange* streinʤ

strato d'ozono *ozone layer* əu·zəun le·iə:

stretto *tight* tait

studente *student* stiu·dənt

stufa *heater • stove* hi·tə: • stəuv

 – a gas *gas stove* ghæs stəuv

stupido *stupid* stiu·pid

stuola *mat* mæt

stupro *rape* reip

stuzzicadenti *toothpick* tu·uth·pik

sud *south* sauth

suocera *mother-in-law* ma·ðə:·in·loo

suocero *father-in-law* fa·ðə:·in·loo

suola (scarpa) *sole* səul

suonare *play* plei

 – il campanello *ring the doorbell* rin ð do·or·bel

suora *nun* nan

supermercato *supermarket* su·pə:·ma:·kət

superstizione *superstition* su·pə·sti·sciən

surgelati *frozen food* frəuzn fu·ud

sussidio *benefit* be·nə·fit

 – di disoccupazione *dole* dəul

sveglia *alarm clock* ə·la:m klok

svegliarsi *wake up* weik ap

svenire *faint* feint

sviluppo *development* di·va·ləp·mənt

Svizzera *Switzerland* sui·tsə:·lænd

svizzero *Swiss* suis

T

tabaccheria *tobacconist* tə·bæ·kə·nist

tabacco *tobacco* tə·bæ·kəu

tabellone segnapunti *scoreboard* sko:·bo:d

tacco *heel* hi·il
tachimetro *speedometer* spi·*do*·mi·tə:
taglia *size* saiz
tagliare *cut* kat
tagliaunghie *nail clippers* neil *kli*·pə:z
taglio di capelli *haircut* heə:·kat
tappa (sosta) *stop* stop
tappa (viaggio / sport) *leg* leg
tappeto *rug* rag
tappi per le orecchie *earplugs* i·ə:·plagz
tappo *plug* plag
  – di sughero *cork* ko:k
tardi *late* leit
targa (auto) *numberplate* nam·bə:·pleit
tariffa postale *postage* pəus·tiğ
tasca / tascabile *pocket* po·kət
tassa *tax* tæks
  – aeroportuali *airport tax* eə:·po:t tæx
taxi *taxi* tæ·ksi
tasso di cambio *exchange rate* iks·*ceinğ* reit
tastiera *keyboard* kii·bo:d
tavola *table* teibl
  – da surf *surfboard* sə:f·bo:d
tazza *cup* kap
tè *tea* tii
teatro *theatre* thi·ə·tə:
teatro dell'opera *opera house* o·pə·rə haus
telecomando *remote control* ri·*maut* kən·*traul*
telefonare *(to) telephone (tu)* te·lə·fəun
telefonata *phone call* fəun·kol
telefono *telephone* te·lə·fəun
  – cellulare *mobile · cell phone* məu·*bail* · sel fəun
  – pubblico *public telephone* pa·blik te·lə·fəun

telegramma *telegram* te·lə·græm
telenovela *soap opera* səup o·pə·rə
teleobiettivo *telephoto lens* te·lə·fəu·təu lens
telescopio *telescope* te·lə·skəup
teleselezione *direct-dialling* dai·rekt da·iə·liŋ
televisione *television* te·li·*vi*·jən
temperatura *temperature* tem·prə·ciə:
tempio *temple* templ
tempo *time* taim
  – atmosferico *weather* we·ðə:
  – pieno *full-time* ful·*taim*
temporale *storm* sto:m
tenda *tent* tent
Terra *Earth* ə:th
terra *land* lænd
terremoto *earthquake* ə:th·queik
terribile *terrible* te·ribl
terzo *third* thə:d
tessera *pass* pæs
test di gravidanza *pregnancy test* preg·nən·si test
testa *head* hed
tiepido *warm* wo:m
tifoso *fan · supporter* fæn · sə·*po:*·tə:
timido *shy* sciai
tipico *typical* ti·pi·kl
tipo *type* taip
tirare (contr. di spingere) *pull* pul
tiro al bersaglio *target shooting* ta:·ghət sciu·utiŋ
tiro con l'arco *archery* a:·ciə·ri
titolo *title* taitl
  – di studio *qualifications* quo·li·fi·*kei*·sciənz
toboga (sport) *toboggan* tə·*bo*·ghən

toccare *touch* tač
tomba *grave* greiv
topo *mouse* maus
torcia elettrica *torch / (Am) flashlight* to:č / flæsh·lait
torneo *tournament* to:·nə·mənt
torre *tower* ta·uə:
torta *cake · pie* keik · pai
tosse *cough* cof
tossico *toxic* tok·sik
tossicodipendente *drug addict* drag æ·dikt
tossire *cough* kof
tostapane *toaster* təu·stə:
tovaglia *tablecloth* teibl·kloth
tovagliolo *napkin* næp·kin
tradurre *translate* trænz·leit
traffico *traffic* træ·fik
traghetto *ferry* fe·ri
tram *tram* træm
tramezzino *sandwich* sæn·duič
tramonto *sunset* san·set
tranquillo *quiet* quaiət
trasporto *transport* træn·spo:t
trauma cranico *head injury* hed in·giə·rl
travestito *transvestite* træns·ves·tait
treno *train* trein
tribunale *court* ko:t
triste *sad* sæd
troppi *too many* tuu me·ni
troppo (caro) *too (expensive)* tuu (iks·pen·siv)
troppo *too much* tuu mač
trovare *find* faind
trucco *make-up* meik·ap
tu *you* iu
tubo di scappamento *exhaust pipe* ig·zost paip
tuffi *diving* dai·viŋ
turista *tourist* tu·rist
tuta (sportiva) *tracksuit* træk·sut
tutti *all · everybody* ol · e·vri·ba·di
tutto *everything · all* e·vri·thiŋ · ol
TV *TV* ti·vi

U

ubriaco *drunk* drank
uccello *bird* bə:d
uccidere *kill* kil
ufficio *office* o·fis
 – oggetti smarriti *lost property office* lost pro·pə:·ti o·fis
 – postale *post office* pəust o·fis
ultimo *last* læst
unire *join · link* join · link
unito (tinta) *plein* plein
università *university / (Am) college* iu·ni·va:·sə·ti / ko·liğ
universo *universe* iu·ni·və:s
uomo/uomini *man/men* mæn/men
uomo d'affari *businessman* biz·nis·mæn
uovo *egg* eg
urgente *urgent* ə:·gənt
urlare *shout* sciaut
usare *use* iuz
usa e getta *disposable* dls·pəu·zəbl
uscire con *go out with* ghəu aut wið
uscita *exit* ek·sit
uso *usage* iu·zəğ
ustione *burn* bə:n
utile *useful* ius·ful

V

vacanza/e *holidays · vacation* ho·li·deiz · və·kei·sciən
vaccinazione *vaccination* væk·si·nei·sciən
vaginite *vaginitis* væ·gi·nai·tis
vago *vague* veig
vagone ferroviario *carriage · coach* kæ·riğ · kəuč
vagone letto *sleeping car* sli·ipiŋ ka:

valigetta *briefcase* brif·keis
 – di pronto soccorso
 first-aid kit fə:st·eid kit
valigia *suitcase* sut·keis
valle *valley* væ·li
valore *value* væ·liu
valvola *valve* vælv
vecchio *old* əuld
vedere *see* sii
veduta *lookout* luk·aut
vegetariano *vegetarian*
 ve·gi·*tea*·riən
vela *sailing* sei·liŋ
velenoso *poisonous* poi·zə·nəs
veloce *fast* fast
velocità *speed* spi·id
vendere *sell* sel
vendita *sale* seil
 – all'ingrosso *cash-and-carry*
 kæsh·n·*kæ*·ri
venire *come* kam
ventilatore *fan* fæn
vento *wind* wind
verde *green* gri·in
verdura *vegetable* ve·gə·təbl
vero *true* truu
vertigini *vertigo* və:·ti·ghəu
vescica *blister* blis·tə:
vetrina *window* win·dəu
vetro *glass* glæs
via *way* wei
viaggiare *travel* trævl
viaggio *trip* trip
 – d'affari *business trip*
 biz·nis trip
viale *avenue* æ·və·niu
vicino *nearby* ni·ir·bai
vicino (a) *near* ni·ir
vicolo *lane* lein
videocamera *video camera*
 vi·diəu kæ·mə·rə
videocassetta *video* vi·diəu
videoregistratore *video tape*
 vi·diəu·teip
vigna · vigneto *vineyard*
 vin·iə:d

villaggio *village* vi·liǧ
vincere *win* win
vincitore *winner* wi·nə:
vino *wine* wain
 – bianco *white wine* wait wain
 – rosso *red wine* red wain
viola *purple* pə:pl
virus *virus* vai·rəs
visita *visit* vi·zit
 – guidata *guided tour*
 gai·did tu·ur
 – medica *medical examination*
 me·di·kəl ig·zæ·mi·*nei*·sciən
visitare *(to) visit* (tu) vi·zit
vista *view* viu
visto d'ingresso *visa* vi·zə
vita *life* laif
vitamine *vitamins* vi·tə·minz
vitello *veal* vi·il
vivere *live* liv
vocabolario *dictionary*
 dik·sciə·nə·ri
voce *voice* vois
voi *you* iu
volare *fly* flai
volere *want* wont
volo *flight* flait
 – a vela *gliding* glai·diŋ
volta *time* taim
 una volta *once* uans
volume *volume* vo·lium
vomitare *vomit* vo·mit
votare *vote* vəut
vuoto *empty* em·ti

Z

zaino *rucksack / (Am) backpack*
 rak·sæk / bæk·pæk
zanzara *mosquito* mos·*ki*·təu
zio/zia *uncle/aunt* ankl/ant
zona pedonale *pedestrian precint
 / (Am) trafic free zone* pi·*des*·triən
 pri·sinkt / træ·fik·fri·i zəun
zoom *zoom lens* zu·um lenz
zucchero *sugar* sciu·ghə:

A

a lot (of) ə·lot ov *molto (quantità)*
abortion ə·bo:·sciən *aborto*
about ə·baut *circa*
above ə·bav *sopra*
abseiling æb·zai·liŋ *discesa in corda doppia*
accident æk·si·dənt *incidente • infortunio*
accommodation ə·ko·mə·dei·sciən *alloggio*
across ə·kros *attraverso*
acupuncture æ·kiu·pank·ciə: *agopuntura*
adapter ə·dæp·tə: *riduttore*
address ə·dres *indirizzo*
addressee a·dre·sii *destinatario*
administration əd·mi·nis·trei·sciən *amministrazione*
admission price æd·mi·sciən prais *prezzo d'ingresso*
adult æ·dalt *adulto*
adventure æd·ven·ciə: *avventura*
advertisement əd·və:·tis·mənt *annuncio*
aerobics eə·rəu·biks *aerobica*
after af·tə: *dopo*
afternoon aftə:·nu·un *pomeriggio*
aftershave af·tə:·sceiv *dopobarba*
again ə·ghen *di nuovo*
age eiğ *età*
aggressive ə·gre·siv *aggressivo*
agree ə·grii *essere d'accordo*
agriculture æ·gri·kal·ciə: *agricoltura*
aid eid *soccorso*
AIDS eidz *AIDS*

air e·ə: *aria*
air conditioning e·ə:·kon·di·sciə·niŋ *aria condizionata*
air mail eə: meil *posta aerea*
airline eə:·lain *linea aerea*
airport eə:·po:t *aeroporto*
airport tax eə:·po:t tæx *tassa aeroportuali*
aisle ail *corridoio (aereo / treno)*
alarm clock ə·la:m klok *sveglia*
allergy æ·lə:·gi *allergia*
all ol *tutti • tutto*
alone ə·laun *da solo*
Alps alps *Alpi*
already ol·re·di *già*
also ol·səu *anche*
altar ol·tə: *altare*
always ol·weiz *sempre*
ambassador æm·bæ·sə·də: *ambasciatore*
ambulance æm·biu·ləns *ambulanza*
among ə·moŋ *fra*
amount ə·maunt *quantità*
anaesthesia æ·næs·thi·ziə *anestesia*
ancient ein·sciənt *antico*
and ænd *e*
angry æn·gri *arrabbiato*
animal æ·ni·ml *animale*
ankle ænkl *caviglia*
anniversary æ·ni·və:·sə·ri *anniversario*
annual æ·niuəl *annuale*
answer an·sə: *risposta*
answering machine an·sə·riŋ mə·scin *segreteria telefonica*
ant ænt *formica*
antibiotics æn·ti·ba·lo·tiks *antibiotici*

antihistamines æn·ti·*hiz*·tə·minz
antistaminici

antinuclear æn·ti·*niu*·kli·ə:
antinucleare

antique æn·tik *pezzo di
antiquariato*

antiseptic æn·ti·*sep*·tik *antisettico*

appendicitis ə·pen·də·*sai*·tis
appendicite

application form æ·pli·*kei*·sciən
fo:m *modulo di domanda*

appointment ə·*point*·mənt
appuntamento

archæological a:·kiə·*lo*·gi·kl
archeologico

archery a:·ciə·ri *tiro con l'arco*

architect a:·ki·tekt *architetto*

architecture a:·ki·*tek*·ciə:
architettura

area code (Am) eə·riə koud
prefisso telefonico

argue ar·ghiu *litigare*

arm a:m *braccio*

armed forces a:md fo:·səz *forze
armate*

arrest ə·*rest* *arrestare*

arrivals ə·*rai*·vlz *arrivi*

arrive ə·*raiv* *arrivare*

art a:t *arte*

art gallery a:t gæ·lə·ri *galleria d'arte*

articles a:·ti·klz *oggetti*

artist a:·tist *artista*

ashtray æsh·trei *portacenere*

ask ask *domandare*

ask (for) ask (fo:) *richiedere*

aspirin æs·pə·rin *aspirina*

assault ə·*solt* *aggressione*

asthma æs·mə *asma*

astigmatic æs·tig·*mæ*·tik
astigmatico

at æt *chiocciola (@)*

at least æt list *almeno*

athletics æ·*thle*·tiks *atletica*

ATM (Am) ei·ti·em *Bancomat*

automatic o·tə·*mæ*·tik *automatico*

autumn o·təm *autunno*

avenue æ·və·niu *viale*

aunt ant *zia*

awful o·ful *orribile*

B

babysitter bei·bi *si*·tə: *baby-sitter*

baby *bei*·bi *neonato*

back bæk *schiena*

backpack (Am) bæk·pæk *zaino*

bad bæd *cattivo*

bag bæg *borsa • sacchetto • sacco*

baggage allowance bæ·ghiğ
ə·*la*·uəns *bagaglio consentito*

baggage reclaim bæ·ghiğ ri·*kleim*
ritiro bagagli

bakery *bei*·kə·ri *panetteria*

balance bæ·ləns *saldo (somma
finale)*

balcony bæl·kə·ni *balcone*

ball bol *ballo (festa) • palla*

ballet bæ·lei *balletto*

band bænd *gruppo musicale*

bandage bæn·diğ *benda • fascia*

bank bænk *banca*

bank account bænk ə·*kaunt*
conto in banca

banknote banconota bænk·nəut

baptism bæp·tisəm *battesimo*

Baptist bæp·tist *battista*

bar ba: *locale*

barber ba:·bə: *barbiere*

bargain ba:·ghən *occasione • affare*

basket bas·kət *cesto*

basketball bæs·kət·bol
pallacanestro

bath bath *bagno*

bathing suit (Am) bæ·thiŋ su·ut
costume da bagno

bathroom bath·rum *bagno*

battery bæ·tə·ri *batteria (auto)
• pila*

be bi *essere*

beach bi·ič *spiaggia*

beautician biu·*ti*·sciən *estetista*

beautiful biu·tə·ful *bello*

because bi-*koz* perché (risposta)
bed bed *letto*
bedroom bed-ru-um *camera da letto*
bee bii *ape*
beer biə: *birra*
before bi-*fo:* prima
beggar be-ghə: *mendicante*
begin bi-*ghìn* cominciare
behind bi-*haind* dietro
below bi-*lau* sotto
belt belt *cintura*
benefit be-nə-fit *sussidio*
best best *migliore*
bet bet *scommessa*
better be-tə: *meglio*
between bi-*tul*-in *fra*
bible baibl *bibbia*
bicycle bai-sikl *bicicletta*
big big *grande*
bikeway (Am) baik-wei *ciclopista*
bill bil *bolletta • conto*
bill (Am) bil *banconota*
billfold (Am) bil-fold *portafoglio*
binoculars bi-no-kiu-lə:z *binocolo*
bird bə:d *uccello*
birthday bə:th-dei *compleanno*
biscuit bis-kit *biscotto*
bite bait *morso • puntura (di insetto)*
black blæk *nero*
black and white blæk æn wait *bianco e nero*
blanket blæn-kət *coperta*
bleeding bli-idiŋ *emorragia*
blind blaind *cieco*
blister blis-tə: *vescica*
blocked blokd *bloccato*
blonde blond *biondo*
blood blad *sangue*
blood group blad grup *gruppo sanguigno*
blood pressure blad pre-sciə: *pressione arteriosa*
blood test blad test *analisi del sangue*

blouse blauz *camicetta*
blue bluu *blu*
boarding house bo:-diŋ haus *pensione*
boarding pass bo:-diŋ pas *carta d'imbarco*
boat bəut *barca • nave*
body bo-di *corpo*
bodywork bo-di-wə:k *carrozzeria*
boil boil *bollire*
boiled water boild wo-tə: *acqua bollita*
bone bəun *osso*
book bu-uk *libro*
(to) book (tu) bu-uk *prenotare*
booked out (Am) bu-ukd aut *completo*
booking bu-kiŋ *prenotazione*
booklet buk-lət *libretto*
bookshop buk-sciop *libreria*
boot bu-ut *bagagliaio (auto)*
boots bu-uts *stivali*
border bo:-də: *confine • frontiera*
bored bo:d *annoiato*
boring bo-riŋ *noioso*
borrow bo-rəu *prendere in prestito*
bottle botl *bottiglia*
bottle opener botl əu-pə-nə: *apribottiglie*
bottle warmer botl wo:-mə: *scalda biberon*
bottom bo-təm *fondo*
boxing bok-siŋ *pugilato*
Boxing Day bok-siŋ dei *santo Stefano*
box boks *scatola*
boy boi *ragazzo*
Braille breil *braille*
bra bra *reggiseno*
brake breik *freno*
brave breiv *coraggioso*
break breik *pausa • rompere • intervallo*
break down breik daun *guastarsi*
breakfast brek-fast *prima colazione*
breast brest *seno*

breathe bri·ið *respirare*
breeding bri·idiŋ *allevamento*
bribe braib *corrompere*
bridge briğ *ponte*
briefcase brif·keis *valigetta*
bright brait *luminoso • intelligente*
brilliant bri·liənt *brillante*
bring briŋ *portare verso chi parla*
broken brəu·kən *rotto*
bronchitis bron·kai·tis *bronchite*
brother bro·ðə: *fratello*
brown braun *marrone*
bruise bru·uz *livido*
bucket ba·kət *secchio*
Buddhist bu·dist *buddista*
budget bad·gət *bilancio*
bug bag *insetto*
build bild *costruire*
builder bil·də: *costruttore*
building bil·diŋ *edificio*
burn bə:n *bruciare • ustione*
bus bas *autobus*
bus stop bas stop *fermata dell'autobus*
business biz·nis *affari*
business class biz·nəs klas *classe business*
business trip biz·nis trip *viaggio d'affari*
businessman biz·nis·mæn *uomo d'affari*
businesswoman biz·nis·wu·mən *donna d'affari*
busker bas·kə: *musicista di strada*
but bat *ma*
butcher's (shop) but·ciə:z (sciop) *macelleria*
butterfly ba·tə:·flai *farfalla*
buttons ba·tnz *bottoni*
buy bai *comprare*

C

cabin kæ·bin *cabina*
cable keibl *cavo*
cable car kei·bl ka: *funivia*

café kæ·fei *bar*
cake keik *torta*
cake shop keik sciop *pasticceria*
calculator kæl·kiu·lei·tə: *calcolatrice*
calendar kæ·lən·də: *calendario*
camera kæ·mə·rə *macchina fotografica*
camp kæmp *campeggiare*
camper van kæm·pə: væn *camper*
camping shop kæm·piŋ sciop *negozio per il campeggio*
campsite kæmp·sait *campeggio*
can kæn *potere (verbo)*
can kæn *scatoletta*
can opener (Am) kæn əu·pə·nə: *apriscatole*
cancel kæn·səl *cancellare • annullare*
cancer kæn·sə: *cancro*
candle kændl *candela*
canoeing kæ·nu·iŋ *canoa (sport)*
car ka: *automobile*
car hire ka: ha·iə: *autonoleggio*
car park ka: pa:k *parcheggio*
car racing ka: rei·siŋ *automobilismo*
caravan kæ·rə·væn *roulotte*
carriage kæ·riğ *carrozza • vagone ferroviario*
carry kæ·ri *portare (trasportare)*
carry-on luggage (Am) kæ·ri·on læ·ghiğ *bagaglio a mano*
cartridge ka:·triğ *cartuccia*
cash kæsh *contanti*
cash (a cheque) kæsh (ə cek) *riscuotere (un assegno)*
cash desk kæsh desk *cassa*
cash point kæsh point *Bancomat*
cash-and-carry kæsh·n·kæ·ri *vendita all'ingrosso*
cashier kæ·sci·ə: *cassiere*
casino kə·zi·nəu *casinò*
cassette kə·set *cassetta*
castle ka·səl *castello*

cat kæt *gatto*
cathedral kə-*thi*-drəl *duomo*
Catholic *kæ*-thə-lik *cattolico*
cave keiv *grotta*
CD si di *cd*
CD burner si di *bə*-*nə*: *masterizzatore*
celebrate *se*-lə-breit *celebrare*
cell phone sel fəun *telefono cellulare*
cent sent *centesimo (dollaro)*
centimetre *cen*-ti-mi-tə: *centimetro*
central heating *sen*-trəl *hi*-tiŋ *riscaldamento centrale*
centre *sen*-tə: *centro*
certificate sə-*ti*-fi-keit *certificato*
chain cein *catena*
chair ceə: *sedia*
chairlift *ceə*:-lift *seggiovia*
championship *ciæm*-piən-scip *campionato*
change ceinğ *resto (denaro)* • *cambiare*
changing room *cein*-giŋ *ru*-um *spogliatoio*
charming *cia*:-miŋ *affascinante*
chat ciat *chiacchierare*
cheap *ci*-ip *economico*
cheat *ci*-it *imbrogliare*
check cek *assegno*
(to) check cek *controllare*
check (Am) cek *assegno*
check (Am) cek *conto (ristorante)*
check-in cek-*in accettazione* • *registrazione (albergo)*
chef scef *cuoco*
chemist *ke*-mist *farmacista*
chemist's *ke*-mist *farmacia*
cheque cek *assegno*
chess ces *scacchi*
chest cest *petto*
child ciaild *bambino* • *bambina*
child seat ciaild *si*-it *seggiolino*
childminder *ciaild*-main-də: *baby-sitter*

Christian *kris*-tiən *cristiano*
Christmas *kris*-məs *Natale*
church cə:č *chiesa*
cider *sai*-də: *sidro*
cigar si-*ga*: *sigaro*
cigarette si-ghə-ret *sigaretta*
cigarette lighter si-ghə-ret *lai*-te: *accendino*
cinema *si*-nə-mə *cinema*
circus *sə*:-kəs *circo*
citizenship *si*-ti-zən-scip *cittadinanza*
city *si*-ti *città*
class klæs *classe*
classical *klæ*-si-kl *classico*
clean *kli*-in *pulito*
cleaning *kli*-niŋ *pulizia*
clever *kle*-və: *intelligente*
cliff klif *scogliera*
climb klaim *scalare*
cloakroom *kləuk*-ru-um *guardaroba*
clock klok *orologio*
close kləuz *chiudere*
closed kləuzd *chiuso*
clothing *kləu*-ðiŋ *abbigliamento*
clothing shop *kləu*-ðiŋ sciop *negozio di abbigliamento*
cloud klaud *nuvola*
cloudy *klau*-di *nuvoloso*
clutch klač *frizione*
coach kəuč *autobus (a lunga percorrenza)* • *vagone ferroviario*
coach station kəuč *stei*-sciən *autostazione*
coast kəust *costa*
coat kəut *cappotto*
cockroach *kok*-rəuč *scarafaggio*
coffee *ko*-fi *caffè*
coil koil *spirale (anticonc.)*
coins koinz *monete*
cold kəuld *freddo* • *raffreddore*
cold buffet kəuld *ba*-fei *pasto freddo*
colic *ko*-lik *colica*
colleague *ko*-li-ig *collega*

collect call (Am) ko·lekt kol *chiamata a carico del destinatario*

college (Am) ko·liğ *università*

colour ka·lə: *colore*

comb kəum *pettine*

come kam *venire*

comedy ko·mi·di *commedia*

comfortable kam·fə·tə·bl *comodo*

commission ka·mi·sciən *commissione*

communion kə·mi·niən *comunione*

communist ko·miu·nist *comunista*

companion kom·pæ·niən *compagno*

company kam·pə·ni *ditta*

compass kam·pəs *bussola*

competition kom·pə·ti·sciən *gara*

complain kom·plein *lamentarsi*

complimentary kom·pli·men·tə·ri *in omaggio*

computer kom·piu·tə: *computer*

computer game kom·piu·tə: gheim *gioco elettronico*

computer science kom·piu·tə: sa·iəns *informatica (disciplina)*

concert kon·sə:t *concerto*

concussion kən·ka·sciən *commozione cerebrale*

conditioner kən·di·sciə·nə: *balsamo per i capelli*

condom kon·dəm *preservativo*

confirm (a booking) kon·fə: m (ə bu·kin) *confermare (una prenotazione)*

connection kə·nek·sciən *coincidenza*

conservative kən·sə:·və·tiv *conservatore (pol.)*

constipation kon·sti·pei·sciən *stitichezza*

consulate kon·siu·lət *consolato*

contact lenses kon·tækt len·siz *lenti a contatto*

contraceptives kon·trə·sep·tivz *contraccettivi*

contract kon·trækt *contratto*

convenience shop (Am) kən·vi·niəns sciop *alimentari*

cook ku·uk *cucinare • cuoco*

cookie (Am) ku·ki *biscotto*

cool ku·ul *fresco*

cork ko:k *tappo di sughero*

corner ko:·nə: *angolo*

corner shop ko:·nə sciop *alimentari*

corrupt kə·rapt *corrotto*

cost kost *costare*

cot kot *culla*

cotton ko·tən *cotone*

cotton balls ko·tən bolz *batuffoli di cotone*

cough kof *tosse • tossire*

cough mixture cof miks·ciə: *sciroppo per la tosse*

count kaunt *contare*

counter kaun·tə: *bancone (bar) • sportello*

country kan·tri *paese (nazione)*

countryside kan·tri·said *campagna*

couple kapl *paio*

court ko:t *tribunale*

cousin kazn *cugino*

cover charge ka·və: cia:ğ *coperto (ristorante)*

cow cau *mucca*

crash kræsh *incidente*

crazy krei·zi *pazzo*

cream kri·im *crema*

crèche cresh *asilo nido*

credit card kre·dit ka:d *carta di credito*

crime kraim *criminalità • delitto*

cross kros *croce*

cross (to be) kros (tu bi) *seccato (essere arrabbiato)*

crossroads kros·rəudz *incrocio*

crowded krau·did *affollato*

cup kap *tazza*

currency exchange ka·rən·si
iks·ceiŋ *cambio di valuta*
current ka·rənt *corrente (elettr.)*
• *attuale*
curriculum/cv kə·ri·kiu·ləm/si·vi
curriculum vitae
curry ka·ri *curry*
cushion ku·sciən *cuscino*
customer kas·tə·mə: *cliente*
customs kas·təmz *dogana*
cut kat *tagliare*
cutlery kat·lə·ri *posate*
cycle raid (ə baik) *andare in
bicicletta*
cycle path saikl pæth *ciclopista*
cycling sai·kliŋ *ciclismo*
cyclist sai·klist *ciclista*
cystitis sis·tai·tiz *cistite*

D

dad dæd *papà*
damage dæ·miǧ *danno*
dance dæns *ballare*
dangerous dein·ǧə·rəz *pericoloso*
dark da:k *scuro*
date deit *appuntamento* • *data*
date of arrival deit ov ə·rai·vl
data di arrivo
date of birth deit ov bə:th *data
di nascita*
date of departure deit ov
di·pa:·ciə: *data di partenza*
daughter do·tə: *figlia*
daughter-in-law do·tə:·in·loo
nuora
day dei *giorno*
dead ded *morto*
deaf def *sordo*
dear di·ir *caro (affetto)*
deep di·ip *profondo*
delay di·lei *ritardo*
democracy di·mo·krə·si
democrazia
demonstration de·mən·strei·sciən
manifestazione (protesta)

dental floss den·tl flos *filo dentario*
dentist den·tist *dentista*
deodorant di·əu·də·rənt
deodorante
department store di·pa:t·mənt
sto: *grande magazzino*
departure di·pa:·ciə: *partenza*
deposit di·po·sit *deposito (banca)*
• *caparra*
dermatologist də·mə·to·lə·ǧist
dermatologo
describe dis·kraib *descrivere*
desire di·sair *desiderare*
desk desk *sportello*
dessert di·zə:t *dolce (dessert)*
destination des·ti·nei·sciən
destinazione
development di·və·ləp·mənt
sviluppo
diabetes da·iə·bi·tiz *diabete*
dialling code da·iə·liŋ kəud
prefisso telefonico
dialling tone dai·liŋ təun *segnale
acustico (telefono)*
diaper (Am) daiə·pə: *pannolino*
diaphragm da·iə·fræm *diaframma*
diarrhoea da·iə·riə *diarrea*
diary dai·ri *agenda*
dictionary dik·scia·nə·ri
vocabolario
die dai *morire*
diesel di·səl *diesel* • *gasolio*
diet da·iət *dieta*
difference di·frəns *differenza*
different di·frənt *differente* • *diverso*
difficult di·fi·klt *difficile*
difficulty di·fi·kəl·ty *difficoltà*
digital di·gitl *digitale*
digital camera di·gitl kæ·mə·rə
macchina fotografica digitale
dining car dai·niŋ ka: *carrozza
ristorante (treno)*
dinner di·nə: *cena*
direct dai·rekt *diretto*
direct-dialling dai·rekt da·iə·liŋ
teleselezione

D

direction dai·*rek*·sciən *direzione*
dirty *də:*·ti *sporco*
disabled dis·*eibld* *disabile*
disagreement di·zə·*grii*·mənt *disaccordo*
discount dis·*kaunt* *sconto*
discrimination dis·kri·mi·*nei*·sciən *discriminazione*
disease di·*si*·iz *malattia*
dish dish *piatto di portata*
disinfectant diz·in·*fek*·tənt *disinfettante*
disposable dis·*pəu*·zəbl *usa e getta*
diving *dai*·viŋ *tuffi • immersione*
dizzy *di*·zi *stordito*
dizzy spell *di*·zi spel *capogiro*
do du *fare*
doctor *dok*·tə: *medico*
dog dog *cane*
dole dəul *sussidio di disoccupazione*
doll dol *bambola*
dollar *do*·lə: *dollaro*
door *do*·o: *porta*
dose dəuz *dose*
double dabl *doppio*
double bed dabl bed *letto matrimoniale*
double room dabl *ru*·um *camera doppia*
down daun *giù*
dozen dazn *dozzina*
drama *dra*·mə *dramma*
dream *dri*·im *sogno*
(to) dream (tu) *dri*·im *sognare*
dress dres *abito (da donna)*
dressing *dre*·siŋ *medicazione*
drink drink *bevanda*
(to) drink (tu) drink *bere*
drinkable *drin*·kəbl *potabile*
drive draiv *guidare*
driver *drai*·və: *autista*
driving licence *drai*·viŋ *lai*·sns *patente (di guida)*
drug drag *medicina*

drug addict drag æ·*dikt* *tossicodipendente*
drug dealer drag *di*·lə: *spacciatore*
drug store (Am) drag sto: *farmacia*
drugs dragz *droga*
drunk drank *ubriaco*
dry drai *asciugare • secco*
dry cleaning drai *kli*·niŋ *lavaggio a secco*
duck dak *anatra*
dumb dam *muto*
dummy *da*·mi *ciuccio*
during *diu*·riŋ *durante*
dust dast *polvere*
dustbin *dast*·bin *cestino (carta)*
dysentery *disn*·tri *dissenteria*

E

each *i*·ič *ciascuno*
early *ə:*·li *presto*
earplugs *i*·ə:·plagz *tappi per le orecchie*
earrings *iə*·riŋz *orecchini*
Earth *ə:*th *Terra*
earthquake *ə:*th·queik *terremoto*
ear *i*·ə: *orecchio*
ear infection *i*·ə: in·*fek*·sciən *otite*
Easter *is*·tə: *Pasqua*
east ist *est*
easy *i*·zi *facile*
eat iit *mangiare*
ECG i·si·gi *elettrocardiogramma*
economy class i·*ko*·nə·mi klas *classe turistica*
eczema *ek*·si·mə *eczema*
edge edǧ *bordo*
education ə·diu·*kei*·sciən *istruzione*
EEG i·i·gi *elettroencefalogramma*
egg eg *uovo*
elections i·*lek*·sciənz *elezioni*
electrician i·*lek*·tri·sciən *elettricista*
electricity i·lek·*tri*·si·ti *elettricità*

elevator (Am) e·lə-*vei*·tə: *ascensore*
email *i*·meil *posta elettronica*
embarrassed im·*bæ*·rəsd *imbarazzato*
embassy *em*·bə·si *ambasciata*
emergency i·*mə*:·gən·si *emergenza • pronto soccorso*
emotional i·*mau*·sciə·nl *emotivo*
employee im·plo·*ii* *impiegato*
employer im·plo·*iə*: *datore di lavoro*
empty *em*·ti *vuoto*
end end *fine • finire*
endangered species in·*dein*·gərd spi·sclæ *specie in via di estinzione*
engagement in·*gheiğ*·mənt *fidanzamento*
engine *en*·gin *motore*
engineer en·gi·*niə*: *ingegnere*
England *in*·glənd *Inghilterra*
English *in*·glish *inglese*
enjoy in·*gioi* *divertirsi*
enlargement in·*la:g*·mənt *ingrandimento*
enough i·*naf* *abbastanza*
enter *en*·tə: *entrare*
entertainment guide en·tə·*tein*·mənt gaid *guida agli spettacoli*
entrance *en*·trəns *entrata • ingresso*
envelope *en*·və·ləup *busta*
padded envelope *pæ*·did en·və·ləup *busta imbottita*
environment in·*vai*·rən·mənt *ambiente*
epilepsy *e*·pi·lep·si *epilessia*
equipment i·*quip*·mənt *attrezzatura*
escalator es·kə·*lei*·tə: *scala mobile*
Euro *lu*·rəu *Euro*
European iu·rəu·*pi*·ən *europeo*
euthanasia iu·ðə·*nei*·ziə *eutanasia*
evening *i*·vniŋ *sera*
everybody *e*·vri·ba·di *tutti*
everything *e*·vri·thiŋ *tutto*

exam ig·*zæm* *esame*
example ig·*zam*·pəl *esempio*
excellent *ek*·sə·lənt *ottimo*
excess baggage ik·*ses* bæ·ghiğ *bagaglio in eccedenza*
exchange iks·*ceinğ* *cambio*
(to) exchange iks·*ceinğ* *cambiare*
exchange rate iks·*ceinğ* reit *tasso di cambio*
excluded iks·*klu*·did *escluso*
excursion iks·*kə*:·sciən *escursione*
exhaust pipe ig·zost paip *tubo di scappamento*
exhibition eg·zi·*bi*·sciən *esposizione (mostra)*
exit *ek*·sit *uscita*
expensive iks·*pen*·siv *caro (prezzo)*
experience iks·*pi*·riəns *esperienza*
exploitation eks·ploi·*tei*·sciən *sfruttamento*
express iks·*pres* *espresso*
extend eks·*tend* *allungare*
extension eks·*ten*·sciən *proroga*
eye ai *occhio*
eye drops ai drops *collirio*
eye specialist ai *spe*·sciə:·list *oculista*

F

fabric *fæ*·brik *stoffa*
face feis *faccia*
factory *fæk*·tə·ri *fabbrica*
factory worker *fæk*·tə·ri wə:·kə: *operaio*
faint feint *svenire*
fall fol *cadere*
false fols *falso*
family *fæ*·mə·li *famiglia*
famous *fei*·məz *famoso*
fan fæn *sostenitore • ventilatore • tifoso*
far fa: *lontano*
farm fa:m *fattoria*
farmer *fa:*·mə: *agricoltore*
fashion *fæ*·sciən *moda*

fast fast *veloce*
fat fæt *grasso*
father fa·ðə: *padre*
father-in-law fa·ðə·in·loo *suocero*
faucet (Am) fo·sət *rubinetto*
faulty fol·ti *difettoso*
favourite fei·və·rit *preferito*
fax fæks *fax*
fee fii *parcella*
feel fi·il *provare (sentimento)* · *sentire (percepire)*
feelings fi·ilins *sentimenti*
fence fens *recinzione*
fencing fen·sin *scherma*
ferry fe·ri *traghetto*
festival fes·ti·vl *festa*
few fiu *pochi*
fiancé(e) fi·an·sei *fidanzato/a*
fiction fik·sciən *narrativa*
field fi·ild *campo*
fight fait *lite*
film film *pellicola* · *rullino* · *film*
film director film dai·rek·tə: *regista*
film speed film spi·id *ASA (foto)*
final results fai·nl ri·salts *classifica finale*
find faind *trovare*
fine fain *multa*
finger fin·ghə: *dito*
finish fi·nish *finire*
finished fi·nishd *finito*
fire fa·iə *fuoco*
first fə:st *primo*
first class fə:st klas *prima classe*
first-aid fə:st eid *pronto soccorso*
first-aid kit fə:st·eid kit *valigetta di pronto soccorso*
fish fish *pesce*
(to) fish (tu) fish *pescare*
flag flæg *bandiera*
flash flæsh *flash*
flashlight (Am) flæsh·lait *torcia elettrica*
flat flæt *appartamento* · *piatto (superficie)*

flea flii *pulce*
flight flait *volo*
floor flo·o: *pavimento* · *piano*
floppy disk flo·pi disk *dischetto (computer)*
florist flo·rist *fioraio*
flower fla·uə: *fiore*
flu flu *influenza*
fly flai *mosca* · *volare*
foggy fo·ghi *nebbioso*
follow fo·ləu *seguire*
food fu·ud *alimento* · *cibo*
food poisoning fu·ud poi·sə·nin *intossicazione alimentare*
food supplies fu·ud sə·plaiz *provviste alimentari*
foot/feet fu·ut/fi·it *piede/i*
football fut·bol *calcio*
football pitch fut·bol pič *campo di calcio*
footpath fu·ut·pæth *marciapiede*
for fə: *per*
  for example fə: ig·zam·pl *per esempio*
foreign fo·rən *estero*
foreigner fo·rə·nə: *straniero*
forest fo·rəst *foresta*
forever fo:·e·və: *per sempre*
forget fə:·ghet *dimenticare*
forgive fə:·ghiv *perdonare*
fork fo:k *forchetta*
fracture fræk·ciə: *frattura*
fragile fræ·giail *fragile*
frame freim *montatura (occhiali)*
France fræns *Francia*
free fri·i *gratuito* · *libero*
free diving fri·i dai·vin *immersione in apnea*
freeze fri·iz *congelare*
French frenč *francese*
fresh fresh *fresco (non stantio)*
fridge fridǧ *frigorifero*
friend frend *amico*
frozen frəu·zən *congelato*
frozen food frəuzn fu·ud *surgelati*
fry frai *friggere*

frying pan *frai·iŋ pæn* *padella*
full *ful* *pieno*
full board *ful bo:d* *pensione completa*
full moon *ful mu·un* *luna piena*
full up *ful ap* *completo*
full-time *ful·taim* *tempo pieno*
fun *fan* *divertimento*
funeral *fiu·nə·rl* *funerale*
funny *fa·ni* *divertente*
fur-coat *fə:·kəut* *pelliccia*
furniture *fə:·ni·ciə:* *arredamento • mobili*
fuse *fiu·uz* *fusibile*
future *fiu·ciə:* *futuro*

G

game *gheim* *gioco • partita*
garage *ghæ·raǧ* *garage*
garbage (Am) *gar·biǧ* *spazzatura*
garden *ga:dn* *giardino*
gardening *ga:d·niŋ* *giardinaggio*
gas *ghæs* *gas*
gas station (Am) *gæs stei·sciən* *stazione di servizio • benzinaio*
gas stove *ghæs stəuv* *stufa a gas*
gasoline (Am) *ghæ·sə·lin* *benzina*
gastroenteritis *ghæs·trəu·en·tə·rai·tiz* *gastroenterite*
gate *gheit* *cancello*
gay *ghei* *gay*
gear lever *ghiə: li·və:* *leva del cambio*
gear shift (Am) *ghir shift* *leva del cambio*
general *ge·nə·rəl* *generale*
general delivery (Am) *ge·nə·rəl de·li·və·ri* *fermo posta*
get off *ghet of* *scendere*
get on *ghet on* *salire su*
girl *ghə:l* *ragazza*
give *ghiv* *dare*
give a lift *ghiv ə lift* *dare un passaggio*

glacier *gla·siə:* *dare*
glandular fever *glæn·diu·lə: fi·və:* *mononucleosi*
glass *glæs* *bicchiere • vetro*
glasses *glæ·siz* *occhiali*
gliding *glai·diŋ* *volo a vela*
gloves *glavz* *guanti*
go *ghəu* *andare*
go across *gheu ə·kros* *attraversare*
go out with *gheu aut wiδ* *uscire con*
go up *gheu ap* *salire*
go window-shopping *ghəu win·dəu sho·piŋ* *guardare le vetrine*
goat *ghəut* *capra*
god *god* *dio*
goddess *go·dəs* *dea*
goggles *go·ghəlz* *occhiali da sci*
gold *ghəuld* *oro*
golf course *golf ko:s* *campo da golf*
good *gu·ud* *buono*
government *ga·vn·mənt* *governo*
grams *græms* *grammi*
grandchild *græn·ciaild* *nipote (di nonno)*
grandfather *græn·fa·δə:* *nonno*
grandmother *græn·ma·δə:* *nonna*
grass *græs* *erba*
grave *greiv* *tomba*
great *greit* *fantastico*
Great Britain *greit bri·tn* *Gran Bretagna*
green *gri·in* *verde*
greengrocer's *gri·in·grəu·sə:z* *fruttivendolo*
grey *grei* *grigio*
grocer's *grəu·sə:z* *drogheria*
group *grup* *gruppo*
grow *grəu* *crescere*
guesthouse *ghest·haus* *pensione*
guide *gaid* *guida (persona)*
guide dog *gaid dog* *cane guida*
guidebook *gaid·bu·uk* *guida turistica (libro)*
guided tour *gai·did tu·ur* *visita guidata*

guilty *ghil*·ti *colpevole*
guitar *ghi*·ta: *chitarra*
gum gam *gengiva*
gym gim *palestra*
gymnastics gim·*næs*·tiks *ginnastica*
gynecologist gai·nə·*ko*·lə·gist *ginecologo*

H

hail heil *grandine*
hair-dryer *heə*:·dra·iə: *asciugacapelli*
haircut *heə*:·kat *taglio di capelli*
hairdresser *heə*:·dre·sə: *parrucchiere*
halal ha·*lal* halal
half haf *mezzo*
half board haf bo:d *mezza pensione*
hall hol *sala*
ham hæm *prosciutto*
hammer *hæ*·mə: *martello*
hand hænd *mano* • *bagaglio a mano*
handbag *hænd*·bæg *borsetta*
handball *hænd*·bol *pallamano*
handbrake *hænd*·breik *freno a mano*
handicrafts *hæn*·di·krafts *oggetti d'artigianato*
handkerchief *hænd*·kə:·cif *fazzoletto*
handlebars *hæn*·dəl·ba:z *manubrio*
handmade *hænd*·meid *fatto a mano*
handsome *hæn*·səm *bello*
hang glider hæŋ *glai*·də: *deltaplano*
happy *hæ*·pi *felice*
harassment *hæ*·rəs·mənt *molestia*
harbour *ha*:·bə: *porto*
hard ha:d *duro*
hardware shop *ha*:d·weə: sciop *ferramenta*

hate heit *odiare*
hat hæt *cappello*
have hæv *avere*
have a cold hæv ə kəuld *essere raffreddato*
hay fever hei *fi*·və: *febbre da fieno*
he hi *lui*
head hed *testa*
head injury hed *in*·giə·ri *trauma cranico*
headache *hed*·eik *mal di testa*
headlights *hed*·laits *fari (auto)*
health helth *salute*
health-food *helth*·fu·ud *cibo macrobiotico*
hear hiə: *sentire (rumore)*
hearing aid *hi*·riŋ eid *apparecchio acustico*
heart ha:t *cuore*
heart attack ha:t ə·*tæk* *attacco cardiaco* • *infarto*
heart condition ha:t kon·*di*·sciən *problema cardiaco*
heartburn *ha*:t·bə:n *bruciore di stomaco*
heat *hi*·it *calore* • *alta temperatura*
heater *hi*·tə: *stufa*
heating *hi*·tiŋ *riscaldamento*
heavy *he*·vi *pesante*
heel *hi*·il *tacco*
height hait *altezza*
helmet *hel*·mət *casco*
help help *aiutare* • *soccorso*
hepatitis he·pə·*tai*·tis *epatite*
herbalist *ha*:·bə·list *erborista*
herbs hə:bz *erbe*
here hiə: *qui*
heroin *he*·rəu·in *eroina*
high hai *alto*
   high/low altitude hai/ləu *æl*·ti·tiud *alta/bassa quota*
high school hai *sku*·ul *scuola superiore*
high-tech *hai*·tek *informatica (tecnologia)*
highway (Am) *hai*·wei *autostrada*

hike haik *escursione a piedi*
(to) hike haik *fare una camminata*
hiking route hai·kiŋ ru·ut *itinerario escursionistico*
hill hil *collina*
Hindu hin·du *indù*
hire ha·iə: *noleggiare*
historical his·to·ri·kəl *storico*
history his·tə·ri *storia (disciplina)*
hitchhike hič·haik *fare l'autostop*
hitchhiking hič·hai·kiŋ *autostop*
HIV positive eič ai vi po·sə·tiv *sieropositivo*
hobby ho·bi *passatempo*
hockey ho·ki *hockey*
hole həul *buco*
holiday ho·li·dei *festa*
holidays ho·li·deiz *vacanza/e*
Holy Week həu·li wi·ik *settimana santa*
home həum *casa*
homemaker (Am) houm·mei·kə: *casalinga*
homeopathy həu·mi·o·pə·thl *omeopatia*
homosexual ho·məu·sek·siuəl *omosessuale*
honeymoon ha·ni·mu·un *luna di miele*
horn ho:n *clacson*
horse ho:s *cavallo*
horse riding ho:s rai·diŋ *andare a cavallo*
hospital hos·pi·tl *ospedale*
hospitality hos·pi·tæ·li·ti *ospitalità*
hot hot *caldo • ceretta a caldo*
hot water hot wo·tə: *acqua calda*
hot wax hot wæks *ceretta a caldo*
hotel həu·tel *albergo*
hour auə: *ora*
house həuz *casa*
housewife hauz·waif *casalinga*
how hau *come*
how much hau mač *quanto*
hug hag *abbracciare*
huge hiuǧ *enorme*

human rights hiu·mən raits *diritti umani*
hunger han·ghə: *fame*
hurry ha·ri *fretta*
(to) hurt (tu) hə:t *fare male*
husband haz·bənd *marito*
hydrating fluid hai·drei·tiŋ fluid *fluido idratante*
hydrofoil hai·drə·foil *aliscafo*

I

I ai *io*
ice ais *ghiaccio*
ice cream ais kri·im *gelato*
ice cream parlour ais kri·im pa·:lə: *gelateria*
ice hockey ais ho·ki *hockey su ghiaccio*
identification card (ID) ai·den·ti·fi·kei·sciən ka:d (ai·di) *carta d'identità*
idiot i·diət *idiota*
if if *se*
ill Il *malato*
illegal i·li·ghəl *Illegale*
immigration i·mi·grei·sciən *immigrazione*
important im·po·:tənt *Importante*
impossible im·po·sibl *impossibile*
included in·klu·did *compreso*
incomprehensible in·kom·pri·hen·si·bəl *incomprensibile*
indicator in·di·kei·tə: *freccia (auto)*
indigestion in·di·ges·ciən *indigestione*
industry in·dəs·tri *industria*
infection in·fek·sciən *infezione*
inflammation in·flə·mei·sciən *infiammazione*
information In·fə:·mei·sciən *informazioni*
ingredient in·gri·diənt *ingrediente*
inhaler in·hei·lə: *inalatore*
injection in·gek·sciən *iniezione*

injured in·gia:d *ferito • infortunato*
innocent i·nə·sənt *innocente*
insect in·sekt *insetto*
inside in·said *dentro*
instructor ins·trak·tə: *istruttore*
insulin in·siu·lin *insulina*
insurance in·sciu·rəns *assicurazione*
interesting in·trə·stiŋ *interessante*
intermission in·tə·mi·sciən *intervallo*
international in·tə·næ·scia·nəl *internazionale*
Internet (café) in·tə·net (ka·fe) *internet (point)*
interpreter in·tə·pri·tə: *interprete*
interview in·tə·viu *colloquio (di lavoro)*
invite in·vait *invitare*
Ireland aiə·lənd *Irlanda*
Irish ai·rish *irlandese*
iron ai:ən *ferro • ferro da stiro*
island ai·lənd *isola*
Italian i·tæ·liən *italiano*
Italy i·tə:li *Italia*
itch ič *prurito*
itinerary ai·ti·nə·rə·ri *itinerario*
IUD ai·iu·di *spirale (anticonc.)*

J

jacket giæ·kət *giacca*
jail geil *carcere*
Japan giə·pæn *Giappone*
jar gia: *barattolo*
jealous ge·ləz *geloso*
jeans gins *jeans*
jeweller's giu·ə·lə:z *gioielleria*
jewellery giu·əl·ri *gioielli*
Jewish giu·ish *ebreo*
job wə:k *lavoro*
jockey gio·ki *fantino*
jogging gio·ghiŋ *footing*
join join *unire*
joke giəuk *scherzo*
journalist gia:·nə·list *giornalista*

judge giaǧ *giudice*
jump giamp *saltare*
jump leads giamp li·idz *cavi (batteria)*
jumper giam·pə: *maglione*
junction giank·sciən *raccordo stradale*

K

key kii *chiave*
keyboard kii·bo:d *tastiera*
kick kik *dare un calcio*
kill kil *uccidere*
kilogram ki·ləu·græm *chilogrammo*
kilometre ki·lo·me·tə: *chilometro*
kind kaind *gentile*
kindergarten kin·də:·ga:·tən *asilo*
king kiŋ *re*
kingdom kiŋ·dəm *regno*
kiss kis *bacio*
(to) kiss (tu) kis *baciare*
kitchen ki·ciən *cucina*
knee ni·i *ginocchio*
knickers ni·kə:z *slip (donna)*
knife naif *coltello*
know nəu *sapere • conoscere*
kosher kəu·shə: *kosher*

L

laboratory lə·ba·rə·tri *laboratorio*
lace leis *merletto*
lager la·ghə: *birra chiara*
lake leik *lago*
landlady læn·lei·di *padrona di casa*
land lænd *terra*
landlord læn·lo:d *padrone di casa*
lane lein *vicolo*
language læn·guiǧ *lingua*
laptop læp·top *computer portatile*
large la:ǧ *grande*
last læst *ultimo*
late leit *tardi*

laugh laf *ridere*
laundrette lon·də·ret *lavanderia a gettone*
laundry lon·dri *lavanderia*
law loo *legge*
lawyer lo·iə: *avvocato*
laxatives læk·sə·tivz *lassativi*
lazy lei·zi *pigro*
lead led *piombo*
leader li·də: *capo*
leaf li·if *foglia*
league table li·ig teibl *classifica (calcio)*
learn lə:n *imparare*
leather le·ðə: *cuoio*
leather shop le·ðə: sciop *pelletteria*
leave li·iv *partire*
left left *sinistra*
left luggage office left la·ghiğ o·fis *deposito bagagli*
leg leg *tappa (viaggio / sport) · gamba*
legal li·ghəl *legale*
lemon soda le·mən·səu·də *limonata*
lens lenz *obiettivo (foto)*
Lent lent *quaresima*
lesbian les·biən *lesbica*
less les *meno*
letter le·tə: *lettera*
level levl *livello*
liar la·iə: *bugiardo*
library lai·brə·ri *biblioteca*
(to) lie down (tu) lai daun *stendersi*
life laif *vita*
life jacket laif giæ·kət *giubbotto di salvataggio*
lift lift *ascensore*
light lait *luce · chiaro · leggero*
light blue lait bluu *azzurro*
light bulb lait balb *lampadina*
light meter lait mi·tə: *esposimetro*
like laik *piacere*
line lain *linea*

link link *unire*
lip balm lip ba·am *burro di cacao (labbra)*
lips lips *labbra*
lipstick lip·stik *rossetto*
listen li·sən *ascoltare*
litre li·tə: *litro*
little litl *poco*
live liv *abitare · vivere*
liver li·və: *fegato*
local lo·kəl *locale*
lock lok *serratura*
locker lo·kə: *armadietto*
logbook log·buk *libretto di circolazione*
long lon *lungo*
long-distance call lon·dis·təns·kol *chiamata interurbana*
longsighted lon·sai·tid *presbite*
look at lu·uk æt *guardare*
look for luk fo: *cercare*
lookout luk·aut *punto panoramico · veduta*
loose lu·uz *sfuso (non confezionato)*
lorry lo·ri *camion*
lose luz *perdere*
lost lost *perso*
lost property office lost pro·pə:·ti o·fis *ufficio oggetti smarriti*
lotion lau·sciən *lozione*
loud laud *forte (ad alto volume)*
lounge launğ *sala d'albergo*
louse/lice laus/lais *pidocchio/i*
love lav *amare*
lover la·və: *amante*
low ləu *basso (livello)*
(to) lower lo·uə: *abbassare*
lubricant lu·bri·kənt *lubrificante*
luck lak *fortuna*
lucky la·ki *fortunato*
luggage la·ghiğ *bagaglio*
luggage tag la·ghiğ tæg *etichetta (bagagli)*
lump lamp *nodulo*

lunch lanč *pranzo*
lungs laŋs *polmoni*
luxurious lag·jə·riəz *di lusso*
luxury lak·sciə·ri *lusso*

M

machine mə·*scin macchina*
made meid *fatto*
magazine mæ·ghə·zin *rivista*
magnetic resonance mæg·ne·tik re·zə·nəns *risonanza magnetica*
mail (Am) meil *posta*
mail box (Am) mail boks *cassetta delle lettere*
main mein *principale*
make meik *fare*
make-up meik·ap *trucco*
mallet mæ·lit *mazzuolo*
mammogram mæ·mə·græm *mammografia*
man/men mæn/men *uomo/uomini*
manager mæ·ni·gə: *manager*
manual mæ·niuəl *manuale*
manual worker mæ·niuəl wə:·kə: *manovale*
map mæp *piantina*
marble ma:·bl *marmo*
marijuana mæ·ri·hua·nə *marijuana*
marital status mæ·ri·təl stei·təs *stato civile*
market ma:·kət *mercato*
married mæ·rid *sposato*
(to) marry (tu) mæ·ri *sposare*
martial arts ma:·sciəl a:ts *arti marziali*
mass mæs *messa*
massage mæ·saj *massaggio*
mat mæt *stuoia*
match mæč *incontro (partita)*
matches mæ·ciz *fiammiferi*
mattress mæ·tris *materasso*
maybe mei·bi *forse*
mayor me·iə: *sindaco*
meal mi·il *pasto*

measles mizlz *morbillo*
meat mi·it *carne*
mechanic mə·kæ·nik *meccanico*
media mi·diə *mezzi di comunicazione*
Medicaid (Am) me·dik·eid *servizio sanitario pubblico*
medical examination me·di·kəl ig·zæ·mi·nei·sciən *visita medica*
medication me·di·kei·sciən *medicazione*
medicine med·sin *medicina*
meditation me·di·tei·sciən *meditazione*
meet mi·it *incontrare*
member mem·bə: *membro • socio*
member of parliament mem·bə: ov pa:·lə·mənt *parlamentare*
menstruation mens·truei·sciən *mestruazione*
message me·siğ *messaggio*
metal metl *metallo*
metre mi·tə: *metro*
microwave oven mai·krə·weiv avn *forno a microonde*
midday mid·dei *mezzogiorno*
midnight mid·nait *mezzanotte*
midwife mid·waif *ostetrica*
migraine mi·grein *emicrania*
military service mi·li·tə·ri sə:·vis *servizio militare*
millimetre mi·li·mi·tə: *millimetro*
mince mins *carne tritata*
mineral water mi·nə·rəl wo·tə: *acqua minerale*
mini-bar mi·ni·ba: *frigobar*
minute mi·nit *minuto*
mirror mi·rə: *specchio*
miscarriage mis·kæ·riğ *aborto spontaneo*
(to) miss (tu) mis *mancare (sentire l'assenza)*
mistake mis·teik *errore • sbaglio*
mix miks *mescolare*
mobile məu·bail *telefono cellulare*
modem məu·dəm *modem*

modern *mo*·də·n *moderno*

moisturiser *mois*·ti·*rai*·zə: *idratante*

monarchy *mo*·nə·ki *monarchia*

monastery *mo*·nə·stri *monastero*

money *ma*·ni *denaro • soldi*

month manth *mese*

monthly *manth*·li *mensile*

monument *mo*·niu·mənt *monumento*

moon *mu*·un *luna*

more mo: *di più*

more (than) mo: (ðæn) *più (di)*

morning *mo*·niŋ *mattina*

morning after pill *mo*·niŋ *af*·tə: pil *pillola del giorno dopo*

mosque mosk *moschea*

mosquito mos·*ki*·təu *zanzara*

mother *ma*·ðə: *madre*

mother-in-law *ma*·ðə:·in·loo *suocera*

motor *məu*·tə: *motore*

motorbike *mo*·tə:·baik *moto*

motorboat *mo*·tə:·bəut *motoscafo*

motorway *mo*·tə·wei *autostrada*

mountain *maun*·tin *montagna*

mountain path *maun*·tin pæth *sentiero di montagna*

mountain range *maun*·tin reinğ *catena montuosa*

mountaineering *maun*·ti·niə·ri·iŋ *alpinismo*

mouse maus *topo • mouse (informatica)*

mouth mauth *bocca*

mouthwash *mauth*·wosh *collutorio*

movie (Am) *mu*·vi *film*

mud mad *fango*

mum mam *mamma*

mumps mamps *orecchioni*

muscle *ma*·səl *muscolo*

museum miu·*ziəm museo*

mushroom *mash*·rum *fungo*

music *miu*·zik *musica*

musician miu·*zi*·sciən *musicista*

Muslim *muz*·lim *musulmano*

mustard *mas*·tə:d *senape*

N

nail clippers neil *kli*·pə:z *tagliaunghie*

name neim *nome*

napkin *næp*·kin *tovagliolo*

nappy *næ*·pi *pannolino*

national *næ*·sciə·nl *nazionale*

National Health *næ*·sciə·nl helth *servizio sanitario pubblico*

national park *næ*·sciə·nl pa:k *parco nazionale*

nationality næ·sciə·*næ*·lə·ti *nazionalità*

natural *næt*·cərl *naturale*

nature *nei*·ciə: *natura*

nausea *no*·siə *nausea*

near *ni*·ir *vicino (a)*

nearby ni·ir·*bai vicino*

necessary *ne*·sə·sə·ri *necessario*

neck nek *collo*

need *ni*·id *avere bisogno di • bisogno*

needle nidl *ago*

negative *ne*·ghə·tiv *negativo (foto)*

neither *nai*·ðə: *nessuno dei due*

nephew *ne*·viu *nipote (maschio di zio)*

net net *rete*

neuralgia niu·*ræl*·giə *nevralgia*

neutral *niu*·trəl *neutro*

never *ne*·və: *mai*

new niu *nuovo*

New Year's Day niu iə:z dei *Capodanno*

New Year's Eve niu iə:z iiv *san Silvestro*

news niuz *notizie*

newsagent (Am) *niuz*·ei·gənt *edicola*

newspaper nius·*pei*·pə: *giornale*

newsstand *niuz*·stænd *edicola*

next nekst *prossimo*
(to) next nekst tu *accanto (a)*
nice nais *bello • buono • simpatico*
nickname nik·neim *soprannome*
niece ni·is *nipote (femmina di zio)*
night nait *notte*
no nəu *no*
noisy noi·zi *rumoroso*
non-smoking non·sməu·kin *non fumatore*
noodles nu·udlz *pasta*
noon nu·un *mezzogiorno*
north no:th *nord*
nose nəuz *naso*
not not *non*
notebook nəut·bu·uk *quaderno*
nothing na·thin *niente*
novel novl *romanzo*
now nau *adesso*
nuclear power niu·kli·ə: pa·uə: *energia nucleare*
nuclear testing niu·kli·ə: tes·tin *esperimenti nucleari*
nuclear waste niu·kli·ə: weist *scorie radioattive*
numberplate nam·bə·:pleit *targa (auto)*
number nam·bə: *numero*
nun nan *suora*
nursery school nə·:sə·ri sku·ul *asilo • scuola materna*
nurse nə:s *infermiere*

O

occupation o·kiu·pei·sciən *lavoro • mestiere*
ocean əu·sciən *oceano*
office o·fis *ufficio*
office worker o·fis wə·:kə: *impiegato*
often o·fən *spesso (sovente)*
old əuld *vecchio*
old city əuld si·ti *centro storico*
once uans *una volta*
one-way uan·wei *solo andata*

only əun·li *solo • solamente*
open əu·pən *aperto • aprire*
opening hours əu·pə·nin auə·z *orario di apertura*
opera o·pə·rə *opera lirica*
opera house o·pə·rə haus *teatro dell'opera*
operation o·pə·rei·sciən *intervento chirurgico*
operator o·pə·rei·tə: *operatore*
opinion ə·pi·niən *opinione*
or o: *oppure*
orange o·rinğ *arancione*
orchestra o:·kə·strə *orchestra*
order o:·də: *ordine*
(to) order (tu) o:·də: *ordinare*
ordinary o:·di·nə·ri *ordinario*
original ə·ri·gə·nl *originale*
other a·ðə: *altro*
out of order aut ov o:·də: *guasto*
outlay (Am) aut·lei *spendere*
outside aut·said *fuori*
outward journey aut·wə:d giə·:ni *andata*
ovarian cyst əu·vea·riən sist *cisti ovarica*
oven avn *forno*
over əu·və: *sopra*
overdose əu·və·:dəuz *dose eccessiva*
owner əu·nə: *proprietario*
oxygen ok·si·gən *ossigeno*
ozone layer əu·zəun le·iə: *strato d'ozono*

P

pacifier (Am) pæ·si·fa·iər *ciuccio*
padlock pæd·lok *lucchetto*
page peiğ *pagina*
pain pein *dolore*
pain reliever pein ri·li·və: *antidolorifico*
painful pein·ful *doloroso*
painkiller pein·ki·lə: *analgesico*
paint peint *dipingere*

painter *pein·tə: pittore*
painting *pein·tiŋ pittura • quadro*
pair *peə: paio*
palace *pæ·ləs palazzo*
pan *pæn pentola*
pants (Am) *pænts pantaloni*
pantyhose (Am) *pæn·ti·hoz collant*
paper *pei·pə: carta*
paperform *pei·pə:·fo:m modulo*
papers *pei·pə:z documenti*
parcel *pa·:səl pacchetto*
parents *pe·rənts genitori*
park *pa:k parco*
parliament *pa·:lə·mənt parlamento*
part *pa:t parte*
partner *pa:t·nə: compagno*
party *pa·:ti festa*
party *pa·:ti partito*
pass *pæs tessera • passo (valico)*
passage *pæ·siŋ passaggio*
passenger *pæ·sən·gə: passeggero*
passport *pæs·po:t passaporto*
past *pæst passato*
pasta *pæs·tə pasta*
path *pæth sentiero*
pay *pei pagare*
payment *pei·mənt pagamento*
peace *pi·is pace*
peak *pi·ik cima*
pedal *pedl pedale*
pedestrian *pi·des·triən pedone*
pedestrian precint *pi·des·triən pri·sinkt zona pedonale*
pediatrician *pi·diə·tri·sciən pediatra*
pegs *pegs picchetti (tenda)*
pen *pen penna*
pence *pens centesimo (sterlina)*
pencil *pen·səl matita*
penicillin *pe·ni·si·lin penicillina*
penny *pe·ni centesimo (sterlina)*
people *pipl gente*
percent *pə·:sent percentuale*

performance *pə·:fo:·məns spettacolo*
perfume *pə·:fium profumo*
period pain *pi·riəd pein dolori mestruali*
permanent *pə·:mə·nənt permanente*
permission *pə·mi·sciən permesso*
permit *pə·:mit permesso • licenza*
person *pə·:sən persona*
personal *pə·:sə·nl personale*
petition *pi·ti·sciən petizione*
petrol *pe·trəl distributore • benzina*
petrol service *pe·trəl sə·:vis benzinaio*
pharmacy *fa·:mə·si farmacia*
phone book *fəun bu·uk elenco telefonico*
phone box *fəun boks cabina telefonica*
phone call *fəun·kol telefonata • chiamata (telefono)*
phone card *fəun ka:d scheda telefonica*
photo *fəu·təu foto*
photographer *fə·to·grə·fə: fotografo*
pick up *pik ʌp raccogliere*
pie *pai torta*
piece *pi·is pezzo*
pig *pig maiale (animale)*
pill *pil pillola*
pill (the) *(ð) pil pillola anticoncezionale*
pillow *pi·ləu cuscino*
pillowcase *pi·ləu·keiz federa*
pink *pink rosa (colore)*
place *pleis luogo • posto*
place of birth *pleis ov bə:th luogo di nascita*
placing *plei·siŋ classifica*
plane *plein aereo*
planet *plæ·nət pianeta*
plaster *plas·tə: cerotto • ingessatura*
plastic *plæs·tik plastica*

plate pleit *piatto*

plateau plæ·*tau* *altopiano*

platform plæt·fo:m *binario*

play plei *giocare • spettacolo teatrale • suonare*

play (a sport) plei (ə spo:t) *praticare (uno sport)*

player ple·*ia*: *giocatore*

playground plei·graund *parco giochi*

playing cards ple·iŋ ka:dz *carte da gioco*

plein plein *unito (tinta)*

pleurisy pluə·rə·si *pleurite*

plug plag *spina (elettrica) • tappo*

pocket po·kət *tasca / tascabile*

poetry pau·itri *poesia*

point point *indicare • punto*

poisonous poi·zə·nəs *velenoso*

police pə·*lis* *polizia*

police headquarters pə·*lis* hed·*quo*·ta:z *questura*

police station pə·*lis* stei·sciən *posto di polizia*

policy po·lə·si *politica (linea di condotta)*

politician po·lə·*ti*·sciən *politico (uomo)*

politics po·lə·tiks *politica*

pollen po·lən *polline*

pollution pə·*lu*·sciən *inquinamento*

pool pu·ul *biliardo*

poor pu·u: *povero*

popular po·piu·lə: *popolare*

portable po:·təbl *portatile*

port po:t *porto*

portion po:·sciən *porzione*

possible po·sibl *possibile*

post pəust *posta • cassetta delle lettere*

post code pəust·kəud *codice postale*

post office pəust o·fis *ufficio postale*

postage pəus·tiğ *tariffa postale*

postcard pəust·ka:d *cartolina*

poste restante pəust res·*tant* *fermo posta*

postman peust·mən *postino*

potato pə·*tei*·təu *patata*

pottery po·tə·ri *oggetti in ceramica*

pound paund *sterlina*

poverty po·və·ti *povertà*

powder pau·də: *polvere (in)*

power pa·uə: *potere (il)*

pray prei *pregare*

prayer pre·ə: *preghiera*

prefer pri·*fə*: *preferire*

pregnant preg·nənt *incinta*

pregnancy test preg·nən·si test *test di gravidanza*

preliminary heat pri·*li*·mi·nə·ri hiit *eliminatoria*

prepare pri·*pea*: *preparare*

preschool (Am) pri·*sku*·ul *scuola materna*

prescription pri·*skrip*·sciən *ricetta medica*

present pre·znt *regalo*

preservative pri·*sə*:·və·tiv *conservante*

president pre·zi·dənt *presidente*

pressure pre·sciə: *pressione*

pretty pri·ti *carino*

price prais *prezzo*

priest prist *prete*

prime minister prai·*mi*·nis·tə: *primo ministro*

print print *stampare*

printer prin·tə: *stampante*

prison prizn *prigione*

prisoner pri·zə·nə: *prigioniero*

private prai·vət *privato*

problem pro·bləm *problema*

produce prə·dius *produrre*

profit pro·fit *profitto*

program pro·grəm *programma (computer)*

project prəu·gekt *progetto*

projector prə·gek·tə: *proiettore*

promise pro·miz *promessa*
protected species prə·*tek*·tid *spi·sciz specie protetta*
protect prə·*tekt proteggere*
protest prəu·*test protestare*
provisions prə·*vi*·jənz *provviste*
pub pab *pub*
public telephone *pa*·blik *te·lə·fəun telefono pubblico*
public toilets *pa*·blik *toi·lets bagno pubblico*
pull pul *tirare (contrario di spingere)*
pump pamp *pompa*
puncture *pank*·ciə: *foraratura*
puppy *pa*·pi *cucciolo*
pure piuə: *puro*
purple pə:pl *viola*
push push *spingere*
put put *mettere*

Q

qualifications quo·li·fi·*kei*·scienz *titolo di studio*
quality *quo*·lə·ti *qualità*
quantity *quon*·ti·ti *quantità*
quarantine *qua*·rən·tin *quarantena*
quarrel *quo*·rəl *litigare*
quarter *quo*·tə: *quarto*
queen *qui*·in *regina*
question *ques*·ciən *domanda*
queue kiu *coda*
queue up *kiu*·ap *fare la coda*
quick quik *rapido*
quiet *quaiət tranquillo*

R

rabbit *ræ*·bit *coniglio*
race reis *corsa (sport)*
racism *rei*·sizm *razzismo*
racket *ræ*·kit *racchetta*
radiator rei·di·*ei*·tə: *radiatore*
rain rein *pioggia*

raincoat *rein*·kəut *impermeabile (abito)*
rape reip *stupro*
rare reə: *raro*
rash ræsh *orticaria*
raw roo *crudo*
razor *rei*·zə: *rasoio*
razor blades *rei*·zə: bleidz *lamette (da barba)*
read *ri*·id *leggere*
ready *re*·di *pronto*
realistic riə·*lis*·tik *realistico*
reason rizn *ragione*
receipt ri·*si*·it *ricevuta*
receive ri·*si*·it *ricevere*
recent *ri*·snt *recente*
recently *ri*·sən·tli *di recente*
recommend re·kə·*mend consigliare • raccomandare*
record *re*·ko:d *disco*
recorded delivery ri·*ko*:·did di·*li*·və·ri *posta raccomandata*
recyclable ri·*sai*·kləbl *riciclabile*
red red *rosso*
  red wine red wain *vino rosso*
reduce ri·*dius abbassare*
referee re·fə·*rii arbitro*
refrigerator ri·*fri*·gə·*rei*·tə: *frigorifero*
refugee re·fiu·*gii rifugiato*
refund ri·*fand rimborso*
refuse ri·*fiuz rifiutare*
region *ri*·giən *regione*
registration document re·gis·*trei*·sciən *do*·kiu·mənt *libretto di circolazione*
registration number re·gi·*strei*·sciən nam·bə: *numero di targa*
regular *re*·ghiu·lə: *normale*
relationship ri·*lei*·sciən·scip *rapporto*
relax ri·*læks rilassarsi*
relic *re*·lik *relitto*
relief ri·*li*·if *sollievo*
religion ri·*li*·giən *religione*

religious ri·*li*·giəz *religioso*

remote ri·*məut lontano*

remote control ri·*məut* kən·*trəul telecomando*

rent rent *affittare*

repair ri·*pe:* aggiustare

repairs ri·*pe:z riparazione*

reservation re·sə·*vei*·sciən *prenotazione*

reverse charge call ri·*və:s* cia: ǧ kol *chiamata a carico del destinatario*

rest rest *riposare*

restaurant res·tə·rənt *ristorante*

return ri·*tə:n ritorno*

(to) return (tu) ri·*tə:n ritornare*

return ticket ri·*tə:n* ti·kit *biglietto di andata e ritorno*

rhythm riðm *ritmo*

rich rič *ricco*

ride (a bike) raid (ə baik) *andare in bicicletta*

ride (a horse) raid (ə ho:s) *cavalcare*

right rait *giusto • destra*

  right wing rait wiŋ *di destra*

ring riŋ *anello*

  ring the doorbell riŋ ð *do·or·bel suonare il campanello*

ring-road riŋ·rəud *raccordo anulare*

rip-off rip·of *bidone (imbroglio)*

risk risk *rischio*

river ri·və: *fiume*

road rəud *strada*

rob rob *derubare • rapinare*

robbery ro·b *derubare • rapinare*

rock climbing rok *klai*·miŋ *arrampicata su roccia • fare roccia*

rock group rok *gru*·up *complesso rock*

roll rəul *panino (pane)*

romantic rəu·*mæn*·tik *romantico*

room ru·um *camera • stanza • sala*

room number ru·um *nam*·bə: *numero di camera*

rope rəup *corda*

rose rəuz *rosa (fiore)*

round raund *rotondo*

roundabout raund·ə·*baut rotonda • rotatoria*

route ru·ut *itinerario*

rubbish ra·bish *spazzatura*

rucksack rak·sæk *zaino*

rug rag *tappeto*

rugby rag·bi *rugby*

ruins ruinz *rovine*

rules rulz *regole*

run ran *correre*

S

sack sæk *sacco*

sad sæd *triste*

saddle sædl *sella*

safe seif *cassaforte • sicuro*

safe sex seif seks *rapporti sessuali protetti*

sailing *sei*·liŋ *vela*

saint seint *santo*

salary sæ·lə·ri *stipendio*

sale seil *vendita*

sales seilz *saldi*

salt solt *sale*

same seim *stesso*

sand sænd *sabbia*

sandals sæn·dlz *sandali*

sandwich sæn·duič *tramezzino*

sanitary towels sæ·ni·tə·ri ta·uəlz *assorbenti*

sauna so·nə *sauna*

savage sa·veǧ *feroce*

say sei *dire*

scanner skæ·nə: *scanner*

scarf ska:f *sciarpa*

scarlet fever ska:·lət fi·və: *scarlattina*

school sku·ul *scuola*

schoolteacher sku·ul·ti·ciə: *maestro*

sci-fi sai·fai *fantascienza*

science sa·iəns *scienza*

(to) scissor *si·zə: tagliare con le forbici*
scissors *si·zə:z forbici*
score *sko: punteggio • segnare (sport)*
scoreboard *sko:·bo:d tabellone segnapunti*
Scotland *skot·lənd Scozia*
Scottish *sko·tish scozzese*
scuba-diving *sku·bə·dai·viŋ immersione subacquea*
sculpture *skalp·clə: scultura*
sea *si·i mare*
sea-sickness *sii·sik·nəs mal di mare*
season *si·zən stagione*
seatbelt *si·it·belt cintura di sicurezza*
seat *si·it posto • sedile*
second *se·kənd secondo*
second class *se·kənd klas seconda classe*
second-hand *se·kənd hænd di seconda mano*
secretary *se·krə·tri segretario*
see *sii vedere*
self-employed *self·em·ploid lavoratore in proprio*
selfish *sel·fish egoista*
sell *sel vendere*
send *send mandare*
separate *se·pə·reit separare*
series *siə·riz serie*
serious *siə·riəs serio*
service charge *sə:·vis cia:ǧ servizio (commissione)*
service station *sə:·vis stei·sciən distributore*
several *se·vrəl diversi*
sew *səu cucire*
sex *seks sesso*
sexism *sek·sizm sessismo*
sexy *sek·si erotico*
shade *sceid ombra*
shadow *sciæ·dəu ombra*
shampoo *sciæm·puu shampoo*

shape *sceip forma*
share *sceə: porzione*
(to) share *sceə: condividere*
sharp *sha:p affilato*
shave *sceiv rasatura*
shaving cream *scei·viŋ kri·im crema da barba*
shaver *scei·və: rasoio elettrico*
she *sci lei*
sheep *sci·ip pecora*
sheet *sci·it lenzuolo*
ship *scip nave*
shirt *sciə:t camicia*
shoelaces *sciu·lel·səz lacci (scarpe)*
shoes *sciu·uz scarpe*
shop *sciop negozio*
shopping *scio·piŋ spese (acquisti)*
shopping centre *scio·piŋ şen·tə: centro commerciale*
short *scio:t basso (altezza) • corto*
shorts *scio:ts pantaloncini*
shortsighted *scio:t·sai·tid miope*
shoulder *sciəul·də: spalla*
shout *sciaut urlare*
show *sciəu mostrare • spettacolo*
shower *scia·uə: doccia*
shrine *shrain santuario*
shut *sclat chiuso*
shy *sciai timido*
sick *sik malato*
side *said lato*
sidewalk (Am) *said·wo·ook marciapiede*
sign *sain segno*
signal *sig·nəl segnale*
signature *sig·nə·ciə: firma*
silk *silk seta*
silver *sil·və: argento*
similar *si·mi·lə: simile*
simple *simpl semplice*
since (May) *sins (mei) da (maggio)*
sing *siŋ cantare*
singer *sin·ghə: cantante*
single *sin·ghəl celibe • nubile*
single room *sin·ghəl ru·um camera singola*

single ticket *sin*·gl *ti*·kit *biglietto di sola andata*
sister *sis*·tə: *sorella*
sit sit *sedere*
size saiz *dimensioni • taglia*
skating *skei*·tiŋ *pattinaggio*
(to) ski (tu) ski *sciare*
ski boots ski *bu*·uts *scarponi da sci*
ski wax ski wæks *sciolina*
ski-lift ski-*lift* *sciovia*
skiing *ski*·iŋ *sci (sport)*
skin skin *pelle*
skirt skə:t *gonna*
sky skai *cielo*
skydiving *skai*·dai·viŋ *paracadutismo*
sledge sleǧ *slitta*
sleep *sli*·ip *dormire*
sleepiness *sli*·ipi·nis *sonnolenza*
sleeping bag *sli*·ipiŋ bæg *sacco a pelo*
sleeping car *sli*·ipiŋ ka: *vagone letto*
sleeping pills *sli*·ipiŋ pilz *sonniferi*
slice slais *fetta*
slide slaid *diapositiva*
slope sləup *salita • pista (da sci)*
slow sləu *lento*
slowly *sləu*·li *lentamente*
small smol *piccolo*
small change smol ceiŋǧ *spiccioli*
smear test smiə: test *pap test*
smell smel *odore*
smile smail *sorridere*
smoke sməuk *fumare*
snack snæk *spuntino*
snail sneil *lumaca*
snake sneik *serpente*
snorkel *sno*:·kəl *boccaglio*
snow snəu *neve*
snow chains snəu ceinz *catene da neve*
soap səup *sapone*
soap opera səup *o*·pə·rə *telenovela*
soccer (Am) *so*·kər *calcio*

social security səu·sciəl si·*kiu*·rə·ti *previdenza sociale*
socialist səu·*scia*·list *socialista*
socket *so*·kit *presa elettrica*
socks soks *calzini*
soft soft *soffice*
soft drink soft drink *bibita*
soldier *səul*·gə: *soldato*
sole səul *suola (scarpa)*
some sam *alcuni*
someone *sam*·uan *qualcuno*
something *sam*·thiŋ *qualcosa*
son san *figlio*
son-in-law san·in·loo *genero*
song soŋ *canzone*
soon su·un *fra poco*
sore throat soə: thrəut *mal di gola*
soup su·up *minestra*
soup plate *su*·up pleit *piatto fondo*
south sauth *sud*
souvenir su·və·*niə*: *ricordino*
space speis *spazio*
Spain spein *Spagna*
Spanish *spæ*·nish *spagnolo*
spare part speə: pa:t *pezzo di ricambio*
spare wheel speə: *wi*·il *ruota di scorta*
speak *spi*·ik *parlare*
special spe·*sciəl* *speciale*
special offer spe·sciəl o·fə: *offerta speciale*
specialist spe·*scia*·list *specialista*
species *spi*·sciz *specie*
speech *spi*·ič *intervento (discorso)*
speed *spi*·id *velocità*
speed limit *spi*·id li·mit *limite di velocità*
speedometer spi·*do*·mi·tə: *tachimetro*
spend spend *spendere*
spermicide spə:·mə·said *spermicida*
spider *spai*·də: *ragno*
spoon *spu*·un *cucchiaio*

sport spo:t *sport*

sports shop spo:ts sciop *negozio di articoli sportivi*

sportsperson spo:ts·pa:·sən *sportivo*

sprain sprein *storta*

spring sprin *primavera*

square squea· *piazza*

stadium stei·diəm *stadio*

stage steiğ *palcoscenico*

staircase stea:·keis *scale*

stairway (Am) stear·wei *scale*

stamp stæmp *francobollo*

standby ticket stænd·bai ti·kit *biglietto in lista d'attesa*

stars sta:z *stelle*

start sta:t *cominciare · inizio*

station stei·scian *stazione*

stationer stei·scia·nə· *cartolaio*

statue stæ·ciu *statua*

steal sti·il *rubare*

steep sti·ip *ripido*

still stil *ancora*

    still water stil wo·tə: *acqua non gassata*

sting stin *puntura (di insetto)*

stockings sto·kins *calze*

stolen stau·lən *rubato*

stomach sta·mək *stomaco*

stomachache sto·mək·eik *mal di pancia*

stone stəun *pietra*

stool stu·ul *analisi delle feci*

stop stop *fermare · tappa (sosta)*

store (Am) stor *negozio*

storey sto·ri *piano*

storm sto:m *temporale*

story sto·ri *racconto*

stout staut *birra scura*

stove stəuv *stufa*

straight streit *dritto*

strange streinğ *strano*

stranger strein·gə: *sconosciuto*

stream stri·im *ruscello*

street stri·it *strada*

strength strenth *forza*

strike straik *sciopero*

string strin *spago*

strip wax strip wæks *ceretta a freddo*

strong stron *forte*

student stiu·dənt *studente*

stupid stiu·pid *stupido*

style stail *stile*

subtitles sab·tai·tlz *sottotitoli*

suburb sa·bə:b *quartiere*

subway sab·wei *sottopasso*

subway (Am) sab·wei *metropolitana*

subway station (Am) sab·wei stei·scian *stazione della metropolitana*

sugar sciu·ghə: *zucchero*

suit su·ut *abito (da uomo)*

suitcase sut·keis *valigia*

summer sa·mə: *estate*

sun san *sole*

sunburn san·bə:n *scottatura*

sunglasses san·glæ·siz *occhiali da sole*

sunny sa·ni *soleggiato*

sunrise san·raiz *alba*

sunscreen san·skri·in *crema solare*

sunset san·set *tramonto*

sunstroke san·strəuk *insolazione*

supermarket su·pə:·ma:·kət *supermercato*

superstition su·pə·sti·scian *superstizione*

supplies sə·plaiz *provviste*

support sə·po:t *fare il tifo*

supporter sə·po:·tə: *tifoso*

surfboard sa:f·bo:d *tavola da surf*

surgery sa:·gə·ri *ambulatorio*

surname sə:·neim *cognome*

surprise sə·praiz *sorpresa*

sweater sue·tə: *maglione*

sweatshirt suet·sciə:t *felpa*

sweet sui·it *caramella · dolce (zuccherato)*

sweets sui·its *dolciumi*

swelling sue·lin *gonfiore*

swim suim *nuotare*
swimming sui·miŋ *nuoto*
swimming costume sui·miŋ kos·tium *costume da bagno*
swimming pool sui·miŋ pu·ul *piscina*
Swiss suis *svizzero*
switchboard suič·bo:d *centralino*
Switzerland sui·tsə:lænd *Svizzera*
synagogue si·nə·gog *sinagoga*
synthetic sin·the·tik *sintetico*
syringe si·rinǧ *siringa*
syrup si·rəp *sciroppo*

T

T-shirt ti·sciə:t *maglietta*
table teibl *tavola*
tablecloth teibl·kloth *tovaglia*
table tennis teibl te·nis *ping-pong*
tablets tæ·bləts *compresse*
tailor tei·lə *sarto*
take teik *prendere • portare lontano da chi parla*
take a photo teik ə fəu·təu *fare una foto*
talk to·ok *parlare*
tall tol *alto (persona)*
tampons tæm·ponz *assorbenti interni*
tank tæŋk *bidone (contenitore)*
tanning lotion tæ·niŋ ləu·sciən *lozione abbronzante*
tap tæp *rubinetto*
tap water tæp wo·tə: *acqua del rubinetto*
target shooting ta:·ghət sciu·utiŋ *tiro al bersaglio*
tasting teis·tiŋ *degustazione*
tasty teis·ti *gustoso*
tax tæks *tassa*
taxi tæ·ksi *taxi*
taxi rank tæk·si ræŋk *posteggio di taxi*
taxi stand (Am) tæk·si stænd *posteggio di taxi*

tea tii *tè*
teacher ti·ciə: *insegnante • professore*
team ti·im *squadra*
teaspoon ti·spu·un *cucchiaino*
teeth ti·ith *dente/i*
telegram te·lə·græm *telegramma*
telephone te·lə·fəun *telefono*
(to) telephone (tu) te·lə·fəun *telefonare*
telephone number te·lə·fəun nam·bə: *numero di telefono*
telephoto lens te·lə·fəu·təu lens *teleobiettivo*
telescope te·lə·skəup *telescopio*
television te·li·vi·ǰən *televisione*
tell tel *raccontare*
temperature tem·prə·ciə: *temperatura*
temperature (fever) tem·prə·ciə: (fi·və:) *febbre*
temple templ *tempio*
tennis court te·nis ko:t *campo da tennis*
tent tent *tenda*
terrible te·ribl *terribile*
tetanus injection te·tə·nəs in·gek·sciən *antitetanica*
thank thæŋk *ringraziare*
theatre thi·ə·tə: *teatro*
there ðeə: *là*
they ðei *loro*
the day after tomorrow ð dei af·tə: tə·mo·rəu *dopodomani*
the day before yesterday ð dei bi·fo: ies·tə:·dei *l'altro ieri*
thick thik *spesso (dimensione)*
thief thif *ladro*
thin thin *magro*
thing thiŋ *cosa*
think thiŋk *pensare*
third thə:d *terzo*
this ðis *questo*
thread thred *filo*
throat thrəut *gola*
through thru *attraverso*

thrush thrash *mughetto (fungo)*
ticket ti·kət *biglietto*
ticket collector ti·kət ko·lek·tə: *controllore*
ticket machine ti·kət mə·scin *distributore di biglietti*
ticket office ti·kət o·fis *biglietteria*
tide taid *marea*
tie tai *cravatta*
tight tait *stretto*
tights taits *collant*
till til *cassa*
time taim *volta • tempo*
time difference taim di·frəns *differenza di fuso orario*
timetable taim·teibl *orario*
tin tin *scatoletta • apriscatole*
tip tip *mancia*
tired ta·iə:d *stanco*
tissues ti·sciuz *fazzoletti di carta*
title taitl *titolo*
to be hungry tu bi han·gri *avere fame*
to be in a hurry tu bi in ə ha·ri *avere fretta*
to be seasick tu bi sii·sik *avere il mal di mare*
to be sleepy tu bi sli·ipi *avere sonno*
to be thirsty tu bi thə:s·ti *avere sete*
toaster təu·stə: *tostapane*
tobacco tə·bæ·kəu *tabacco*
tobacconist tə·bæ·kə·nist *tabaccheria*
toboggan tə·bo·ghən *toboga (sport)*
today tu·dei *oggi*
toe təu *dito del piede*
toffee to·fi *caramella*
together tu·ghe·ðə: *insieme*
toilet paper toi·lət pei·pə: *carta igienica*
toilets toi·ləts *servizi igienici*
token təukn *gettone*
tomorrow tə·mo·rəu *domani*

tomorrow afternoon tə·mo·rəu af·tə:·nu·un *domani pomeriggio*
tomorrow evening tə·mo·rəu i·vniŋ *domani sera*
tomorrow morning tə·mo·rəu mo:·niŋ *domani mattina*
tonight tu·nait *stasera*
too (expensive) tuu (iks·pen·siv) *troppo (caro)*
too many tuu me·ni *troppi*
too much tuu mač *troppo*
tooth tu·uth *dente/i*
toothache tu·uth·eik *mal di denti*
toothbrush tu·uth·brash *spazzolino da denti*
toothpaste tuth·peist *dentifricio*
toothpick tu·uth·pik *stuzzicadenti*
torch to:č *torcia elettrica*
touch tač *toccare*
tour tuə: *gita*
touring tu·riŋ *escursionismo*
tourist tu·rist *turista*
tourist office tu·rist o·fis *ente del turismo*
tournament to:·nə·mənt *torneo*
tow təu *rimorchio*
tow truck təu trak *carro attrezzi*
towel ta·uəl *asciugamano*
tower ta·uə: *torre*
toxic tok·sik *tossico*
toxic waste tok·sik weist *scorie tossiche*
toyshop toi·sciop *negozio di giocattoli*
track træk *pista*
tracksuit træk·sut *tuta (sportiva)*
trade treid *commercio*
traffic træ·fik *traffico*
trafic free zone (Am) træ·fik·fri·i zoun *zona pedonale*
traffic jam træ·fik giæm *ingorgo*
traffic lights træ·fik laits *semaforo*
trail treil *pista • sentiero*
train trein *treno*
train station trein stei·sciən *stazione ferroviaria*

T

tram træm *tram*
translate trænz·leit *tradurre*
transport træn·spo:t *trasporto*
transvestite træns·ves·tait *travestito*
travel trævl *viaggiare*
travel agency trævl ei·gən·si *agenzia di viaggi*
travel sickness trævl sik·nəs *mal d'auto • d'aereo*
treat trit *curare*
tree trii *albero*
trip trip *escursione • gita • viaggio*
trolley tro·li *carrello*
trouble tra·bəl *disturbo*
trousers trau·sə:s *pantaloni*
truck (Am) trak *camion*
true truu *vero*
trunk (Am) trank *bagagliaio (auto)*
try trai *provare*
tune tiun *melodia*
turn tə:n *girare*
TV ti·vi *TV*
tweezers tui·zə:z *pinzette*
twin beds twin bedz *due letti*
twin room tuin ru·um *camera a due letti*
twins tuins *gemelli*
two tu *due*
type taip *specie • tipo*
typical ti·pi·kl *tipico*
tyre ta·iə: *gomma (auto) • pneumatico*

ugly ag·li *brutto*
ulcer əl·sə: *afta*
ultrasound scan al·trə·saund skæn *ecografia*
umbrella am·bre·lə *ombrello*
uncle ankl *zio*
unclean an·kli·in *sporco*
uncomfortable an·kam·fə·təbl *scomodo*

underground an·də:·graund *metropolitana • stazione della metropolitana*
underpants an·də:·pænts *slip (uomo)*
understand an·də:·stænd *capire*
underwear an·də:·weə: *biancheria intima*
unemployed an·im·ploid *disoccupato*
uniform iu·ni·fo:m *divisa*
unit iu·nit *scatto (telefono)*
United Kingdom iu·nai·təd kiŋ·dəm *Regno Unito*
universe iu·ni·və:s *universo*
university iu·ni·və:·sə·ti *università*
University residence iu·ni·və:·si·ti re·si·dəns *pensionato universitario*
unleaded an·le·did *senza piombo*
until (June) an·til (giun) *fino a (giugno)*
unusual an·iu·juəl *insolito*
uphill ap·hil *in salita*
urgent ə:·gənt *urgente*
urine analysis iuə·rin ə·næ·li·sis *analisi delle urine*
usage iu·zəğ *uso*
USA iu·es·ei *Stati Uniti*
USB flash drive iu es bi flæsh draiv *chiave USB*
use iuz *usare*
useful ius·ful *utile*

vacant room vei·kənt ru·um *camera libera*
vacation və·kei·sciən *vacanza/e*
vaccination væk·si·nei·sciən *vaccinazione*
vaginitis væ·gi·nai·tis *vaginite*
vague veig *vago*
valley væ·li *valle*
valuables væ·liuə·blz *oggetti di valore*

valuable væ·liuə·bl *prezioso*

value væ·liu *valore*

valve vælv *valvola*

van væn *furgone*

VAT (value added tax) vi·ei·ti (væ·liu æ·did tæks) *IVA*

veal vi·il *vitello*

vegetable ve·gə·təbl *verdura*

vegetarian ve·gi·tea·riən *vegetariano*

venereal disease və·ni·riəl di·si·iz *malattia venerea*

venue ve·niu *locale*

vertigo və:·ti·ghəu *vertigini*

very ve·ri *molto (avverbio)*

video vi·diəu *videocassetta*

video camera vi·diəu kæ·mə·rə *videocamera*

video tape vi·diəu·teip *videoregistratore*

view viu *vista*

viewpoint viu·point *belvedere*

village vi·liğ *villaggio*

vinegar vi·nə·ghe: *aceto*

vineyard vin·iə:d *vigna • vigneto*

virus vai·rəs *virus*

visa vi·zə *visto d'ingresso*

visit vi·zit *visita*

(to) visit (tu) vi·zit *visitare • andare a trovare*

vitamins vi·tə·minz *vitamine*

voice vois *voce*

volleyball vo·li·bol *pallavolo*

volume vo·lium *volume*

vomit vo·mit *vomitare*

vote vəut *votare*

W

wage weiğ *salario*

wait weit *aspettare • attesa*

waiter/waitress wei·tə:/wei·trəs *cameriere/a*

waiting list wei·tiŋ list *lista d'attesa*

waiting room wei·tiŋ ru·um *sala d'aspetto*

wake up weik ap *svegliarsi*

Wales weils *Galles*

walk wok *camminata • passeggiata*

(to) walk (tu) wok *camminare*

wallet wo·lət *portafoglio*

wall wol *muro*

want wont *volere*

war wo: *guerra*

wardrobe wo:d·rəub *armadio*

warm wo:m *tiepido*

warn wo:n *avvertire*

wash wosh *lavare • lavarsi*

washing machine wo·shiŋ mə·scin *lavatrice*

washing powder wo·sciŋ pau·də: *detersivo*

waste weist *rifiuti • scorie*

watch woč *orologio da polso*

(to) watch woč *guardare*

water wo·tə: *acqua*

water bottle wo·tə: botl *borraccia*

water polo wo·tə: pəu·ləu *pallanuoto*

water-skiing wo·tə:·ski·iŋ *sci acquatico*

waterfall wo·tə:·fol *cascata*

waterproof wo·tə:·pru·uf *impermeabile*

wave weiv *onda*

way wei *via*

we wi *noi*

weak wi·ik *debole*

wear wea: *indossare*

weather we·ðə: *tempo atmosferico*

wedding we·diŋ *matrimonio*

wedding present we·diŋ pre·znt *regalo di nozze*

week wi·ik *settimana*

weekend wi·ik·end *fine settimana*

weekly wi·ik·li *settimanale*

weight weit *peso*

welcome wel·kəm *dare il benvenuto*

welfare wel·*feə: benessere*
Welsh welsh *gallese*
west west *ovest*
wet wet *bagnato*
wet suit *wet*·sut *muta*
what wot *che (cosa)*
wheel wi·il *ruota*
wheelchair wi·il·ceə: *sedia a rotelle*
when wen *quando*
where weə: *dove*
white wait *bianco*
  white wine wait wain *vino bianco*
who hu *chi*
why wai *perché (domanda)*
wide waid *largo (ampio)*
wide-angle lens waid æn·ghəl lenz *grandangolo*
widespread waid·spred *diffuso*
wife waif *moglie*
win win *vincere*
wind wind *vento*
windbreaker (Am) wind·*brei*·kər *giacca a vento*
windcheater wind·*ci·*tə: *giacca a vento*
window win·dəu *vetrina • finestra*
windscreen wind·skri·in *parabrezza*
wine wain *vino*
wine cellar wain se·lə: *cantina*
wine merchant wain mə:·ciənt *bottiglieria*
wings winʒ *ali*
winner wi·nə: *vincitore*
winter win·tə: *inverno*
wish wish *desiderio*
(to) wish (tu) wish *desiderare*
with wiδ *con*
within (an hour) wi·δin (ən auə:) *entro (un'ora)*
without wi·δaut *senza*
woman wu·mən *donna*

wonderful wan·də·:ful *meraviglioso*
wood wu·ud *legno*
wool wu·ul *lana*
word wə:d *parola*
work wə:k *lavoro*
(to) work wə:k *lavorare • opera*
work of art wə:k ov a:t *opera d'arte*
worker wə:·kə: *lavoratore*
workout wərk·*aut allenamento*
workshop wə:k·sciop *gruppo di lavoro*
world wə:ld *mondo*
World Cup wəld kap *coppa del mondo*
worried wa·rid *preoccupato*
wound wund *ferita*
wrap (up) raap (ap) *avvolgere*
wrist rist *polso*
write rait *scrivere*
writer rai·tə: *scrittore*
wrong roŋ *sbagliato*

X

x-ray eks·rei *radiografia*

Y

year i·ə: *anno*
yellow ie·ləu *giallo*
yes ies *sì*
yesterday ies·tə·:dei *ieri*
yet iet *ancora*
young iaŋ *giovane*
youth hostel iuth hostl *ostello della gioventù*
you iu *Lei • voi • tu*

Z

zoo zuu *giardino zoologico*
zoom lens zu·um lenz *zoom*

INDICE ANALITICO

I numeri di pagina di questo indice rimandano all'argomento specifico citato e possono non coincidere con i titoli dei paragrafi (per questi ultimi v. il **sommario** iniziale).

Finito di stampare presso Stargrafica – San Mauro (Torino)

Ristampa

1 2 3 4 5 6 7

Anno

11 12 13 14 15